Pôr o leitor directamente em contacto
com textos marcantes da história da filosofia
– através de traduções feitas
a partir dos respectivos originais,
por tradutores responsáveis,
acompanhadas de introduções
e notas explicativas –
foi o ponto de partida
para esta colecção.
O seu âmbito estender-se-á
a todas as épocas e a todos os tipos
e estilos de filosofia,
procurando incluir os textos
mais significativos do pensamento filosófico
na sua multiplicidade e riqueza.
Será assim um reflexo da vibratilidade
do espírito filosófico perante o seu tempo,
perante a ciência
e o problema do homem
e do mundo.

Textos filosóficos

Director da Colecção: Artur Morão

1. *Crítica da Razão Prática*, Immanuel Kant
2. *Investigação sobre o Entendimento Humano*, David Hume
3. *Crepúsculo dos Ídolos*, Friedrich Nietzsche
4. *Discurso de Metafísica*, Gottfried Wilhelm Leibniz
5. *Os Processos da Metafísica*, Immanuel Kant
6. *Regras para a Direcção do Espírito*, René Descartes
7. *Fundamentação da Metafísica dos Costumes*, Immanuel Kant
8. *A Ideia da Fenomenologia*, Edmund Husserl
9. *Discurso do Método*, René Descartes
10. *Ponto de Vista Explicativo da Minha Obra de Escritor*, Sören Kierkegaard
11. *A Filosofia na Idade Trágica dos Gregos*, Friedrich Nietzsche
12. *Carta sobre a Tolerância*, John Locke
13. *Prolegómenos a Toda a Metafísica Futura*, Immanuel Kant
14. *Tratado da Reforma do Entendimento*, Bento de Espinosa
15. *Simbolismo: Seu Significado e Efeito*, Alfred North Whitehead
16. *Ensaio Sobre os Dados Imediatos da Consciência*, Henri Bergson
17. *Enciclopédia das Ciências Filosóficas em Epítome (vol. I)*, Georg Wilhelm Friedrich Hegel
18. *A Paz Perpétua e Outros Opúsculos*, Immanuel Kant
19. *Diálogo sobre a Felicidade*, Santo Agostinho
20. *Princípios da Filosofia do Futuro*, Ludwig Feuerbach
21. *Enciclopédia das Ciências Filosóficas em Epítome (vol II)*, Georg Wilhelm Friedrich Hegel
22. *Manuscritos Económicos-Filosóficos*, Karl Marx
23. *Propedêutica Filosófica*, Georg Wilhelm Friedrich Hegel
24. *O Anticristo*, Friedrich Nietzsche
25. *Discurso sobre a Dignidade do Homem*, Giovanni Pico della Mirandola
26. *Ecce Homo*, Friedrich Nietzsche
27. *O Materialismo Racional*, Gaston Bachelard
28. *Princípios Metafísicos da Ciência da Natureza*, Friedrich Nietzsche
29. *Diálogo de um Filósofo Cristão e de um Filosófo Chinês*, Nicolas Malebranche
30. *O Sistema da Vida Ética*, Georg Wilhelm Friedrich Hegel
31. *Introdução à História da Filosofia*, Georg Wilhelm Friedrich Hegel
32. *As Conferências de Paris*, Edmund Husserl
33. *Teoria das Concepções do Mundo*, Wilhelm Dilthey
34. *A Religião nos Limites da Simples Razão*, Immanuel Kant
35. *Enciclopédia das Ciências Filosóficas em Epítome (vol III)*, Georg Wilhelm Friedrich Hegel
36. *Investigações Filosóficas Sobre a Essência da Liberdade Humana*, F.W.J. Schelling
37. *O Conflito das Faculdades*, Immanuel Kant
38. *Morte e Sobrevivência*, Max Scheler
39. *A Razão na História*, Georg Wilhelm Friedrich Hegel
40. *O Novo Espírito Científico*, Gaston Bachelard
41. *Sobre a Metafísica do Ser no Tempo*, Henrique de Gand
42. *Princípios da Filosofia*, René Descartes
43. *Tratado do Primeiro Princípio*, João Duns Escoto
44. *Ensaio sobre a Verdadeira Origem, Extensão e Fim do Governo Civil*, John Locke
45. *A Unidade do Intelecto contra os Averroístas*, São Tomás de Aquino
46. *A Guerra e Queixa da Paz*, Erasmo de Roterdão
47. *Lições sobre a Vocação do Sábio*, Johann Gottlieb Fichte
48. *Dos Deveres (De Officiis)*, Cícero
49. *Da Alma (De Anima)*, Aristóteles
50. *A Evolução Criadora*, Henri Bergson
51. *Psicologia e Compreensão*, Wilhelm Dilthey
52. *Deus e a Filosofia*, Étienne Gilson
53. *Metafísica dos Costumes. Parte I, Princípios Metafísicos da Doutrina do Direito*, Immanuel Kant
54. *Metafísica dos Costumes. Parte II, Princípios Metafísicos da Doutrina da Virtude*, Immanuel Kant
55. *Leis. Vol. I*, Platão

Leis Volume I

Título original:
Leges

© desta tradução: Carlos Humberto Gomes e Edições 70

Capa de José Manuel Reis

Depósito Legal nº 217972/04

ISBN: 972-44-1194-X

Todos os direitos reservados para língua portuguesa
por Edições 70

Paginação: CASAGRAF
Impressão e acabamento: PALMIGRÁFICA
para
EDIÇÕES 70, Lda.
em Novembro de 2004

EDIÇÕES 70, Lda.
Rua Luciano Cordeiro, 123 – 2º Esqº - 1069-157 Lisboa / Portugal
Telefs.: 213190240 – Fax: 213190249
e-mail: edi.70@mail.telepac.pt

www.edicoes70.pt

Esta obra está protegida pela lei. Não pode ser reproduzida,
no todo ou em parte, qualquer que seja o modo utilizado,
incluindo fotocópia e xerocópia, sem prévia autorização do Editor.
Qualquer transgressão à lei dos Direitos de Autor será passível
de procedimento judicial.

PLATÃO

Leis Volume I

Tradução, introdução e notas
de
Carlos Humberto Gomes
Faculdade de Teologia
Universidade Católica Portuguesa

INTRODUÇÃO

AS *LEIS* DE PLATÃO

1. As *Leis* de Platão

Apresentação

As *Leis* são a última obra de Platão e a mais longa de todas.[*] Neste diálogo tenta uma vez mais Platão abordar a questão relativa à melhor constituição; embora reafirmando a comunidade ideal cívica da *República*, agora volta a escrever sobre esse mesmo tema com uma perspectiva diferente, daí resultando uma concepção de cidade inteiramente diversa: "Tentemos, pois, nós agora fundar esta nossa cidade, pelo menos em teoria" – assim nos é dito no fim do Livro III das *Leis*. Do plano ideal passou-se para o plano real, por esse motivo a cidade por Platão descrita nas *Leis* já não será a cidade ideal mas, antes, a cidade possível ([1]). Dando os

---

(*) Manteve-se a colação de Henri Étienne na sua edição de Platão 1578; integrou-se, contudo, a sequência numérica das páginas e dos parágrafos no corpo do texto.

([1]) André Laks, "The Laws", in *The Cambridge History of Greek and Roman Political Thought*, ed. C. Rowe & M. Schofield (Cambridge 2000), pp. 258 *et sq.*, refere a circunstância particular de constituir as *Leis* de Platão uma obra particularmente importante: consiste, por um lado, numa exposição de princípios políticos (neste caso pode ser comparada com o *Contrato Social* de J.-J. Rousseau ou com os *Princípios da Filosofia do Direito* de G. W. Hegel); e , por outro, num tratado de legislação prática. Se assim é, a necessidade de explicar a razão por que uma obra desta natureza não teve, ao longo dos tempos, a merecida importância torna-se imperativa. A razão por que assim sucedeu reside na própria

LEIS

reis-filósofos lugar aos legisladores-guardiães (²), a cidade será, por conseguinte, gerida em conformidade com as leis promulgadas por aqueles que são detentores da sabedoria, da virtude e da honestidade. Mesmo a acusação – de ser esta uma cidade ainda ideal e, por esse mesmo motivo, praticamente irrealizável – é inteligentemente antecipada pelo emprego discreto e, no entanto, tão eficaz de "em teoria", funcionando aqui como locução adverbial. Não existe, portanto, qualquer razão em se acusar Platão de tergiversar no âmago da maior abstracção acerca desta nova cidade (tornando imediatamente implícito ser "a cidade da utopia", *i.e.*, a cidade da *República*, a cidade velha), já que ele próprio admite o carácter intelectual desta pólis, e provavelmente será este mesmo carácter um desígnio seu, em virtude de a cidade verdadeira existir em cada um de nós – a nossa cidade interior – conforme já antes nos alertara, embora sem aprofundar esta consideração, na *República*. Esta nova pólis, Magnésia de nome, *i.e.*, a cidade dos Magnésios, situada em Creta (que é, em primeiro lugar, uma ilha, cuja defesa e segurança se encontram naturalmente garantidas, e é, além disso, uma região geoestrategicamente neutra), é governada por intermédio de um conjunto de leis que regulam toda a sua vida.

---

transmissão da obra do *Corpus Platonicum*, bastando recordar o facto de as *Leis* ter sido publicado postumamente, patenteando uma postura filosófica absoluta-mente diferente: um profundo e compacto desenvolvimento da problemática relativa à legislação parece não deixar grande espaço para a especulação filosófica, a qual surge neste diálogo com um papel claramente secundário de simples apêndice. Por outro lado, a ideia fundamental da chamada "Constituição Mista" parece ter sido posteriormente aproveitada com grande sucesso prático por Políbio (neste caso é a " constituição mista " identificada com Roma) e por Cícero. São, por esse motivo, estes autores os verdadeiros responsáveis pela sua divulgação no mundo antigo, fazendo esquecer o seu verdadeiro autor: Platão. Ainda outro aspecto importante consiste na circunstância de ter o platonismo sido praticamente absorvido pelo estoicismo (facto da inteira responsabilidade de Cícero), o qual integrou a doutrina platónica de lei, conforme se encontra ela expressa nas *Leis*, no conceito mais amplo de lei natural. Vide ainda os tratamentos gerais de J. Bordes, *Politeia dans la pensée grecque* (Paris 1982) e J. de Romilly, *La lois dans la pensée grecque* (Paris 1971).

(²) Não deixa de ser interessante o facto de nas *Leis* apenas aparecer duas vezes a palavra "filosofia", respectivamente em 857 d e em 958 c.

8

INTRODUÇÃO

Nesta cidade os indivíduos agem e são sancionados segundo os seus actos ([3]), os quais constituem em si mesmos um facto real concreto ([4]): do domínio do possível ou do provável passa-se para o domínio do real efectivo.

Encontra-se este diálogo *Leis* dividido em doze livros, tendo sido publicado postumamente por Filipe de Oponto ([5]). Uma novidade será certamente a ausência de Sócrates como interlocutor.

A cena dramática situa-se em Creta, sendo as personagens um cretense de nome Clínias, um espartano chamado Megilo ([6]) e um ateniense apenas conhecido como Estrangeiro de Atenas, possivel-

---

([3]) Acto e não acção, em virtude de acto ser a manifestação da vontade, por essa razão produzindo o chamado "efeito de direito". O conceito de acção implica uma sequência imprecisa, embora imediata, de acontecimentos.

([4]) Diz-se "facto real concreto" porque, em primeiro lugar, existe de verdade e produz efeito (domínio do real e do efectivo) e, em segundo, porque pode ser objecto de representação (domínio do concreto).

([5]) Em relação à recepção das *Leis* de Platão tanto na antiguidade como na Idade Média vide: F. Gabrielli, "Un compendio arabo delle Leggi di platone", *Rivista di studi classici* 24 (1949, pp. 20-4, *id.*, ed. *Alfarabius. Compendium Legum Platonis*, Corpus Platonicum Medii Aevi, Plato Arabus, III (London 1952); É. Des Places, "La tradition indirecte des *Lois* de Platon (Livres I-VI), in *Mélanges J.Saunier* (Lyon 1944), pp. 27-44; *id.*, "Eusèbe de Césarée juge Platon dans la *Préparation Évangélique*", *Mélanges Diès* (Paris 1956), pp.69-77; *id.*, "Les *Lois* de Platon et la *Préparatin Évangelique* d'Eusèbe de Césarée", *Aegyptus* 32 (1952), pp. 223-31, cf. *id.*, "La tradition patristique de Platon (spécialement d'après les citations des *Lois* e de l'*Épinomis* dans la *Préparation Évangélique* d'Eusèbe de Césarée", *Revue des études grecques* 80 (1967), pp. 385-94; ainda T.D. Barnes, *Constantine and Eusebius* (Cambridge Mass. 1981), pp. 181-2. Finalmente L. Strauss, "Farabi's Plato", *L. Ginzberg Jubilee Volume* (New York 1945), pp. 357-93; *id.*, "How Alfarabi read Plato's Laws", *Mélanges L. Massignon*, III (Paris 1957), pp. 131-150; L. Tarán, "Proclus and the Old Academy", in *Proclus, lecteur et interprète des Anciens* edd. J. Pépin & H.D. Saffrey (Paris 1987), pp. 227-76.

([6]) Tanto Clínias como Megilo são nomes próprios historicamente atestados na época de Platão. Por que razão o estrangeiro de Atenas é denominado "Estrangeiro de Atenas", equivalendo consequentemente esta expressão a um nome próprio? Não será o "Estrangeiro de Atenas" o próprio Platão? Não se terá ele assim substituído pelo Estrangeiro de Atenas com a intenção de obliterar a própria presença de Sócrates?

LEIS

mente representando o próprio Platão ([7]) – todos eles homens já velhos, perto do fim da vida, que lhes terá certamente concedido uma longa experiência no domínio da sabedoria e da política. O desenvolvimento do plano geral do diálogo é fundamentalmente delineado e conduzido pelo venerável Estrangeiro de Atenas e visa encontrar a melhor constituição possível, nunca deixando, todavia, de ter sempre presente as respectivas necessidades reais. Os detalhes concernentes a esta constituição são muito mais concretos e precisos do que aqueles enunciados na *República*, distinguindo-se principalmente pelo tratamento sistemático e científico de um *corpus* de leis bem estruturado, com vista ao estabelecimento de um verdadeiro código penal, o qual abrange tanto os delitos de homicídio como os de roubo ou de impiedade, sendo fortemente influenciado pelo direito ático contemporâneo do século IV, o chamado direito positivo. Em suma, tal como na *República* dedica Platão uma grande parte da sua investigação à educação da juventude, estabelecendo programas rigorosos destinados às crianças e jovens de acordo com a idade. O número de famílias desta nova cidade, Magnésia, é fixado em 5040, havendo para esta cifra a justificação de este número poder, por sua vez, ser sempre divisível pelos primeiros 59 números. Algumas digressões referem as grandes linhas do pensamento platónico: a imortalidade da alma, a questão dos deuses, constituindo o livro X a única fonte para o estudo da questão teológica em Platão. Finalmente, o carácter abrupto e muitas vezes pouco subtil do texto – que tanto tem inco-

---

([7]) Esta suposição é corroborada pelo facto de o Estrangeiro de Atenas proceder como um autêntico membro da Academia, referindo situações que correspondem justamente a certos momentos da experiência pessoal de Platão e que, por isso, tornam legítima esta identificação. Quando Platão se refere nas *Leis* aos proémios ou preâmbulos às leis (*Leis*, 719 a-722 a), ao compararmos esta afirmação com aquilo que é dito na sua *Carta* III, 316 a – Platão refere-se à sua tutoria de Dionísio de Siracusa, falando então acerca dos proémios ou preâmbulos às leis – é, então, razoável afirmar-se que esta concepção, acerca do corpo legislativo nas *Leis*, terá sido efectivamente sugerida pela experiência pessoal de Platão em Siracusa. Por essa razão, a identificação "Estrangeiro de Atenas" – Platão não deverá ser ignorada.

INTRODUÇÃO

modado os críticos mais puristas[8] – embora com passos de grande beleza (e certamente sendo do melhor que Platão terá escrito), é tão evidente que, então, será razoável colocar a hipótese de ser as *Leis* um diálogo inacabado ou de, pelo menos, não ter esta obra podido ser revista pelo seu autor devido à sua morte.

2. Entre a *República* e as *Leis*

Pode afirmar-se com alguma legitimidade que a concepção de elaboração tanto das *Leis* como da *República* radica fundamentalmente no mesmo idealismo de Platão[9]. Nas *Leis* esse idealismo

---

[8] Constitui realmente um facto curioso alguns críticos puristas, especialmente os do século XIX, partirem de pressupostos que, na realidade, são em si mesmos incoerentes: o facto da permanência absoluta de um estilo, logo definindo como de determinado autor apenas aquilo que terá sido escrito rigorosamente em conformidade com essas características absolutas e imutáveis; o facto de uma obra escrita por determinado autor ser considerada como absolutamente completa, sendo excluído absolutamente o "carácter inacabado" *a priori*, consistindo esta postura num erro grave. Este "purismo crítico", resumido nestes dois tópicos, afectou gravemente a avaliação da importância real das *Leis* de Platão. Na verdade, trata esta obra acerca daqueles temas que mais caros foram para Platão: a ética, a educação, a jurisprudência como domínio da sabedoria.

[9] Podemos resumir as posições dos críticos da teoria política de Platão desenvolvida nas Leis a três posições fundamentais: a de E. Barker, *Greek Political Theory. Plato and his Predecessors* (London 1960), esp. XIII, pp. 338 *et sq.*; R. W. Hall, *Plato* (London 1981), esp. caps. 6 & 7, pp. 81 *et sq.* e 103 *et sq.*; finalmente G. Klosko, *Plato's Political Theory* (London 1986), cap. IV, pp.198 et sq. Para Barker, visa Platão, com a redacção das *Leis*, o chamado *imperium legibus solutum*, vide p. 340, ainda que exercido em conformidade com uma orientação pessoal, este carácter "pessoal" obviamente entendido como "inteligência". Estabelecem as *Leis* uma divisão entre dois tipos de governação: por um lado, a do guardião, *phylax*; por outro, a do guardião das leis, o *nomophylax*: são complementares um do outro. Para Hall, as *Leis* de Platão tenta visar dois aspectos fundamentais: a lei e o Estado, devendo este último alicerçar-se, quanto aos seus princípios morais, no primeiro – o princípio legal do Estado, pp. 90 *et sq.* Para Klosko, *op. cit. sup.*, com as *Leis* pretende Platão evidenciar um aspecto fundamental: uma espécie de moral psicológica subjacente à elaboração das leis, p. 199; o caminho da virtude é árduo e longo, que só a lei poderá garantir; existe, além disso, uma grande semelhança entre a cidade dos Magnésisos e as propostas políticas apresentadas por Platão em Siracusa, p. 239. Finalmente, podemos

LEIS

surge mais adaptado à realidade concreta e resulta sobretudo da experiência pessoal do próprio Platão, especialmente do exercício das funções como conselheiro e tutor da corte dos tiranos de Siracusa, na Sicília. No fim da vida, já perto da morte, depois de tantos anos à frente da Academia, instituição destinada a formar os futuros governantes do mundo de então, Platão parece fundamentar todo o poder na lei, já que uma cidade que depende apenas do capricho do seu único governante está, por esse mesmo motivo, condenada ao malogro e a uma decadência irreversível. A lei é, pois, a única salvaguarda da cidade, já que todos a ela deverão obedecer. A sabedoria, iluminada pela razão, é personificada numa definição abstracta que se institucionaliza, já não havendo razão para o filósofo-rei existir, em virtude de este desenvolvimento ser contraproducente ao enfatizar o carácter pessoal do poder: o indivíduo dá, então, lugar à instituição. As *Leis* apresentam, além disso, uma tentativa de investigação histórica dos regimes políticos, que tem em Esparta, na Pérsia e em Atenas os três pontos de referência, apresentados numa sucessão histórica; por outro lado, dever-se-á notar que tal tentativa não se verifica na *República*. Parece, todavia, que esta nova concepção do Estado é anunciada pelo *Político*, quando encontramos enunciado o próprio malogro da tentativa de se encontrar o monarca perfeito: *"porque é difícil encontrar o rei ideal, o poder do monarca deverá dar lugar ao governo da lei"* ([10]).

Outro aspecto interessante consiste no facto de nas *Leis* se evidenciar uma especial preocupação com a religião, culminando com a consagração de "deus como medida de todas as coisas",

---

ainda referir T.A. Sinclair, *A History of Greek Political Thought* (London 1959), cap. X, pp. 186 *et sq.*, o qual considera as *Leis* como uma obra dos últimos anos de Platão, a reflectir a sua preocupação em teorizar acerca de uma espécie de "poder paternal" da lei, consequentemente pouco disposto a fazer concessões e, por outro, ciente de não serem os homens "diabos" ou "monstros fantásticos", mas apenas seres humanos, com as suas inerentes qualidades e defeitos intrínsecos, p. 186.

([10]) Vide *Político*, 302 a *et sq.*, estabelecendo este diálogo a transição da *República* para as *Leis*.

INTRODUÇÃO

numa clara reacção contra o fenómeno do ateísmo. A cidade é o centro do universo, sendo interiormente regulada pela alma do mundo: aquele que terá criado e disposto "todas as coisas enquanto são", fê-lo de modo a que cada parte seja não mais do que aquilo que é "ela própria em si mesma" [11], sendo governada cada uma por um soberano que, qual guardião e vigia, domina os seus impulsos e define os seus actos – isto sucedendo tanto no interior de cada indivíduo como na própria cidade, que é o conjunto comum de todos os indivíduos [12].

3. As *Leis* de Platão, Aristóteles e Popper: o grande debate

A. Considerações preliminares

Antes de se proceder à análise da posição de Popper em relação a Platão, convirá clarificar alguns pontos importantes de carácter geral.

Em primeiro lugar, quanto ao aspecto formal da obra, nas *Leis* de Platão são óbvias certas mudanças que caracterizam este diálogo: primeiro, a ausência de Sócrates; segundo, a peculiar circunstância de os protagonistas do diálogo serem três velhos; terceiro, o facto de ser a identidade do Ateniense habitualmente aliada à figura de Sócrates. Em relação a este último ponto, será conveniente desde já afirmar que a mais natural suposição para essa identidade do Ateniense será tratar-se do próprio Platão, não fazendo qualquer sentido falar em Sócrates [13], em virtude de previamente ter ele sido sempre nomeado como tal nos outros diálogos, impondo-se logo a suposição de a sua omissão ser eventualmente um facto indiscutível (sendo as razões por que Platão terá assim decidido discutidas na altura própria). Daqui se conclui que

---

[11] Expressão que sublinha simultaneamente o carácter susbstantivo-nominal ("ela própria") e a vertente adjectiva-atributiva ("em si mesma").

[12] Vide especialmente *Leis*, Livros IV – VIII, 759 d-840 c.

[13] Além disso, a questão deste Sócrates em Platão ser ou não o Sócrates real, assim como outras questões afins, parece até agora ser inconclusiva.

13

LEIS

nenhuma outra entidade poderá ser o Ateniense senão o próprio Platão.

Segundo, a própria circunstância de o diálogo ser entre velhos é realmente relevante, porquanto sublinha sobremaneira a importância de todos aqueles que possuem uma idade entre os cinquenta e os sessenta anos ou mais [14]. Com efeito, uma sociedade criada, formada, governada e idealizada por velhos tende a ser memorialista [15], legalista [16] e a fundamentar-se na experiência vivencial [17] de cada um. Se assim é, não choca o facto de o poder supremo da nova cidade dos Magnésios estar concentrado nas mãos dos mais velhos, especialmente do Supervisor da educação e dos membros mais veneráveis do Conselho Nocturno [18].

Terceiro, e como conclusão preliminar, é lícito afirmar-se que a nova colónia a ser fundada seja, portanto, da inteira responsabilidade

---

[14] Por outro lado, seria conveniente referir o facto particular de no mundo greco-romano não existir essa ideia de "terceira idade", imediatamente habilitada à reforma, tornando consequentemente estes indivíduos inúteis no domínio político, económico e social. A sociedade antiga funcionava de modo diferente, escalonando a sua hierarquia social em função daquilo que poderemos com alguma legitimidade denominar "princípio da aproximação da morte". Por isso, os velhos tinham o privilégio de pertencer à primeira ordem da hierarquia social.

[15] Entenda-se por "memorialista" como alusão à memória, directamente dela decorrente e constituindo sua qualidade intrínseca: denota, por conseguinte, a capacidade de reter experiências passadas ou conhecimentos anteriormente adquiridos, os quais se manifestam pela chamada lembrança residual. Se assim é, o espaço temporal do presente é alargado ao passado, ainda que tenha em vista o futuro.

[16] "Legalista" porque supõe uma evidente e constante preocupação com o cumprimento dos preceitos legais, agindo por esse motivo sempre em conformidade com a lei, acrescentando-lhe a noção – a qual se impõe ela própria por si mesma – de "dever", sublinhando o dever cívico de se aceitar o império da lei (constituindo, neste caso, a situação particular de se ignorar a lei natural uma questão mais técnica do que filosófica).

[17] Entenda-se "vivencial" como qualidade da vivência, a qual supõe a vida existencial que, por sua vez, se forma com factos e experiências, sendo em ambos os casos acompanhada por uma simultânea experiência psicológica interna.

[18] Eram estas magistraturas supremas desempenhadas por anciãos, podendo, no entanto, o ser também por homens com idades mais baixas, sempre, porém, submetidos à supervisão dos mais velhos.

INTRODUÇÃO

de três veneráveis políticos ([19]), entre eles contando-se Platão, ao assumir a identidade do Ateniense.

Quarto, outra questão pertinente diz respeito à lei, o tema central do diálogo, por isso justamente denominado *Leis*. Por conseguinte, a pergunta que imediatamente deverá ser colocada será: porquê as leis? A resposta poderá ser satisfatoriamente delineada em vários estádios, os quais numa sucessão elucidativa se associam entre si: em primeiro lugar, a lei é essencialmente uma norma, e uma norma implica logicamente uma regra de conduta; por conseguinte, o estádio seguinte dirá respeito à questão relativa à regra, à regulamentação, a qual resulta de uma espécie de consenso social que cria entre os seus membros uma relação encadeada de compromissos – aquilo que justamente se poderá considerar uma profunda inter-relação social. Daqui poder-se-á orientar a discussão no sentido daquele carácter fundamentalmente experimental que caracteriza as relações sociais, já que a sociedade só pode existir em função da comunidade, no sentido de conjunto de membros que partilham aquilo que lhes é comum e se diferenciam naquilo que lhes é individual. Consequentemente, consiste a lei num facto social, este aspecto sublinhando as naturais implicações éticas daí decorrentes, as quais advêm do comportamento geral ou particular dos seus membros componentes. A lei prescreve então o cumprimento de uma norma, simultaneamente fundamentando o seu respectivo estabelecimento numa clara distinção entre aquilo que se deve fazer e aquilo que não se deve fazer; neste âmbito fundamenta-se ela no exemplo, que directamente decorre da própria experiência: as magistraturas em Platão, especialmente nas *Leis*, valem aquilo que são – será a função do agrónomo fiscalizar as áreas rurais; se o não fizer como deve, será consequentemente sancionada a sua acção enquanto tal, sendo a respectiva sanção aplicada em conformidade com aquilo

---

([19]) Por essa razão será essa cidade a mais perfeita de todas, *i.e.*, de todas as menos imperfeita, já que é fundada por três experientes anciãos que, ao longo dos anos, foram adquirindo e aprofundando os seus conhecimentos no domínio da política, para eles sendo consequentemente menor ou até mínima a probabilidade de erro: do plano ideal da cidade arquétipo da *República* transita-se para o plano possível da cidades das leis nas *Leis*.

15

LEIS

que na lei se encontra estipulado e, também, sendo, por sua vez, esta estipulação tanto mais efectiva quanto mais exemplos de transgressão puder abranger. Chega-se, por este modo, ao estado seguinte: uma sanção supõe sempre um primeiro caso respeitante a um primeiro transgressor, a partir daí sucessivamente se desencadeando um processo legal dentro da sua dinâmica social. Na realidade, a experiência dos velhos políticos fá-los ver que a aplicação da sanção – embora esta dimane directamente da lei – depende da transgressão: uma sanção é obrigatoriamente aplicada a um transgressor, assim confirmando a respectiva sanção o carácter efectivo da lei através do seu cumprimento. Se assim é, poder-se-á passar de imediato ao estádio seguinte: a lei, porque se circunscreve à prática, diz fundamentalmente respeito à legalidade e não à justiça ([20]). Por conseguinte, será legítimo formular a seguinte conclusão: aquilo que interessa numa lei é a legalidade que ela contém e não propriamente a questão abstracta da justiça nela implícita.

Quinto, a lei, porque é afinal elemento definidor de legalidade, funciona como factor de estabilidade, em que as variantes, ou graus de instabilidade, são mínimas, neste caso sendo a qualidade e a quantidade ([21]) complementares: 1) quem matar deverá ser

---

([20]) Acerca deste domínio – *i.e.*, o da diferença entre legalidade e justiça – poder-se-á estabelecer, de uma maneira introdutória, uma primeira divisão entre teoria/domínio da justiça e prática/domínio da lei, encontrando-se estes dois domínios unidos pela especulação. Se assim é, a justiça e a lei competirão ao campo da filosofia da lei enquanto que, de modo diferente, a legalidade competirá ao domínio da jurisprudência.

([21]) Ainda que a inter-relação entre estas categorias seja profunda e até intrincada, convirá estabelecer desde já a diferença entre as duas (não implicando necessariamente a exclusão da sua respectiva complementaridade). Por conseguinte, poder-se-á definir qualidade, *qualitas* ou *poiotês* (tendo, aliás, o termo latino sido uma inovação de Cícero, *De natura deorum = Da Natureza dos Deuses*, 2.94, cf. *Academica = Académicos*, 1.24) como uma propriedade – ou condição natural – de uma coisa ou de uma pessoa que, ao responder à questão *poîos* ou *qualis*, a distingue *ipso facto* de uma outra (quer sejam intrínsecas ou objectivas – as primárias – quer sejam extrínsecas ou subjectivas – as secundárias). No que diz respeito à quantidade, *quantitas*, a responder à questão *poson* ou *quantum*, poder-se-á defini-la como aquela grandeza que é expressa pela noção de número, indicando uma propriedade que poderá ser medida enquanto tal.

INTRODUÇÃO

condenado porque matou; 2) um maior número destes casos corresponderá a um maior número de condenações; 3) o número de condenações depende do número de casos; 4) a condenação tenta obviar com a sanção e sua respectiva aplicação à ocorrência destes casos – a sua eficácia (qualidade) determina a sua diminuição e mesmo supressão (quantidade) [22].

Sexto – e depois de se estabelecer as mais naturais implicações relativas à questão da lei, seu cumprimento ou não, respectiva sanção e aplicação desta última – passa-se agora a uma outra problemática dela dependente: a dos motivos e das causas [23]. A lei não estabelece nunca o motivo por que se comete determinado acto à revelia da lei, mas, por outro lado, poderá tomar em linha de conta os motivos por que essa transgressão terá sido cometida. O motivo só pode ser entendido enquanto causa, sendo aqui o termo empregado enquanto circunstância de causa-instrumento: uma categoria que determina a razão do acto. Neste domínio particular, Platão não se debruça sobre os motivos propriamente ditos, apenas parte do princípio de qualquer acto iníquo ser cometido na completa cegueira, à margem da razão e completamente alheio ao espírito de justiça, ou inteiramente desprovido da sua respectiva noção. Por conseguinte, neste caso particular atribui Platão a um estado mental patológico [24] o acto de transgressão. Por outro lado, se o corpo de leis existe – ou tem de existir forçosamente – ele existirá não em função dos motivos da transgressão mas, antes, em função da necessidade de suprimir qualquer circunstância de transgressão,

---

[22] Este exemplo, como é, aliás, evidente, ilustra a aplicação das duas noções de qualidade e de quantidade, vide nota anterior *cit. sup.*

[23] Motivo consiste fundamentalmente naquilo que, enquanto fundamento, visa o intuito, por essa razão sendo móvel, *motivum* ou *causa motiva*. Em relação a causa, *causa* ou *aitia*, poderá ser definida como tudo aquilo que determina a existência de uma coisa ou de um evento, sendo correlativa, por essa razão, de efeito, *effectum*, tomando o nome de *causa efficiens*.

[24] Apesar desta postura denotar influência hipocrática (*i.e.*, dos escritos de Hipócrates e do *Corpus Hippocraticum*), esta explicação "patológica" pode ser sucintamente elucidada enquanto significante de um estado obnubilado em que os motivos e as causas parecem existir em permanente estado de confusão e de colisão.

LEIS

daí a sua função de dissuasão ([25]). Os motivos, por outro lado, são exteriores à lei e, além disso, se são exteriores à lei, ela não pode ser, por conseguinte, formulada em função dos próprios motivos, mas, antes, do acto transgressor, o qual é por aquela considerado crime. Se assim é, um corpo de leis estipula o cumprimento e respectiva sanção intrinsecamente, excluindo o motivo, o qual neste caso funciona como variante de qualidade. Logo, um corpo de leis é por natureza selectivo, na medida em que resume ou selecciona um certo número de situações para as tornar exemplos específicos ([26]) e, depois, padrões; e fechado, porque não pode admitir que as suas normas sejam discutíveis, sendo qualquer questão relativa à aplicação devida ou indevida da lei dependente do grau de probalidade da transgressão (neste caso a prova de culpa ou de inocência nunca competirá à lei ou ao magistrado que a aplica mas, antes, ao advogado que é responsável pelo litigioso).

Sétimo, será importante frisar o facto de Platão conceber um corpo de leis que existe por si, que deve ser estritamente cumprido, que por esse motivo deverá ser justamente elucidado por aquele – ou por aqueles – que o elaborou, *i.e.*, pelo legislador ou legisladores. Só poderão ser legisladores aqueles que manifestarem em pensamento e acto ([27]) que são virtuosos, racionais, constituindo a sua vida um modelo de vida cívica, sábia, temperante e virtuosa, que nos momentos mais ominosos sempre demonstraram e provaram

---

([25]) Parece ser a posição de Platão, ao conceber *a priori* a transgressão, razão pela qual apresenta ele o seu corpo de leis logo definido.

([26]) Por essa razão, Platão estabelece uma divisão, a qual poder-se-á considerar de certo modo "prudentemente" minuciosa, consoante as situações específicas previstas; por esse motivo, o número de sanções é directamente determinado pelo número de situações previstas.

([27]) *I.e.*, tanto em teoria como na prática. De uma maneira geral, os legisladores foram também magistrados, como, por exemplo, Drácon ou Sólon em Atenas. A circunstância de um Platão legislador seria, por conseguinte, peculiar e até invulgar, em virtude de não ter Platão tido aparentemente experiência alguma como magistrado; foi ele essencialmente um homem da teoria. No entanto, a sua posição como tutor e conselheiro junto da corte de Siracusa ter-lhe-á facultado certamente toda aquela experiência cívica requerida para se ser legislador, a este facto se acrescentando a própria alegação de Platão em estar interessado numa carreira política.

INTRODUÇÃO

possuir a coragem suficiente para enfrentar o maior de todos os flagelos a afligir a cidade: a discórdia interna, *stasis*, tanto aquela que se gera no interior de cada um como aquela outra que se gera no seio da própria cidade e mina os seus alicerces. São estes homens cidadãos experimentados na governação, tanto em tempo de paz como em tempo de guerra, que, logo desde a sua mais tenra infância, receberam uma educação para que depois pudessem tornar-se mais aptos ao exercício da função cívica suprema: o governo da cidade. Se a educação é exercício propedêutico para o futuro jovem cidadão, o seu treino de cidadania radica na prática dessa mesma educação, no respectivo desenvolvimento e na inerente obtenção de resultados práticos na vida política. Por conseguinte, a guerra será um meio absolutamente necessário para se aperfeiçoar esse exercício, em especial a guerra externa, já que ela faculta o confronto de diferentes cidades, consequentemente de diferentes organizações sociais e económicas, numa palavra, de diferentes constituições e regimes, sendo este confronto um meio de se obter uma solução de compromisso: é isso o que Platão precisamente faz ao definir o regime ideal como um regime de compromisso – um acordo entre a democracia de Atenas e a robusta organização militarista de Esparta ([28]), resultando numa espécie de regime monárquico de forte inspiração oligárquica, assistido por um demarcado pendor cívico impessoal ([29]).

B. A crítica de Popper

A partir destes pontos, os quais mereceram uma razoável elucidação, passa-se à análise da crítica de Karl Popper,

---

([28]) Na realidade, trata-se de uma complementaridade à qual Platão nunca deixou de ser alheio. Por essa razão, defende ele um regime misto, e se o faz há que admitir que implicitamente aceita a completa impossibilidade de os regimes na sua forma pura poderem vir a ser efectivamente concretizados.

([29]) Eis um aspecto que tanto diferencia Platão de Aristóteles: a impessoalidade (um facto que, aliás, tem sido sistematicamente menosprezado na análise conjunta da obra de Platão e de Aristóteles).

LEIS

desenvolvida em *The Open Society and its Enemies. I. The Spell of Plato* ([30]).

Acusa Karl Popper Platão de ser um inimigo da democracia, um defensor consumado e até acérrimo de uma sociedade fechada, de cariz nitidamente racista, nela predominando uma perigosa noção de eugenismo. Os defensores mais sensíveis, que tanto se escandalizaram com tais acusações, imediatamente reagiram, logo tecendo a defesa do seu Platão, ripostando contra Popper com outras tantas acusações, negando ter Platão alguma vez sido aquilo de que por Popper é acusado ([31]). Mas, suponha-se que Platão foi aquilo de que é precisamente acusado, se realmente foi essas três coisas – inimigo da democracia, racista e eugenista, defensor de uma sociedade fechada – logo, um antidemocrata convicto. Além disso, acrescente-se ainda esta outra circunstância: a eventualidade de Platão ter, *in facto*, sido tudo isso, pela simples razão de nunca de outra maneira o ter podido ser. Na verdade, o que, aliás, é fundamental neste caso será aquela circunstância da sua experiência política, como tutor e conselheiro, ter na verdade sido de uma grande importância – provavelmente muito maior do que se possa julgar – para a formação das suas ideias, especialmente quando essas ideias se formaram a partir de uma realidade política adversa: com o seu completo falhanço como ideólogo e como político junto da corte dos tiranos de Siracusa. Se tomarmos como exemplo teórico dessa actividade a *República*, não será, por conseguinte, muito difícil verificar como a necessidade de reformulação

---

([30]) Deverá ser sempre consultada a quinta edição revista e actualizada, a qual foi publicada em 1966. Esta nova edição contém um apêndice, *addendum*, com novo material histórico. Existe uma tradução em língua portuguesa, *A Sociedade Aberta e os seus Inimigos. I. Platão*. Relacionada com esta edição encontra-se a publicação em 1965 de *Conjectures and Refutations*, 2nd. ed. (London 1965), vide trad. port., *Conjecturas e Refutações. O Desenvolvimento do Conhecimento Científico* (Coimbra 2003).

([31]) O exemplo mais interessante desta reacção anti-Popper é a publicação em 1953 de um livro da autoria de Ronald B. Levinson, *In Defense of Plato* (Cambridge Mass. 1953), tomando a defesa acérrima de Platão em 645 páginas de argumentação compacta, principalmente destinada a suplantar os argumentos de Popper.

INTRODUÇÃO

de todas essas questões se colocava urgente: a cidade ideal era impossível, ainda mais se acentuando a eventualidade de ligarmos essa desilusão a outro facto (o qual parece ter passado despercebido) – a ambição confessada de seguir uma carreira política. Assim sendo, a grande diferença deverá também reflectir-se numa outra: a ausência de Sócrates.

A ausência de Sócrates poderá parecer chocante; na realidade, não o é; pelo contrário, existe uma explicação para isso: toda a actividade política e social de Sócrates orientou-se por uma oposição contínua ao *status quo*, contra o regime da democracia (apenas no nome!), dominado por uma aristocracia com convicções profundamente arreigadas e pouco predisposta a fazer concessões; contra uma aristocracia democrata que nunca prescindiu dos seus privilégios, à qual Platão [32] pertencia. Mesmo as correntes que seguiram o movimento político e social iniciado por Sócrates, conhecidas pelo nome genérico de Socráticos Menores [33], incluindo os Cínicos [34],

---

[32] Platão foi sempre um aristocrata convicto: fundou a Academia, uma escola filosófica com nítidas ambições políticas, certamente não democráticas; além do mais, o próprio julgamento e condenação de Sócrates terá constituído para ele a prova mais evidente e indiscutível de que a democracia era afinal um regime injusto.

[33] Com efeito, os denominados Socráticos Menores foram realmente os intitulados "outros discípulos" de Sócrates, cujas respectivas posturas filosóficas se orientaram em várias direcções, concentrando-se em domínios específicos, consoante a orientação do seu iniciador. No entanto, a tendência geral estipulou ter sido Platão o discípulo de Sócrates e seu continuador, remetendo ao esquecimento os outros discípulos. Cícero, no *Do Orador*, 3.16.31, refere a grande diversidade do ensino de Sócrates: *ex illius uariis et diuersis et in omnem diffusis disputationibus alius aliud apprehenderat.*

[34] Os Cínicos tiveram a sua origem na orientação filosófica dada aos ensinamentos de Sócrates por Antístenes, c. 444 – 366/5, de naturalidade ateniense, ainda que filho de uma escrava trácia. Seguiu as lições de Sócrates no Pireu, o porto de Atenas, tendo assistido à morte do mestre e seguido "à risca" o seu pensamento filosófico. Passou a ensinar no ginásio de Cinosargas, lugar onde costumavam reunir-se os estrangeiros, os assalariados e as pessoas da mais baixa condição social. Escarneceu de Platão, tendo contra ele escrito um diálogo, Sáton, nele criticando severamente a teoria das ideias daquele.

LEIS

os Cirenaicos ([35]), os Megáricos ([36]) e os Elidenses ([37]), nunca mereceram a atenção de Platão, ele que era um conservador e um defensor entusiasta da sociedade espartana ([38]). Quem defende ideais dessa natureza, não os defende unicamente por defender, as implicações daí decorrentes provam que em circunstância alguma Platão poderia ignorar as respectivas consequências: o hilotismo, a segregacionismo, o igualitarismo racista, o regime estático; o predomínio do poder impessoal dos éforos sobre o poder mais personalizado da monarquia colegial. A sociedade espartana possui características eugénicas: na eventualidade de uma criança nascer com algum defeito físico, era ela, por ordem expressa dos éforos, imediatamente eliminada. Mas, do lado ateniense, esse eugenismo estava também presente: a lei da cidadania de Péricles, de 451-
-450, estabelecia que só poderia ser cidadão de Atenas de pleno

([35]) A escola dos Cirenaicos terá sido fundada por Aristipo, 435-360, discípulo de Sócrates natural de Cirene, que terá chegado a Atenas em 416, tendo sido sucessivamente aluno de Protágoras e de Sócrates. Depois da morte deste último, que acompanhou nos derradeiros momentos – o que de modo nenhum se verificou com Platão – partiu para Cirene e aí fundou uma escola de filosofia. Nunca simpatizou com Platão a quem chamava jocosamente "o refinado"; além disso, sempre manifestou desdém pela lógica, pela física e pela matemática.

([36]) Os Megáricos tiveram a sua origem nos ensinamentos de Euclides de Mégara, 450-340, discípulo de Sócrates que, depois da morte do mestre, se refugiou em Mégara com um grupo de condiscípulos, do qual Platão fazia parte. Combinou os ensinamentos de Sócrates com a tradição eleática, tendo dirigido contra Platão algumas críticas de uma maneira algo violenta, já que uma das características mais marcantes desta escola foi precisamente o seu grande empenho nas disputas filosóficas, cultivando a erística até ao grau mais sofisticado. Um dos seus membros, Estilpão, sustentava a superioridade dos bens espirituais, uma circunstância que torna os Megáricos antecessores da moral estóica.

([37]) A Escola Elidense-Eretriense foi fundada por Fédon de Élis e Menedemo de Erétria. A postura filosófica desta escola foi marcada por um profundo moralismo espiritual, com certas tendências intelectualistas.

([38]) A crítica dos valores tradicionais da democracia ateniense, por sua vez enquadrada numa atitude de grande cepticismo perante a sociedade do tempo, foi particularmente evidente entre os Cínicos, especialmente em Antístenes, que, segundo Diógenes Laércio, *Vidas dos Filósofos*, 6.1 e 6.8, acusava os atenienses de eleger ignorantes para cargos políticos. Platão terá, segundo o testemunho de Simplício, acusado Antístenes de traição dos ensinamentos de Sócrates.

INTRODUÇÃO

direito quem fosse filho de pai e de mãe ambos cidadãos. Por conseguinte, tanto Atenas como Esparta forneciam os modelos dessa sociedade formada na aristocracia eugénica – o conceito do "bom" nascimento – particularmente evidente no regime dos reis-filósofos, que foram concebidos para reformar a democracia, anteriormente por Péricles transformada num regime elitista e agora por Platão numa sociedade de estrutura vincadamente classista. Por essa razão é constante, em Platão, muito mais do que o binómio grego- -bárbaro, a oposição cidadão-não cidadão.

Karl Popper acredita que Platão terá decidido escrever as *Leis* naquele momento em que toda a sua esperança em conseguir concretizar os seus ideais políticos se desmoronou por completo. Foi precisamente esta situação que levou Popper a formular as seguintes acusações contra Platão:

1. na *República*, os filósofos governam sob uma forma de regime baseado num sistema fechado de classes, o qual é por sua vez baseado numa cuidadosa e minuciosa selecção de castas: sendo a forma de governo fundamentalmente dependente da vontade política do filósofo;

2. se Platão defende este modelo de sociedade de castas, será então legítimo considerar a possibilidade de se preparar o caminho para a ditadura, regime que não causaria grande desconforto a Platão, que é afinal um homem de casta e um racista;

3. como conclusão, a leitura das *Leis* é a demonstração de as teorias defendidas por Platão terem sido realmente assim concebidas.

Um aspecto deveras interessante é o argumento da "mentira proveitosa" que Platão desenvolve na *República* e nas *Leis*, nesta última obra sendo especialmente importante o Livro II, 663 d-e, passo no qual defende o filósofo que todo o bom legislador deverá sempre prestar atenção ao carácter benéfico da mentira, particularmente quando ela se revela proveitosa e útil para bem dos jovens educandos, na circunstância particular de ser a verdade por vezes difícil de se fazer crer [39]. Esta noção oximórica da verdade-men-

---

[39] Trata-se, sem qualquer dúvida, de um argumento utilizado com mestria por Popper, o qual dificilmente poderá ser contestado com algum êxito, a não ser

LEIS

tira mina, segundo Popper, os critérios que Platão pretende sejam por todos considerados como legítimos. Se a mentira é proveitosa, conforme expressão do Ateniense – que representa certamente Platão – ela será isso mesmo enquanto instrumento de verdade; se assim é, os critérios da verdade, via fundamental da justiça, poderão eventualmente basear-se num critério – pouco ortodoxo – de mentira, ou seja, de pseudoverdade, constituindo esta instância exemplo da mais profunda contradição, a qual torna-se, ela própria em si mesma ([40]), uma característica de todo o sistema sociopolítico fechado e hostil à democracia. Trata-se de um argumento habilmente digladiado contra Platão por Popper, já que uma das características mais relevantes desse tipo de sociedades consiste precisamente na "filtragem" da verdade perante a opinião pública, resultando no controlo eficaz – injusto, porém – desta última ([41]).

Todavia, em conformidade com o sistema delineado na *República* e depois corrigido e melhor à realidade adaptado nas *Leis*, poder-se-á com alguma legitimidade concluir existir uma certa coerência interna em todo o desenvolvimento teórico tal qual pelo próprio Platão nos é apresentado.

Por conseguinte, e partindo da crítica tecida pelo próprio Karl Popper, pode ser esquematizado um percurso lógico subjacente à concepção da cidade tanto da *República* como das *Leis*. Com efeito, uma sociedade de castas, classista, que considera iguais apenas os seus cidadãos que apresentarem "indícios genuínos" de cidadania ([42]), obviamente tenderá para um sistema político enquadrado

---

que pura e simplesmente alguém decida ignorá-lo, tratando-se neste último caso de uma postura incoerente e absurda.

([40]) Em relação a esta expressão, vide a nota 11.

([41]) Trata-se de uma consequência de todo o sistema criado por Platão, o qual estabelece – e sempre de acordo com os preceitos assumidos no seu sistema de educação – que a verdade deve ser facultada aos jovens de uma maneira "suave", de modo a não causar um impacto demasiado forte.

([42]) Esses indícios genuínos de cidadania decorrem da lei proposta por Péricles, aprovada e promulgada em Atenas, em 452-451 a.C. Se assim é, Platão não está a dizer nada de novo, apenas a complementar a sua teoria com alguns dados práticos. Para melhor se poder compreender esta postura poder-se-á estabelecer uma comparação com as modernas leis respeitantes à imigração nos actuais Estados.

INTRODUÇÃO

numa organização social de natureza exclusiva e fechada, hostil à mudança e alheia a qualquer desenvolvimento exterior, o qual é por ela considerado subsidiário; daí que o contacto com o exterior seja cuidadosamente evitado, assim como qualquer actividade que o possibilite – como, por exemplo, a actividade comercial ([43]) – consistirá automaticamente, por conseguinte, numa degenerescência "patológica" ([44]) que a qualquer custo se deverá sempre evitar. É evidente que toda esta concepção da pólis só poderá assentar numa postura política e social militarista; mas, se a razão de existir da figura social do militar radica na condição da guerra, então conflui-se numa contradição: a guerra exterior – a qual é, aliás, pelo próprio Platão justamente aconselhada, com a primeira intenção de evitar a guerra interna ou civil, origem pristina de todos os males e da destruição da cidade inteira – implica sempre um contacto com o exterior; logo, a pretensão de se manter a cidade num isolamento ideal, destinada à preservação da sua constituição, já em si mesma contém o germe da sua negação.

Existem nas *Leis* dois passos que mereceram a atenção de Popper: em primeiro lugar, 739 c-d ([45]), passo no qual Platão defende deverem os amigos partilhar todas as coisas, sublinhando consequentemente a circunstância " extremista " da posse de tudo

---

([43]) Trata-se de uma postura tradicionalmente platónica e, de uma maneira geral, grega: o exercício da cidadania é exclusivo – o político é o cidadão e nada mais terá de fazer senão isso mesmo para ser aquilo que é.

([44]) Esta noção torna-se cada vez mais evidente nas *Leis*, sendo aplicada ao domínio da criminologia e ocupando uma posição relevante no código penal proposto no Livro IX por Platão.

([45]) Trata-se de um passo no qual Platão, por intermédio do Ateniense, tece a eulogia de um Estado ideal, ainda que inatingível, que por sua vez se caracteriza pelo carácter gregário da propriedade, *i.e.*, a propriedade é partilhada por todos, significando aqui "todos" todos os cidadãos; acrescentando ainda a circunstância de nada poder ser realmente privado – mas ainda dentro da definição restritiva de cidadão – tanto naquilo que é relativo às mulheres, aos filhos e à propriedade. Se assim é, dever-se-á em primeiro lugar notar a exclusão de tudo o resto: escravos, estrangeiros residentes, etc. Além disso, neste passo é evidente a responsabilidade da lei pela concretização de tudo isso.

LEIS

em comum; em segundo, 942 c-d ([46]), aí Platão delineando o princípio fundamental de deverem todos em comum ter um chefe, o qual será o guia e timoneiro tanto na paz como na guerra, devendo lhe ser prestada obediência de uma maneira inequívoca ([47]). Estes dois passos motivam a acusação de Popper de defender e até preconizar um " excessivo colectivismo "; este colectivismo dependendo, por seu lado, directamente do igualitarismo social, dimanando este último por sua vez de uma concepção política e social segundo a qual todos os cidadãos são iguais perante a lei. Se assim é, a questão da igualdade, *isonomia*, dirá fundamentalmente respeito a uma qualidade intrínseca à cidadania, de modo nenhum podendo existir sem aquela, *i.e.*, ser cidadão implica automaticamente ser igual. Por conseguinte, a posição de Platão é coerente, logo implicando ser a crítica de Popper uma questão de princípio, neste caso assumida *a priori* para com Platão. O conceito de *"open society"* em Popper exclui o colectivismo, logo exclui Platão: a lógica funciona em virtude de se encontrar a definição previamente assumida enquanto tal.

Para se compreender esta postura de Popper há que referir a questão de fundo que ele coloca, na p. 120 de *The Open Society*, e que é a seguinte: *"how can we so organize political institutions that bad and incompetent rulers can be prevented from doing too much damage?"* "Como poderemos nós organizar as instituições, de modo a que os governantes maus e incompetentes possam vir a ser impossibilitados de causar piores danos?" ([48]). Daqui resulta obviamente conspícuo que mais uma vez parte Popper de uma

---

([46]) Este passo foi especialmente útil a Popper para exemplificar a extrema antipatia de Platão para com a chamada "open society", *i.e.* "sociedade aberta", tornando-se assim num defensor da "closed society", *i.e.*, "sociedade fechada".

([47]) Neste passo é particularmente relevante a interpretação dada por Popper ao termo *arkhôn*, o qual é por este entendido como *"leader"*. Alguns críticos, escandalizados com tal interpretação, criticam Popper por não ter tomado em conta a ampla significação desta palavra, já que ela tanto pode significar "chefe, guia" como também "magistrado" (neste caso eleito democraticamente). No passo das *Leis* em questão a interpretação de Popper é, porém, correcta.

([48]) Sublinha-se uma atitude preventiva: impedir que o poder seja confiado aos incompetentes e inimigos das instituições. Todavia, Platão também visa o

INTRODUÇÃO

problemática exterior a Platão. Esta preocupação fundamental é colocada como motivo essencial da concepção de "*open society*", a qual poderá ser definida como aquela sociedade em que os poderes críticos do homem individual logo conseguirão reconhecer a diferença entre lei normativa e lei natural, por isso tendo a possibilidade de ver claramente que as leis e os costumes – diversamente das leis naturais que regulam o universo – estão sujeitas inevitavelmente ao exercício efectivo da crítica e podem, por essa mesma razão, ser modificadas. Se assim é, cada indivíduo encontrar-se-á confrontado com as decisões pessoais, consequência da sua própria responsabilidade como elemento comparticipante([49]). As implicações desta concepção são elucidativas: o colectivismo da sociedade de classes dá lugar ao individualismo([50]), o qual preconiza valer o indivíduo por si mesmo, sendo o povo entendido como o conjunto dos indivíduos; se assim é, os heróis ou os salvadores, próprios de um sistema ainda tribal, já não fazem sentido; finalmente, o grande objectivo da lei será proteger e garantir a liberdade dos indivíduos, na condição de que um indivíduo não cause dano a um outro – a liberdade de cada um de modo nenhum poderá afectar a de um outro ou ser afectada pela de um outro.

---

mesmo, ainda que não seja a propósito da democracia propriamente. Além disso, não deixa de ser interessante a possibilidade de se entender a expressão "*incompetent rulers*" como implicando um carácter "profissional" da actividade política.

([49]) Trata-se do problema da responsabilidade – entendido no seu sentido mais geral: obrigação de responder pelos actos próprios ou alheios, ou por alguma coisa confiada – Popper sublinhando sobremaneira, ao expressar a sua preocupação fundamental, a sua vertente civil, enquanto referente à obrigação daquele que – porque a lei assim o exige e determina – deverá prestar contas pelos seus actos. Platão, por outro lado, sublinha um carácter civil e penal, com especial relevância para este último: a obrigação de cada um de responder, ele próprio por si mesmo, pelos seus actos iníquos, delitos, contravenções e crimes, por força da lei.

([50]) Esta oposição entre colectivismo e individualismo poderá, no entanto, ser desigual: enquanto a primeira definição diz fundamentalmente respeito à posse – enquanto doutrina de organização económica e política que consigna a propriedade à colectividade e todos os cidadãos – a segunda, por outro lado, relaciona-se de preferência com a responsabilidade social, legal e política de cada um; daqui que esta postura advogue a iniciativa de cada um – enquanto cidadão privado – a fim de se contrabalançar o governo excessivo do Estado, neste caso, da cidade.

LEIS

Não obstante, uma questão permanece: Popper ao conceber a sua *"open society"* torna implícita nessa mesma concepção uma ideia prevencionista([51]): a sociedade formada pelos indivíduos, os quais livre e responsavelmente exercem a sua crítica do sistema e, por isso, podem modificar esse mesmo sistema, baseia-se também, numa condição de prevenção: não permitir que homens sem escrúpulos e incompetentes possam alguma vez governar e assim causar danos irreparáveis. Mas, Platão, tanto na *República* como nas *Leis*, visa esse objectivo, residindo a única diferença na estrutura social por ele concebida – uma sociedade rigidamente estratificada – e na estrutura política – a lei como centro regulador – resumindo- -se mais uma vez a crítica de Popper a uma posição de princípio exterior a Platão. Daqui se conclui que Popper, ao formular a questão fundamental de se evitar que indivíduos sem princípios e incompetentes possam causar dano à sociedade, ao exercerem ilicitamente o seu poder de governar, torna implícita a acusação de não ter Platão previsto essa situação, uma acusação que de maneira alguma se poderá imputar a este último.

C. A crítica de Aristóteles

A crítica de Aristóteles é mais analítica, menos polémica e sobre- tudo mais escolar, significando isto que Aristóteles analisa e critica Platão sob o ponto de vista não de um intelectual isolado, mas, antes, integrado numa escola rival da Academia([52]), o Liceu, a qual no seu tempo tinha ultrapassado aquela em importância e influência([53]);

([51]) Este carácter "prevencionista" é perfeitamente aceitável, já que diz respeito à postura da assim chamada "democracia vigilante": segundo Popper tal missão competirá ao indivíduo enquanto que, de acordo com o pensamento de Platão, será isso da competência das leis.

([52]) Essa rivalidade aumentou aquando da nomeação de Aristóteles como tutor de Alexandre, em detrimento de Espeusipo, sobrinho de Platão, a quem sucedeu como escolarca da Academia.

([53]) O Liceu, não só em relação à Academia mas também ainda em relação ao Pórtico (Estóicos) e ao Jardim (Epicuristas), segundo o testemunho de Diógenes Laércio, era manifestamente superior em virtude do número de alunos a frequentar

INTRODUÇÃO

por conseguinte, a sua crítica assume de certo modo um aspecto impessoal, em contraste com as acusações de Popper, de forte pendor pessoal.

No que diz respeito às *Leis*, a crítica de Aristóteles visa fundamentalmente as seguintes questões: em primeiro lugar, o facto de o esquema das *Leis* não diferir substancialmente do esquema da *República*; em segundo lugar, advoga uma criação de um território de uma maneira demasiado generalista, ignorando, no entanto, a questão capital relativa às relações exteriores – sendo estas, segundo Aristóteles – de importância vital; daqui decorrendo a tal ausência em Platão de uma visão internacionalista ([54]) de toda a problemática política; em terceiro lugar, naquilo que concerne a propriedade e questões afins, Platão é vago e impreciso, não conseguindo definir qual a dimensão específica de propriedade requerida para o efeito pelo próprio visado, daqui decorrendo o deficiente equacionamento da inter-relação que se estabelece entre população e propriedade; finalmente, o sistema político advogado enferma de certos "vícios" de concepção – o equilíbrio de poderes consiste apenas num esboço por terminar, embora possa ser enquadrado no sistema geral de regimes, acentuando-se esta crítica de Aristóteles ainda mais ao analisar o método de eleição tanto de magistrados como de membros do conselho, o qual é, segundo aquele, de natureza clara e "excessivamente" oligárquica.

Poder-se-á, por conseguinte, e estabelecendo uma comparação entre as posições de Popper e de Aristóteles, afirmar à maneira de uma conclusão preliminar proceder o primeiro *a priori* enquanto que o segundo, pelo contrário, fá-lo *a posteriori*.

---

a escola – chegando a atingir os duzentos – mas ainda devido à área dos edifícios, incluindo salas de aula, biblioteca, arquivo e laboratório; a tudo isto se acrescentando as enormes fontes de rendimento que lhe terão sido facultadas.

([54]) Esta crítica é absolutamente legítima porquanto não existia qualquer razão por que Platão tivesse podido ignorar as relações entre os Estados: não tinha sido, afinal, ele próprio tutor e conselheiro dos tiranos de Siracusa? Não teria essa sua experiência política constituído uma oportunidade preciosa para avaliar a importância fundamental deste domínio da política externa? Logo, não é aceitável ou compreensível esta sua postura de total menosprezo por aquela.

LEIS

Outro aspecto deveras interessante consistirá eventualmente na circunstância de Aristóteles pretender ver Sócrates na figura do Estrangeiro de Atenas, posição só compreensível se porventura se tomar em linha de conta o facto de para Aristóteles serem a *República* e as *Leis* partes de uma mesma concepção. Se assim é, será então possível formular o seguinte raciocínio: se Sócrates é protagonista da *República* também o será nas *Leis*, agora sob o nome de Ateniense. Por conseguinte, não poderá ser totalmente despropositado que tal identificação radique na tentativa de Aristóteles em estabelecer uma linha de continuidade entre as duas obras. Na *Política*, Livro II.6, 1265 a 1 *et sq.*, resume Aristóteles as suas principais objecções às *Leis*, procedendo a um exame do comunitarismo platónico. Começa, então, por referir o principal objectivo das *Leis*: a legislação. Imediatamente repara que Platão muito pouco diz acerca daquilo que verdadeiramente entende por constituição (logo constituindo esta falha uma séria deficiência de fundo); se, por um lado, manifesta Platão um evidente empenho em instituir uma forma de governo mais acessível e, por isso, com maior probalidade de ser realizável, o seu desenvolvimento, no entanto, indica claramente manter-se ainda Platão naquele plano ideal característico do Estado tal qual o encontramos definido na *República*. A única diferença a merecer menção consiste na circunstância de nas *Leis* serem as refeições públicas facultadas tanto a homens como a mulheres, a isso se acrescentando a instância de o número de cidadãos aptos a defender a cidade – logo capazes de providenciar o seu próprio armamento – subir de mil para cinco mil ([55]).

A argumentação de Aristóteles é pormenorizada, sem emitir juízo de valor algum independente do contexto. Esta sua postura

---

([55]) Vide *Leis*, Livro VI, 780 e. Trata-se de um lapso de Aristóteles, já que realmente o número apontado por Platão é 5040, de modo nenhum um cálculo arbitrário, obedecendo, pelo contrário, a um desígnio de nítida influência pitagórica, de reproduzir numericamente a realidade. Assim sendo o número 5040 terá sido calculado em função da multiplicação múltipla de 1x2x3x4x5x6x7, sendo precisamente o seu produto e simbolizando a harmonia e capacidade funcional dos múltiplos divisores. A questão de ter sido este lapso deliberado ou não é, no entanto, irrelevante.

INTRODUÇÃO

contrasta com a de Popper, que, pelo contrário, reage intempestivamente às posições de Platão, inserindo essa sua postura numa questão de princípio, *i.e.*, Popper é nitidamente um antiplatónico, mesmo na crítica que tece, facto que de modo nenhum poderá ser a Aristóteles imputado. Esta observação é fundamental em virtude de sublinhar o impacto das duas posições: enquanto a crítica de Popper toma a forma panfletária de uma diatribe acusatória, a crítica de Aristóteles, de modo diverso, desenvolve o seu discurso em simultâneo com a sua análise da obra de Platão: não existe qualquer ataque frontal, os erros decorrem naturalmente da leitura de Platão.

O legislador nas *Leis* deverá sempre prestar atenção a dois pontos fundamentais: o território da cidade, o qual se entende como um espaço físico jurisdicional, e os habitantes que nele vivem, os quais constituem por assim dizer os elementos definidores desse mesmo espaço físico. Aristóteles, porém, aponta um lapso particularmente evidente nesta postura: as próprias definições de "território" e de "habitante do território" colidem com os seus limites, já que estes mesmos limites não se encontram referidos – nem tão-pouco definidos – como tal: a actividade política nunca poderá ser isolada. A cidade e a cidadania dos seus concidadãos só poderá existir em função das outras cidades e das outras cidadanias; se assim é, o legislador deverá sempre ponderar acerca das relações da sua cidade com os Estados vizinhos, os quais são realmente os responsáveis pela sua delimitação, *i.e.*, pela definição do seu espaço territorial. O argumento de Aristóteles é substancialmente incisivo e de uma inquestionável acuidade na sua análise dos argumentos de Platão, emergindo os erros deste como natural consequência de um lapso de incoerência que deveria ter sido justamente antecipado, mas não foi ([56]).

([56]) Observe-se o seguinte: para Aristóteles, mais do que uma observação de carácter hipotético, interessa sobremaneira a evidência da própria observação, *i.e.*, a sua concretização. Por conseguinte, a questão de dever Platão tratar – ou, então, ter tratado – determinado assunto dá lugar à circunstância de o ter realmente tratado ou não (sendo o facto concretizado da inteira responsabilidade de Platão, e não de Aristóteles).

LEIS

Naquilo que à propriedade diz respeito, Aristóteles analisa o modo como Platão estabelece os seus critérios, sendo eles geralmente delineados em função de uma concepção de "vida temperada", sendo esta por aquele interpretada como sinónimo de "vida feliz", assim se originando uma espécie de paralelismo – com o perigo de se resvalar numa posição antitética – entre o conceito de "felicidade", *eudaimonia*, e o de "temperança", *sophrôsynê*. Na verdade, muitas vezes a felicidade exclui a temperança, já que esta se encontra na base da formulação de um conceito de vida que bem poderá ser considerada miserável; por conseguinte, ao conceito de "vida temperada" deverá acrescentar-se algo que a torne inequivocamente aquilo que é: a liberalidade; por este modo se chegando ao conceito de "vida temperada e liberal" ([57]), sublinhando este novo conceito proposto por Aristóteles as duas qualidades que devem estar presentes, sempre que se verifique a necessidade de se conviver com a riqueza, e que, em simultâneo, estabelecem um compromisso entre riqueza (espírito liberal) e miséria (espírito de temperança). Este último aspecto foi, não obstante, descurado por Platão.

Outro aspecto a merecer a atenção de Aristóteles consiste na circunstância de a propriedade não ser calculada quanto à sua dimensão em função do número de habitantes: os lotes nunca poderão ser iguais se não for possível estabelecer um número fixo de habitantes, um problema que não foi encarado por Platão da maneira devida, já que não estabelece limite algum para o número de crianças a procriar; limitando-se, por outro lado, a vagamente admitir a aplicação de restrições nesse domínio a algumas famílias enquanto que, pelo contrário, tal não se verificará para outras, daqui Platão inferindo – de um modo incorrecto segundo Aristóteles – a possibilidade de se obter um razoável equilíbrio entre o número de lotes e o número de proprietários. Nas *Leis* tal estabilização

---

([57]) Com este reparo pretende Aristóteles chamar a atenção para a questão fundamental da utilidade e uso dos bens que se encontram à nossa disposição, sendo a temperança e a liberalidade as duas posturas que melhor se aplicarão neste domínio particular.

INTRODUÇÃO

demográfica terá de ser obrigatoriamente muito mais rigorosa e minuciosa, caso se pretenda atingir um justo equilíbrio entre propriedade e população. Mas, qualquer declaração de igualdade de propriedade implica o seu carácter indivisível, o que frontalmente colide com a posição anteriormente assumida de não haver limite para os nascimentos. Platão é, por conseguinte, incoerente, enfermando esta sua formulação de um contradição "congenitamente" comprometedora: não garante a proporção constante entre lotes familiares e o número de nascimentos nessas mesmas famílias, um factor que, aliás, os antigos legisladores tiveram sempre presente. Por essa razão, partindo deste erro, qualquer tentativa de se estabelecer uma inter-relação razoável entre propriedade e procriação – em conformidade com a teoria desenvolvida por Platão nas *Leis* – só poderá resultar num profundo desequilíbrio entre os dois elementos componentes, tornando-se particularmente evidente na situação extrema de completa ausência de homogeneidade entre a relativa exiguidade da propriedade e o notório aumento demográfico. Esta situação torna as assimetrias económicas e sociais emergentes, sendo estas, por sua vez, a principal causa da guerra civil, *stasis*.

A questão das diferenças entre governantes e governados terá, segundo Aristóteles, sido ignorada por Platão, tratando-se de uma omissão grave. Para além disso, a própria circunstância do regime por este traçado ser uma espécie de regime misto não totalmente democrático nem totalmente oligárquico ([58]), deverá ser sobretudo

---

([58]) Não deixa de ser interessante a circunstância de Aristóteles, ao analisar o regime político proposto nas *Leis* por Platão, proceder a uma clara divisão da sua análise em duas partes: em primeiro lugar, refere-se ao sistema de governo tal qual é ele apresentado nas *Leis*, constituindo um regime intermédio entre democracia e oligarquia; depois, em segundo lugar, é analisada uma questão um pouco diferente: a do melhor regime de acordo com aquilo que nas *Leis* é justamente afirmado – neste caso o melhor regime será um produto da intercombinação da democracia com a tirania. Em relação a este último ponto, aconselha Aristóteles que melhor será aumentar os elementos componentes enformadores para que, assim, o resultado seja melhor escrutinado em virtude de a sua proveniência ser estabelecida em função de um maior número de factores. Todavia, Platão não fala de tirania mas, antes, de monarquia, pelos menos naqueles passos das *Leis* a que se refere

33

LEIS

entendida no sentido de essencialmente consistir numa forma intermédia, em que os limites não são nítidos, baseada numa constituição que contempla apenas aqueles cidadãos que têm possibilidades económicas que lhes permitam dedicar-se ao lazer – o qual define em parte o tempo requerido para a actividade política – e também poder suportar as despesas inerentes aos custos do seu próprio armamento. Assim sendo, existem cidadãos e "cidadãos" e, do mesmo modo, constituições e "constituições": realmente, caso Platão pretendesse ser neste domínio particularmente realista, não estaria muito longe dos factos; mas, por outro lado, desejando basear a sua constituição – a qual será sempre a melhor possível ([59]) – no princípio do mérito, Platão está errado: deveria ele tomar a constituição de Esparta ([60]), de forte tendência aristocrática, como exemplo a seguir. Com efeito, existe um consenso geral acerca da constituição de Esparta: conjuga ela elementos de inspiração monárquica (a monarquia colegial), oligárquica (o conselho dos anciãos) e democrática (a magistratura dos éforos, recrutados entre os cidadãos). Considerar, todavia, a melhor constituição como sendo aquela que é o resultado final da confluência entre democracia e tirania é sem qualquer dúvida uma postura desprovida de qualquer

---

Aristóteles, *e.g.*, Livro III, 693 d, 701 e, Livro IV, 710 *et sq.*, Livro V, 756 a. Será, no entanto, provocatório considerar a crítica de Aristóteles injustificadamente polémica, exacerbada e até intempestiva. Aristóteles neste passo joga com a concepção alargada de monarquia alexandrina e helenística, a qual inclui elementos sem qualquer dúvida provenientes da tirania.

([59]) Neste ponto particular convirá lembrar a circunstância de Platão se referir nas *Leis* à melhor constituição a se poder realizar – por essa razão sendo "a melhor possível" – e já não aquela constituição ideal, arquétipo de todas as outras, as quais dela são simples emanação.

([60]) Que é, aliás, aquilo que Platão não faz, preferindo nas *Leis* estabelecer uma divisão entre guardiães – guerreiros, que são o cerne do corpo cívico e responsáveis pelo governo e defesa da cidade, e trabalhadores – artesãos, que são realmente responsáveis pelo sustento económico da cidade, sendo obrigados a permanecer nos campos, sem qualquer tempo de lazer para poderem dedicar-se à política. Se assim é, a democracia na sua forma mais pura encontra-se corrompida, cabendo o seu governo a uma oligarquia formada pelos cidadãos mais ricos e influentes e que, afinal, é ilegítima.

INTRODUÇÃO

sentido político ([61]), já que uma tal constituição raramente será concretizável e, se o for, será a pior de todas as constituições ([62]).

O carácter demasiado restrito dos elementos enformadores da constituição proposta por Platão nas *Leis* comprometem a sua real eficácia, em virtude de esta constituição evidenciar uma tendência muito particular para ignorar os elementos monárquicos, sublinhando, por outro lado, e até exacerbando a influência dos aspectos democráticos e oligárquicos, sendo indiscutível a submissão dos primeiros aos segundos. O método de eleição dos magistrados é sintomático desta postura: a eleição por sorteio a partir de um colégio eleitoral previamente seleccionado. As implicações são esclarecedoras: em primeiro lugar, só os mais influentes poderão alcançar a sua eleição; em segundo lugar, são os mais influentes geralmente os mais ricos, já que dispõem de todo o tempo suficiente para votar nas assembleias; em terceiro lugar, o governo resume--se a poucos, sendo esses poucos os cidadãos mais poderosos e ricos – trata-se de um aspecto nitidamente oligárquico. Este aspecto acentua-se ainda mais ao analisar o funcionamento do sistema eleitoral, sendo ele obrigatório para as primeira e segunda classes, enquanto que opcional para as terceira e quarta ([63]).

A crítica de Aristóteles constitui uma alternativa às refutações de Popper, sendo mais construtiva, sem prescindir, no entanto, do exercício da crítica rigorosa. As *Leis* são submetidas a um escrutínio minucioso, discriminando aqueles aspectos que de um modo mais

---

([61]) Deverá ser interpretado este "sentido político" como "tacto político", o qual resulta da complementaridade entre teoria e prática.

([62]) Na verdade, tanto a democracia como a tirania – sendo precisamente as duas formas de regime que mais próximo se encontram – consistem, segundo Aristóteles, num desvio, *parekbasis*, logo gerando uma degenerescência do regime e levando ao seu completo aniquilamento.

([63]) Seguindo, pelo menos, o esquema delineado por Platão, *Leis*, Livro VI, 756 a *et sq.*, as quatro classes aparecem assim referidas: em primeiro lugar, todas as quatro participam numa pré-eleição dos representantes das duas primeiras classes; em segundo lugar, só os membros das três primeiras classes podem participar na pre-selecção dos representantes da terceira classe; em terceiro, só os membros das duas primeiras classes devem reunir-se para uma pre-selecção dos representantes da quarta classe.

LEIS

evidente incorrem em erro ou contradição. Uma diferença entre Popper e Aristóteles é especialmente conspícua no facto de este não considerar a cidade de Platão fechada, racista e visceralmente inimiga da democracia; aquilo que em Platão mais constitui para Aristóteles fonte de polémica é a sua concepção demasiado isolacionista [64], fundamentalmente dependente de uma excessiva preocupação em eliminar qualquer foco de discórdia interna, sem, todavia, ter alguma vez conseguido delimitar a problemática interna da externa, residindo a razão de assim ser na circunstância de Platão ter tendencialmente – ou tendenciosamente – sempre ignorado a segunda.

D. As *Leis* de Platão.
Tentativa de ensaio de interpretação

As *Leis* perduraram como a grande e última obra de Platão. Apesar da legitimidade das críticas de Aristóteles e de Karl Popper,

---

[64] Este carácter isolacionista será, segundo Aristóteles, o grande responsável pelo completo malogro da cidade tal qual é ela concebida por Platão. Se se entender por isolacionismo uma doutrina que visa fundamentalmente a não ingerência na vida política dos outros países (como, aliás, hoje assim é), a própria fundação de Magnésia em Creta, um lugar sem qualquer interesse geoestratégico no tempo de Platão e de Aristóteles, constitui um exemplo esclarecedor dessa doutrina que em parte começou nas *Leis* a ser desenvolvida. Por outro lado, a crítica de Aristóteles pode ser entendida como uma chamada de atenção para a importância das relações entre os Estados na busca de um equilíbrio internacional que permita a génese de um Estado que possua a melhor constituição possível. Na verdade, estava Aristóteles numa posição muito mais vantajosa do que Platão: era o tutor de Alexandre, seguindo este uma política expansionista de conquista – estava do lado vencedor; Platão, pelo contrário, tinha sofrido demasiados reveses. Por conseguinte, ao ter planeado um sistema político fechado, com todas aquelas características que tanto mereceram as críticas de Popper e de Aristóteles, Platão tê-lo-á eventualmente feito porque em nada mais acreditava para além daquilo que a lei podia permitir: a lei era agora a única garantia de se fundar a melhor cidade possível, que inegavelmente o seria – ou poderia ser – em função da lei. Por essa razão, Platão terá assim sido e assim terá sido levado a elaborar as *Leis* pela simples razão de nesse momento todas as outras opções – que na *República* tinham atingido a sua maturação máxima – se terem absolutamente esgotado.

INTRODUÇÃO

e, além disso, ainda que outros tantos defensores se tenham erguido em defesa de Platão; as *Leis* permaneceram na sua essência uma obra fundamental do percurso intelectual de Platão.

A "durabilidade" das *Leis* deve-se principalmente ao contraste evidente entre a sua importância de conteúdo e o seu respectivo aspecto formal, caracterizado por uma certa imperfeição estilística, obscuridade, para além de transparecer tratar-se de uma obra por acabar ou a que faltou a revisão final e definitiva; sendo estes aspectos conspícuos quando se estabelece uma comparação justa e equilibrada entre as *Leis* e os outros diálogos de Platão. As *Leis* provam uma elaboração e uma redacção de um Platão já velho, mais perto da morte, desiludido, mais realista e, no entanto, sem ter vez alguma renunciado ao seu objectivo: a melhor cidade criada pelos homens, se já não a ideal, pelo menos a possível.

À objecção de ser praticamente impossível para três velhos interlocutores criar uma cidade perfeita, devendo essa tarefa caber aos homens na força da vida ou até aos jovens, responder-se-á que Platão encontrava-se plenamente consciente dessa enorme dificuldade. Na verdade, os velhos, ainda que sejam o repositório da sabedoria antiga e, por isso mesmo, se encontrem destinados a melhor governar, enfrentam, todavia, uma dificuldade: já todos eles devem ter ultrapassado os sessenta anos, apenas passando por isso a ser membros daquele grupo de anciãos que a cidade venera, respeita e obedece – ainda que indirectamente por intermédio dos magistrados, sendo estes de idade mais jovem. Já se encontram eles para lá dos limites da cidadania activa e directamente participativa; a sua idade também transpôs a fronteira da idade militar, sendo os três, por essa razão, totalmente inadequados para o exercício da guerra, um dos grandes motores civilizacionais da cidade no mundo antigo[65]. Mas, disso não teria Platão plena consciência?

---

[65] Evidentemente que a situação tanto do Estrangeiro de Atenas como de Clínias de Creta ou de Megilo de Esparta se poderá resumir àquelas circunstâncias que, no mundo antigo greco-romano, eram objecto de tão acaloradas discussões; as quais bem podem corresponder àquelas mesmas que Cícero, no seu tratado *Cato Maior ou Da Velhice*, resumiu em quatro e tratou (sendo, por essa razão,

LEIS

Seria, então, Platão um velho obstinado e idealista que na sua cegueira excêntrica avidamente se empenha na busca nas nuvens – tomando a imagem aristofânica – da sua cidade sublime? Não teria a sua experiência na Sicília sido suficiente para lhe demonstrar, para lhe fazer na realidade provar que uma cidade não pode existir enquanto sendo simultaneamente idealizada – tal é absolutamente inconsistente. Por outro lado, o carácter utópico, *i.e.*, o seu carácter de "não ter lugar", de não se limitar a um espaço e daí também de não se confinar a um espaço de tempo, terão estes factores funcionado como a grande solução para Platão: é que assim a cidade passou de não possível a realizável, tornou-se um projecto que ultrapassa os limites circunstaciais do tempo e do espaço – é isso precisamente que nos demonstra as *Leis*. Por conseguinte, Platão, na sua fase terminal da vida, retomou a sua função de director espiritual na sua escola, a Academia, depois da se ter ausentado durante alguns anos para ocupar as funções de tutor e conselheiro do jovem tirano de Siracusa, Dionísio II; após a sua nunca negada ambição política ter semeado a maior das confusões, o mais grave dos conflitos, a guerra civil; depois de ter, ele próprio, sido vítima dessas maquinações fantásticas, que, afinal, ainda que conduzidas

---

não totalmente desprovido de legitimidade considerar que este tratamento do tema possa eventualmente representar de uma maneira geral as posições do homem clássico antigo). São essas tais circunstâncias as seguintes: a velhice afasta os homens dos negócios, *i.e.*, da vida política (daqui surgindo a consequência de constituírem os velhos um corpo supremo que se torna no próprio repositório de toda a sabedoria da arte de governar); em segundo lugar, a velhice torna os homens fisicamente mais débeis e mais sujeitos às agruras da doença e do sofrimento (daqui naturalmente decorrendo a consequência de já não se encontrarem aptos a desempenhar funções guerreiras); em terceiro, com a velhice os prazeres que a vida proporciona são quase completamente suprimidos (daqui a grande vantagem será obviamente a sua maior capacidade em dominar os prazeres e praticar a virtude de um modo mais exemplar); finalmente, encontra-se a velhice – mais do que qualquer outra idade – perto da morte (encontram-se os velhos mais próximos dos deuses e do divino, mais perto da imortalidade, que é, afinal, apanágio do governante virtuosos, sábio e excelente). Por todos estes motivos, não é a velhice de modo nenhum incapacitante mas, pelo contrário, ela própria constitui o apogeu da vida mental: é a idade da criação espiritual suprema, a qual neste caso é a cidade.

INTRODUÇÃO

por um nobre ideal, não passavam de uma miragem ordinária, vendo-se reduzido ao estatuto de escravo, a antítese do cidadão.

Se, por um lado, a prática se tinha revelado e provado ter sido desastrosa, Platão, por outro, terá sabiamente assumido aquela posição de teórico, daquele que não passa dos projectos, logo se oferecendo por todo o mundo conhecido de então como redactor de constituições, as quais pelo menos seriam competentemente preparadas por um homem que conjugava a prática com a teoria (sendo o aspecto de ter ou não sido bem sucedido absolutamente secundário). A cidade é formada por um conjunto de indivíduos, os cidadãos; daqui surgindo o binómio cidade/cidadão. A cidade é o conceito geral enquanto que o cidadão corresponde ao conceito particular, enquanto sinónimo do individual: Platão faz recair sobre o individual o grande objecto do seu ensino: ensina ele indivíduos, cidadãos, e não a cidade, já que esta é naturalmente a sua consequente abstracção. Se assim é, a reforma cívica deverá em primeiro lugar gerar--se no íntimo de cada indivíduo, ele que, esclarecido pelo seu mestre, por este modo tornar-se-á capaz de se reformar ele próprio a si mesmo. Por conseguinte, a cidade, essa pólis durante tanto tempo almejada por Platão, tem a sua génese no interior de cada um, só depois se alargando à cidade. Se já na *República* a questão concernia fundamentalmente ao governo dos filósofos-reis em si mesmo, nas *Leis* a discussão passa a versar o modo desse mesmo governo, *i.e.*, os instrumentos pelos quais esse governo se concretizará e, na eventualidade de assim o ser realmente, esse modo corresponderá à lei, ela que é a norma reguladora das relações tanto no próprio indivíduo (realidade psicológica), tanto entre os indivíduos (realidade sociológica) ou ainda entre aqueles dois primeiros e a cidade enquanto suprema existência cívica (realidade política). É possível, com efeito, ser estabelecida uma sucessão lógica entre cidadão, cidade e lei, a qual será a seguinte: primeiro, o cidadão deverá ser um homem da cidade; segundo, para ser isso deverá ser um homem de princípios; terceiro, para ser um homem de princípios será um homem de normas de conduta, um homem de leis; quarto, logo, se assim é, representará a cidade descrita nas *Leis* "a cidade das leis", que é essencialmente um compromisso

LEIS

cívico entre duas ordens – a ordem do social e a ordem da legalidade – sendo precisamente esse compromisso, o qual deverá sempre ser responsavelmente assumido, a garantia capital da própria cidade ([66]).

Por essa razão, a constituição nunca poderá ser pura, porque a própria "pureza" dessa constituição consiste sobretudo num modelo – e um modelo é um arquétipo, e um arquétipo é uma elaboração mental e produto da intelectualização – que carece da vertente real: só uma constituição mista, que consiga conjugar os diversos aspectos de diferentes regimes, poderá ser concretizável e logo eficaz. Finalmente, a via para a eficiência dessa constituição mista origina-se na lei, a qual regula e estipula as relações entre os indivíduos: mais uma vez se regressa à questão fundamental das *Leis* – a lei e as leis; assumindo-se a cidade como uma comunidade que se origina numa espécie de contrato social sob a égide da lei, que estabelece uma norma – que se pretende seja vigente *ipso facto* – das relações entre os indivíduos dessa mesma comunidade e elabora simultaneamente um *corpus* de leis, um código, que será ainda responsável pela manutenção dessa comunidade como entidade cívica, *i.e.*, como cidade.

As críticas de Aristóteles e muito mais de Karl Popper puseram a nu o carácter demasiado restrito a evidenciar dificuldades irresolúveis desta nova cidade das leis proposta pelas *Leis*. Como se disse anteriormente, exigir a Platão algo que ele nunca poderia considerar ou algo que ele nunca poderia aceitar ou até conceber

---

([66]) Com efeito, a cidade dos Magnésios é "a cidade das leis". As leis, consignadas num corpo que é por sua vez minuciosamente estabelecido, quase matematicamente, garantem a própria existência da cidade. O argumento que geralmente é dirigido contra Platão é a sua completa inadequação à realidade. Platão teve a oportunidade, como tantas vezes se disse, de ver isso quando foi convidado para Siracusa pelos Tiranos desta cidade para exercer as funções de tutor e de conselheiro: o malogro de todas as suas aspirações, o cataclismo fatal de todos os seus projectos *in loco* demonstraram que a cidade ideal existe enquanto tal, ainda que não possa realizar-se: se assim é, deverá a cidade passar a possível, logo, a realizável; só o podendo ser enquanto garantida pela lei, a qual é simultaneamente instrumento de regulamentação entre os homens e garantia da sua contínua existência. A lei funciona neste caso como solução.

40

INTRODUÇÃO

é uma posição irremediavelmente preconceituosa. Com alguma legitimidade poderá a refutação destas críticas, emitidas pelos dois filósofos nomeados, basear-se nos seguintes pontos: primeiro, em relação ao indivíduo, Platão sempre considerou fundamental a sua relação íntima: deverá ele então conhecer-se e saber autogovernar--se, ele próprio a si mesmo, por intermédio da sua lei interior; segundo, em relação à cidade propriamente dita, Platão sempre considerou que: em primeiro lugar, é fundamental a oposição entre cidadão e não cidadão, logo a cidade sendo um conjunto de cidadãos, funcionando os outros grupos sociais, por sua vez, como grupos periféricos, ainda que nela possam ser incluídos; em segundo lugar, a constituição visa essencialmente o corpo cívico enquanto instrumento de autogovernação; em terceiro lugar, a questão social diz primeiro respeito às relações entre os cidadãos e entre estes e os não cidadãos, se assim é, a regulamentação desta dupla relação compete à lei, imediatamente se estabelecendo uma nova conexão entre os estádios nomeados.

Outro grande complemento que muito contribuirá para a melhor consolidação da cidade é a religião, enquanto conjunto de crenças que assistem espiritualmente a cidade e têm nos ritos a sua realiza-ção cívica: são os deuses da cidade. Por conseguinte, se os deuses garantem a coesão espiritual da cidade, funcionando como uma garantia anímica do próprio corpo cívico, não existe lugar algum para o ateísmo. Daqui que a razão se alie à sensação, com a con-sequente interpenetração da alma com a razão. A alma é uma emanação de deus, a razão ilumina-lhe na sabedoria. A inovação de Platão irá no sentido de reconhecer a religião como um elemento fundamental da cidade, o cidadão será um homem sábio e religioso. Por essa razão celebrará a cidade os seus deuses, os quais se tornam os seus patronos divinos, assumindo o seu culto a forma de religião cívica ([67]).

([67]) Será pertinente referir a circunstância de a religião da cidade se concentrar fundamentalmente no rito, no cumprimento dos "deveres sagrados" para com os deuses políadas, protectores de cada cidadão em particular e da cidade em geral. Neste sentido a teologia implica uma hierarquização das crenças de cada um, ele

LEIS

Outro aspecto ainda de grande interesse será porventura o papel secundário da economia. Todas as actividades deste sector competirão às classes mais baixas e desfavorecidas ou aos não cidadãos. A actividade política implica claramente tempo disponível, e esse tempo disponível só poderá ser entendido em função do lazer (sendo, contudo, considerada a única excepção a esse tal lazer a actividade militar, *i.e.*, a função guerreira). Esta noção de lazer não é certamente aquela que os tempos modernos consideram, enquanto concepção "turística" do descanso, como habitual. O lazer antigo é uma atitude ou disponibilidade espiritual para se dedicar à cidade como seu elemento participativo [68]. Daqui que os factores social e económico propriamente ditos sejam de fundamental importância: as classes mais elevadas e mais ricas são as únicas a possuir esse lazer necessário ao exercício da política. Todavia, se assim é, a economia tem realmente importância na cidade das leis que Platão nos propõe nas *Leis*, na medida em que contribui como elemento definidor por exclusão (ao sublinhar a impossibilidade tanto de agricultores como de artesãos de poderem satisfatoriamente exercer a sua actividade política) daqueles que mais aptos se encontram para governar a cidade, para a tornar melhor, mais justa e virtuosa.

Poder-se-á concluir que a Magnésia das *Leis* é a "cidade das leis", que justamente assim terá sido concebida como a melhor cidade possível de todas, vindo logo a seguir à cidade ideal, em função da qual é delineada, sendo adaptada às condições da realidade política do tempo em que Platão viveu. A posição de Platão é realmente difícil, já que as qualidades geralmente implicam defeitos

---

próprio perante si mesmo e a divindade, e da cidade, a qual é conjunto de todos os indivíduos, eles próprios perante si mesmos e os deuses protectores da cidade. Por conseguinte, é evidente que até esta teologia se encontra regulada pela lei, já que toda a hierarquia deverá ser feita cumprir, por isso necessitando de ser regulada, mais uma vez indo ao encontro da necessidade da lei.

[68] O lazer deverá, pois, ser entendido como *skholê*, equivalendo ao termo latino *otium*. Só assim se poderá compreender por que razão aqueles que da vida política se afastaram (e geralmente sendo isso uma característica da velhice) a ela possam voltar sempre que a urgência ou a necessidade o justifique.

INTRODUÇÃO

que ora aumentam ora diminuem segundo uma dimensão determinada e numa proporção correlativa. A possibilidade implica sempre qualidades e defeitos, a sua respectiva realização evidenciará ainda mais esta correlação e, se assim é, a grande preocupação de Platão irá no sentido da preservação: como poderá a cidade melhor existir, melhor ser governada, melhor ser aquilo que é e, por tudo isso, melhor perdurar? A resposta está dada por Platão: pela lei e por intermédio do respectivo compromisso com ela própria firmado. A existência da cidade depende da sua capacidade de regeneração, que, afinal, não será mais do que uma capacidade intrínseca de sobrevivência, a qual é justamente garantida pela lei. [69]

4. As *Leis*. A sua estrutura

Poder-se-á com legitimidade estabelecer uma estrutura das *Leis* seguindo a sua divisão em livros. As *Leis* de Platão apresentam o seguinte desenvolvimento [70]:

Livro I [71]. O início refere a situação excepcional de terem as leis tanto de Esparta como de Creta uma origem divina: são elas, com feito, inspiradas pelos deuses. No entanto, mostram ainda certas deficiências que convirá naturalmente suprir; tendo residido

---

[69] Este aspecto é fundamental e merece um desenvolvimento condigno. Uma cidade existe por si própria enquanto criação humana. Se assim é, a cidade é uma consequência da vida dos homens em comunidade transposta para um plano mais elevado. A existência da cidade depende directamente da capacidade de existência dos seus membros enquanto isso mesmo e enquanto seres particulares, sendo essa tal capacidade de existência garantida pela função tanto de todos como de cada um. Essa função só poderá ser justamente entendida enquanto acto de sobrevivência, o qual não é mais do que a própria vida geral da existência de cada um como, também, aquela outra que repete todos os dias. Por conseguinte, as leis têm o papel capital de garantir o processo desta existência multifacetada, sendo também a única garantia da sua capacidade de existir como tal, *i.e.*, de sobreviver às catástrofes cíclicas que acontecem.

[70] Para os parágrafos respectivos segue em nota de rodapé a respectiva colação.

[71] Poder-se-á considerar que o Livro I trata fundamentalmente da finalidade da legislação, a qual, por sua vez, se fundamenta na virtude total, 624 a-625 c.

43

LEIS

a causa desta imperfeição na situação de aquelas apenas visarem a coragem enquanto virtude total, constituindo esta postura um erro; é, com efeito, a coragem somente uma parte integrante da virtude total. O desenvolvimento da discussão entre o Estrangeiro de Atenas, Megilo de Esparta e Clínias de Creta trata a seguir da questão relativa a outra virtude, a temperança, sendo ela também de fundamental importância. Podemos considerá-la como a postura mais correcta perante a dor ou o prazer. Em relação a esta virtude, quanto ao seu valor (o termo aqui empregado enquanto sinónimo de "valoração", *i.e.*, apreciação do valor, o qual, aliás, lhe é intrínseco) e valorização (sendo o termo aqui empregado enquanto sinónimo da natural capacidade de desenvolvimento qualitativo, a qual também lhe é intrínseca); será necessário, por isso, realizar certos testes para se verificar o respectivo estádio de desenvolvimento desta virtude, consistindo estes testes nas festas, nos banquetes e nas tão peculiares agremiações para se beber em conjunto.

Livro II ([72]). Surge a bebida – particularmente o vinho – como tema de discussão. A bebida provoca nos velhos o reviver de alguma coisa daquela juventude perdida, sendo-lhes, por conseguinte, possível tomar parte nas celebrações musicais, tendo eles consequentemente a suficiente – e razoável – capacidade e competência para orientar os ensaios musicais dos jovens de uma maneira que poderá ser considerada satisfatória e correcta. A discussão acerca da música e da dança – constituindo esta uma parte da primeira – conduz naturalmente à conclusão de ser necessário um coro de velhos em honra do deus Dioniso ([73]), tendo este coro um estatuto semelhante ao de uma academia de música: são eles, por essa razão, responsáveis pelo estabelecimento e manutenção de um

---

([72]) A educação e a virtude constituem o tema central do Livro II. No que diz respeito à primeira, será fundamental analisar qual seja a função da música e simultaneamente estabelecer a sua relação intrínseca com a ginástica, tema este que é especialmente tratado em 654 b-664 b.

([73]) O tema do coro em honra do deus Dioniso, bem como o estabelecimento da sua respectiva função no âmbito dos outros coros, encontra-se tratado em 664 b-672 d.

INTRODUÇÃO

padrão de gosto, em especial nos domínios das artes e especificamente naquilo que ao drama concerne.

Livro III (⁷⁴). A história ocupa este livro: é a chamada "Arquelogia" (⁷⁵) das *Leis*. A discussão visa, por conseguinte, o exame alargado da história dos homens desde os seus tempos mais primitivos, neste sentido sobressaindo o Dilúvio como o cataclismo universal e primordial que então delimita a história da evolução da humanidade: os sobreviventes do Dilúvio são os óbvios iniciadores de um processo civilizacional e político. Assim sendo, apresenta-se um resumo histórico que se centra entre as origens – estabelecidas elas dentro dos parâmetros acima nomeados: a catástrofe inicial e a civilização propriamente dita – e o desenvolvimento das comunidades humanas, o qual é naturalmente estabelecido segundo um padrão de sucessão de diversos estádios políticos e civilizacionais: o Estado dos Dórios, o Império dos Persas e a Democracia de Atenas. Estes estádios de evolução constituem, "eles próprios em si mesmos", exemplos sujeitos a um breve exame, simultaneamente sendo referidos os seus erros inerentes, os quais enfermaram e desvirtuaram a própria natureza do respectivo regime, funcionando, por esse motivo, como uma espécie de degenerescência: a tirania e a liberdade são, na realidade, sempre desastrosas nas suas formas mais extremas. Estabelecido isto – que, sob o ponto de vista metodológico, é uma condição fundamental – poder-se-á iniciar a discussão da complexa questão relativa à fundação da cidade dos Magnésios num futuro próximo.

Livro IV (⁷⁶). Neste livro Clínias de Creta surge como um dos co-fundadores da novíssima cidade dos Magnésios; levando esta

---

(⁷⁴) Na verdade, o objectivo principal deste Livro III consiste em aprofundar a análise dos elementos fundamentais da cidade.

(⁷⁵) A "Arquelogia" propriamente dita inicia-se em 677 a, com a referência ao carácter cíclico das civilizações, o qual é caracterizado pela seguinte sucessão: destruição, renascimento e desenvolvimento, vindo finalmente a sua decadência a dar lugar a outro civilização e assim sucessivamente.

(⁷⁶) O objectivo do Livro IV será instituir os princípios da constituição da nova cidade a ser fundada, Magnésia, 704 a-715 e.

LEIS

circunstância a uma mudança no rumo da discussão, imediatamente se colocando aos três interlocutores a questão pertinente de como poderá esta tal "colónia dos Magnésios" ser concebida com vista à sua futura fundação. As características dessa cidade, tal qual são por Clínias descritas, facultam ao Estrangeiro de Atenas a oportunidade de formular várias considerações, bem como de ainda tecer algumas observações pertinentes, concernentes à localização dessa nova cidade([77]); de modo nenhum devendo ela situar-se perto da costa, alimentando por este modo um comércio costeiro de cabotagem ou com o exterior e, por outro lado, frisando a importância dessa mesma cidade ao ser constituída por uma população heterogénea. Depois de ser retomado o desenvolvimento da discussão, surge imediatamente a conclusão preliminar de sempre dever a "verdadeira política" ser estabelecida dentro de uma linha de orientação em que a sensatez, a prudência e a sabedoria na política possam fomentar alguma forma razoável de mudança. Se assim é, deverá então todo o déspota esclarecido e sábio cooperar, por conseguinte, com o legislador, participando este daquele carácter divino que lhe é outorgado: a única e verdadeira política só poderá ser aquela em que a lei prevalece, domina e governa de um modo incontestado, todas as leis devendo ser criadas para o bem da comunidade, esta efectivamente concebida enquanto conjunto humano social e politicamente coeso([78]). Quanto ao domínio dos deuses, quanto à própria lei, bem como em relação a toda a espécie de poderes ditos superiores, será sempre dever do homem – o que, aliás, se afigura constituir condição fundamental da sua postura enquanto parte integrante desse conjunto acima referido – venerar, respeitar e cumprir aqueles requisitos com um espírito de humildade, de modo a que assim

---

([77]) O tratamento desta questão pode com toda a legitimidade ser considerado pioneiro, 704 a-708 d, já que pela primeira vez é clara a consciência da relação entre política e geografia, sendo a sua mais natural consequência a realidade política – aqui sendo o termo empregado no seu sentido mais abrangente – da cidade dos Magnésios como um facto geo-histórico.

([78]) Este passo inicia-se em 708 d e desenvolve-se até 715 d, sendo dedicado a consubstanciar a doutrina do "império da lei", a qual corresponde ao neologismo "nomocracia", condição absoluta da realização efectiva do melhor estado possível.

INTRODUÇÃO

possa em cada indivíduo vir a ser implicitamente inculcada aquela atitude que logo se pretende tão voluntária quanto possível, deixando simultaneamente transparecer uma reflexão zeladora que é, afinal, produto do próprio exercício da inteligência diligente. Por tudo isso, deverão as leis ser antecedidas de preâmbulos laudatórios, funcionando estes como prelúdios elucidativos que, à maneira de panegíricos, logo clarificam o real alcance das ditas leis [79].

Livro V [80]. Este livro segue o desenvolvimento temático estabelecido no precedente. Como exemplo desse prelúdio exortativo visado surge aquele nosso dever interior de honrarmos a alma – a alma do mundo – que nenhuma outra coisa poderá ser senão aquela parte primordial do homem, de todas a mais divina e a mais esplendorosa. Esta teoria é apresentada pelo Estrangeiro de Atenas com grande pormenor. Depois desta exposição, enumera-se detalhadamente um conjunto de pontos [81], considerados essenciais, relativos à selecção dos indivíduos, ao número de fogos familiares a existir na cidade, bem como ainda referências aos lotes respectivos, a estes se aduzindo considerações acerca da sua distribuição e inerentes direitos de propriedade.

Livro VI [82]. Neste livro são enumerados os diversos oficiais e magistrados responsáveis pelo governo da nova cidade: os

---

[79] Este passo dedicado aos preâmbulos inicia-se em 718 a e desenvolve-se até 724 b. A função da lei será em suma persuadir os cidadãos a viver numa ordem estabelecida em conformidade com a lei. Outro aspecto importante consiste na circunstância da alusão às leis do matrimónio (as quais deverão também incluir um preâmbulo), 720 e-722 c, que aqui, mais do que uma divagação, funcionam como um exemplo que se pretende convenientemente elucidativo.

[80] O Livro V trata da fundamentação teórica da constituição da nova cidade dos Magnésios. O preâmbulo geral à legislação que assiste a governação da cidade é apresentado em 726 a-734 e.

[81] Especialmente a partir de 734 e *et sq.*, ocupando todo este detalhado desenvolvimento a parte restante do Livro V, por conseguinte, até 747 e. É, aliás, particularmente relevante a determinação do número 5040 focos como o ideal para a cidade, vide 737 e-738 a.

[82] O Livro VI versa fundamentalmente as magistraturas, 751 a *et sq.*, a legislação enquanto estrutura motora da administração pública e da organização social da cidade, 768 c *et sq.*

LEIS

guardiães das leis, os magistrados militares, o conselho [83], os magistrados religiosos [84], os fiscais dos mercados, da cidade e do campo [85], os supervisores e superintendentes da música e da ginástica, com o seu chefe supremo, o superintendente da educação [86] e, por fim, os juízes [87]. Posteriormente a discussão passa a tratar acerca da legislação relativa à organização administrativa das tribos e dos núcleos familiares, sendo estes últimos obviamente integrados nas tribos. A legislação relativa aos diversos festivais e outras funções sociais também é regulamentada [88]. O casamento merece especial atenção, sendo na sua essência considerado um acto cívico que deve ser rigorosamente cumprido, naturalmente vindo a ser objecto de uma minuciosa regulamentação, a qual ainda se pretende deva abranger todas aquelas cerimónias com o matrimónio directamente relacionadas [89]. A problemática política e social relativa aos escravos é sucessivamente desenvolvida. A seguir, apresenta--se uma exposição relativa aos edifícios públicos e privados da cidade; vindo logo de imediato um pormenorizado tratamento da vida pública e da vida privada em todos os seus domínios; constituindo finalidade principal a análise da vida doméstica na sua relação intrínseca com a vida pública, com especial relevância para o possível controlo daquela por esta. Por fim, a discussão retoma o tema inicial do matrimónio, sendo bem evidenciada a preocupação

---

[83] Tratados sucessivamente em 752 d-755 b (guardiães das leis e magistrados militares), em 756 b-758 e (o Conselho).

[84] Os magistrados religiosos merecem um desenvolvimento diferenciado, devido principalmente ao seu carácter específico, 759 a et sq.

[85] O nome mais correcto para estes magistrados é fiscais: 760 a et sq.(rurais), 763 c et sq. (urbanos), 763 e et sq. (actividades económicas, i.e., dos mercados).

[86] A educação é da responsabilidade de magistrados. Vide especialmente o seu desenvolvimento pormenorizado em 764 c-766 d:

[87] Em relação a este tópico, é Platão minuciosamente rigoroso, para os juízes estabelecendo um severo código de conduta, vide 766 d-768 e.

[88] É este desenvolvimento estabelecido do seguinte modo: estruturação legal da sociedade e dos festivais da cidade, 771 a et sq.; organização e estrutura legal da família, 771 d et sq.

[89] Platão considera o matrimónio um contrato social de fundamentação essencialmente cívica, constituindo por essa razão uma espécie excursus, vide 771 d-783 d. A procriação é o objectivo principal do matrimónio: 783 d et sq.

INTRODUÇÃO

com o estabelecimento da idade padrão para o casamento, encontrando-se esta estabelecida em função daquela outra por sua vez estipulada para o serviço militar e para o exercício dos diversos cargos públicos da cidade.

Livro VII ([90]). O livro VII ocupa um lugar especial em virtude de nele se fazer menção da questão relativa à educação dos jovens, a qual é tratada com grande pormenor, sendo nessa análise consequentemente incluída a sua respectiva regulamentação. O programa da educação dos jovens deve obedecer a um esquema rigoroso que tem os seguintes estádios de desenvolvimentos: até aos três anos de idade ([91]), são ministrados exercícios caracterizados pela prática corporal de movimentos contínuos; depois, entre os três anos e os seis, transita-se para uma espécie de jogo regulamentado, base fundamental de preparação para a futura vida cívica ([92]); depois dos seis anos de idade, a instrução resume-se à ginástica, desenvolvimento do corpo, e à música, desenvolvimento do espírito, sendo esta mesma instrução complementada pelo jogo, o qual continua a ser fomentado como propedêutica pedagógica ([93]). O jogo ocupa uma posição de primeira importância na educação dos jovens, consistindo ele no meio ideal para o treino corporal e mental, daqui decorrendo as mais naturais considerações acerca, por exemplo, do uso das mãos, merecendo especial ênfase o treino da mão

---

([90]) O Livro VII é praticamente dedicado a um só tópico: a educação. Por conseguinte, se desejássemos porventura procurar nas doutrinas de Platão a sua teoria da educação seria absolutamente legítimo afirmar à maneira de título *Platão. Leis. Livro VII* ou *Da Educação*.

([91]) A educação das crianças – com o respectivo desenvolvimento das suas capacidades mentais e corporais ainda incipientes – até aos três anos de idade é tratada entre 788c e 793 d.

([92]) Esta parte da educação – que é, afinal, uma espécie de "interlúdio lúdico" – é apresentada integrada numa sucessão linearmente estabelecida, tornando evidente a circunstância de ser absolutamente imperativo seguir este programa, vide 793 d-794 c.

([93]) O plano desta última parte da estrutura do sistema educativo é apresentada do seguinte modo: princípios gerais, 794 c *et sq.*, ginástica, 795 d *et sq.*, música, 796 e *et sq.*

LEIS

esquerda bem como o exercício do *ambidextrismo* ([94]), em conjunto com as suas capacidades próprias. São variadas as tergiversações acerca da educação; por conseguinte, logo se segue, em íntima correlação, a discussão da importância da dança e do canto, ambos tratados enquanto exercícios preparatórios responsáveis pelo estabelecimento de uma profunda inter-relação não só entre si mas também com a arte, por um lado, e com a religião, por outro. São estes tópicos tratados, aliás, em função do fim supremo da vida de todos os homens. Se assim é, pode então ser delineada uma estrutura programática do sistema da educação da cidade – nele sendo particularmente evidente esse fim último para o qual todos se devem propor – valendo ela tanto para os homens como para as mulheres; sendo, por esta razão, legítimo afirmar-se que as vertentes masculina e feminina da educação se cristalizam numa única, a qual nos encaminha para o fim supremo da autoperfeição ([95]). Como consequência, a tarefa do legislador consistirá precisamente em regulamentar todo o sistema da educação; de modo nenhum constituindo tarefa fácil em virtude da natural instabilidade da criança, que é, aliás, tão humana. Passa-se, por conseguinte, a algumas considerações mais objectivas: a instrução deve resumir-se ao ensino e exercício sistemáticos da leitura, da escrita ([96]), sendo estas sempre acompanhadas pela aprendizagem da execução da lira; complementando-se este programa preliminar com as actividades suplementares da ginástica e da dança. Por fim, junta o Estrangeiro de Atenas uma digressão acerca da importância das matemáticas, atribuindo especial ênfase à aritmética e à geometria ([97]). Termina esta exposição do sistema educacional com uma alusão aos benefícios das actividades desportivas ao ar livre ([98]).

([94]) O tratamento desta questão – a escrita com ambas as mãos, exercício este que poderia eventualmente ser aplicado à leitura – é apresentado em 809 a *et sq*.

([95]) O sistema educativo válido tanto para os homens como para as mulheres pode ser considerado uma inovação de Platão, vide 806 d d-808 c.

([96]) Vide 809 e - 812 b., cf. questão do ambidextrismo *cit sup*.

([97]) Podem as ciências matemáticas constituir o culminar de todo o sistema educativo, sendo, por essa razão, o exercício suprema da inteligência, vide 817 e-822 d.

([98]) Neste âmbito merecendo especial relevância a actividade lúdica cinegética, *i.e.*, a caça, vide 822 d-824 a.

INTRODUÇÃO

Livro VIII ([99]). Neste livro examina-se o conjunto de regulamentações relativas aos exercícios militares ([100]). O desenvolvimento deste tema é acompanhado por certas considerações de natureza moral, as quais naturalmente visam aqueles aspectos mais negativos decorrentes da formação militar dos cidadãos, merecendo especial evidência a vergonhosa relutância em se ser obrigado a lutar e, além disso, a crítica daquela postura – a qual é, todavia, justamente uma consequência do aspecto económico da questão – que poderemos considerar "comercial" relacionada com este domínio, a qual tanto prejudica uma verdadeira formação militar: o mercenarismo. A temática deste livro desenvolve-se de uma maneira algo difusa: são discutidas diversas áreas, verificando-se na discussão certas alusões ao domínio do instinto sexual ([101]), logo se seguindo outras considerações acerca da produção e distribuição de alimentos, com a simultânea formulação de leis destinadas ao controlo da agricultura; estendendo-se estas regulamentações ao artesanato e ao comércio externo, verificando-se nestes últimos a mesma preocupação em formular leis específicas; por fim, é delineada a legislação relativa à distribuição dos produtos nos mercados, dizendo respeito esta legislação tanto ao domínio do comércio interno como ao do comércio externo ([102]).

([99]) Inicia-se este Livro VIII por uma referência às celebrações religiosas, assistidas nos seus respectivos ritos pelo Oráculo de Delfos, vide 828 a *et sq.*, até 835 b.

([100]) São os homens guerreiros verdadeiros filhos da cidade e, por essa razão, cidadãos com uma boa relação com os deuses: devem, portanto, ser homens piedosos. Vide 828 d *et sq.*

([101]) A questão relativa à regulamentação da vida sexual dos habitantes da cidade poderá surgir algo insólita, a sua respectiva discussão imediatamente seguir à discussão das celebrações religiosos torna, no entanto, o assunto pertinente, vide 835 b-842 a.

([102]) Esta última parte, a qual se desenvolve entre 842 b e 850 d, pode ser considerada como uma espécie de introdução à organização económica da cidade, sendo, por conseguinte, a sua estrutura apresentado do seguinte modo: agricultura, 842 e a 846 c; actividade dos artesãos, 842 d a 847 e; distribuição e comercialização dos produtos agrícolas, 847 e a 848 c; situação social e manutenção da ordem nos

LEIS

Livro IX ([103]). É este livro dedicado integralmente ao chamado "Código Penal" de Platão. Os crimes especialmente tratados são os crimes de sacrilégio e os de alta traição. O Estrangeiro de Atenas, na sua discussão deste tópico, desenvolve uma longa digressão acerca da natureza do acto de legislar em si mesmo bem como, ainda, acerca dos motivos que terão naturalmente levado à situação de terem os crimes sido realmente cometidos. Neste âmbito assistimos ao primeiro tratamento verdadeiramente sério dos aspectos "voluntário" e "involuntário" do crime; sendo este exame acompanhado por uma preocupação em classificar os vários crimes: contra a pessoa, de homicídio, com violação da sua integridade física, que não seja propriamente acto de homicídio, nomeadamente os casos de ferimento ou de assalto ([104]).

Livro X ([105]). Neste livro encontramos o único desenvolvimento da problemática teológica em Platão: a Teologia de Platão ([106]). Neste âmbito são sucessivamente discutidas as questões pertinentes do ateísmo e do fenómeno da irreligião. A análise de toda a problemática relativa à religião desenvolve-se segundo um pro-

---

aglomerados rurais, 848 c a 849 a; organização dos mercados, 849 a a 850 a; finalmente, a actividade comercial e mercantil e os metecos (especialmente a sua definição enquanto elemento social constitutivo da cidade), 850 a-d.

([103]) O Livro IX das *Leis* ocupa um lugar de primeira importância. Com efeito, Platão estabelece um sistema de código penal a estabelecer uma correspondência entre delito e pena definida na lei. No corpo das *Leis* forma com o Livro X um desenvolvimento temático absolutamente autónomo.

([104]) Podemos estabelecer a seguinte estrutura: delitos contra a cidade e a religião, 853 d-857 b; fundamentação do direito penal (parte teórica que delineia os princípios fundamentais definidores), 857 b-864 e; delitos de homicídio (sendo incluída a tão discutida classificação de homicídio involuntário, não premeditado, em legítima defesa, premeditado, *i.e*, voluntário, bem como outros casos de situações afins de atentado contra a vida), 865 a-874 d; delitos cometidos contra a integridade física (com especial referência às lesões físicas decorrentes e maus tratos infligidos), 874 d-882 c.

([105]) O Livro X pode ser considerado a Segunda Parte do Código Penal de Platão, em virtude de tratar dos crimes cometidos contra a propriedade.

([106]) É antecedida de um passo dedicado a considerações gerais acerca dos crimes cometidos contra a propriedade, vide 884 a-885 b.

52

INTRODUÇÃO

grama esquemático que pretende frisar as seguintes três questões: a primeira é relativa a todos aqueles que negam a existência dos deuses; a segunda diz respeito àqueles que afirmam não se interessarem – de modo algum – os deuses pelos homens nem tão pouco prestarem atenção às suas acções: uma posição absolutamente contrária ao dever imperativo de todos crerem firmemente na suma providência; a terceira, por fim, visa fundamentalmente aqueles que acreditam poderem ser os deuses corrompidos por benefícios. Devem, por conseguinte, as leis justamente obstar e interditar estas três situações, estendendo-se esta proibição aos cultos privados, sendo qualquer infracção exemplarmente punida com a pena capital ([107]).

Livro XI ([108]). No Livro XI são apresentadas para discussão as diversas regulamentações que possam dizer respeito aos direitos de propriedade ([109]), com especial relevo para as questões que

---

([107]) Assim sendo, temos o seguinte desenvolvimento: os delitos contra os deuses incluem os delitos contra os deuses propriamente ditos, 885 b-910 e, bem como os delitos cometidos contra a integridade dos templos públicos, com a condenação da consagração e edificação dos templos privados, 909 d-910 e. No âmbito dos crimes cometidos contra os deuses propriamente ditos, temos a considerar o seguinte desenvolvimento: enunciação da lei contra a impiedade, 885 b- -909 d, a qual inclui um preâmbulo, 885 b *et sq.*, a refutação do ateísmo, 887 c *et sq.*, com uma exposição pormenorizada das posições do ateísmo, 887 c-893 a; depois, Platão apresenta-nos considerações teológicas relativas à alma como causa eficiente de todos os seres, 893 b *et sq.*, como princípio regulador do universo, 896 d *et sq.*, seguindo-se a refutação veemente das crenças falaciosas, 899 d *et sq.* (especial referência a não intervenção dos deuses nos assuntos humanos, seu respectivo apaziguamento e tentativa de suborno, esp. 905 d *et sq.*). Finalmente, em 907 d-909 d, é a lei relativa à impiedade enunciada.

([108]) Se porventura se considerou os Livros IX e X como a apresentação do Código Penal em Platão, de modo nenhum será ilegítimo considerar o Livro XI das *Leis* como o livro dedicado ao tratamento de um código de leis dedicado ao direito civil e comercial.

([109]) Vide especialmente o desenvolvimento que Platão dá a este tópico, 913 a - 915 d, abrangendo questões diversas, especificamente toda a problemática relacionada com a apropriação ilegítima, 913 a *et sq.*, escravos e libertos e sua respectiva situação jurídica, 914 e *et sq.*, litígio respeitante a reclamações de direito de propriedade por parte de terceiros, 915 c-d.

53

LEIS

directamente interessam aos actos de compra e de venda. Nesta discussão inclui-se ainda uma análise minuciosa do espírito de honestidade que naturalmente deverá sempre assistir a realização de tais actos, nunca devendo deixar de estar presente em quaisquer transacções comerciais (abrangendo esta última denominação tanto o comércio retalhista como outras tantas formas de contratos da mesma natureza, com especial ênfase para os armazenistas) ([110]). A legislação passa a interessar outro domínio: o dos intitulados prémios militares (incluindo esta nomenclatura toda a espécie de proventos que naturalmente advêm desta actividade). Finalmente, é tratada a melindrosa e sempre polémica questão dos legados e testamentos ([111]) (basta que recordemos a circunstância de grande número dos litígios legais a serem resolvidos em tribunal consistir em questões desta natureza). Depois, a discussão visa uma problemática de natureza social de grande importância: a questão dos orfãos ([112]), a esta se acrescentando a análise de outras tantas disputas familiares, merecendo especial relevância o divórcio. Além disso, outras questões de importância relativa são ainda tratadas, as quais, ainda que não sejam tão fundamentais, indiciam, no entanto, a grande dimensão do projecto proposto nas *Leis*, são elas: a honra que deve ser concedida à idade; os danos causados por uma administração deficiente de medicamentos ou pela terapia ilícita com recurso à prática de magia ([113]); os casos de roubo nas

---

([110]) Trata-se daquilo que bem se poderá considerar direito comercial, incluindo diversas questões como, por exemplo, a comercialização de produtos adulterados, 915 d *et sq.*, regulamentação da actividade comercial e mercantil, 918 a *et sq.*, a infracção de não cumprimento dos contratos, 920 d *et sq.*

([111]) A questão relativa aos testamentos fará parte das leis relativas ao direito familiar, o qual abrange neste livro das *Leis* os seguintes tópicos: heranças e testamentos, 922 a *et sq.*, relações familiares internas (como as relações entre pais e filhos 9, 926 d *et sq.*, entre pais e avós, 930 e *et sq.*, o divórcio, 929 e *et sq.*, a situação dos escravos, e dos seus respectivos filhos, 930 d *et sq.*).

([112]) A questão dos orfãos merece especial atenção e um consequente desenvolvimento profundo e rigoroso, vide especialmente 926 c *et sq.*, inserindo-se esta problemática tanto no âmbito das heranças como no domínio da família.

([113]) Trata-se da problemática relativa aos danos e ofensas, na qual se inclui as seguintes instâncias: envenenamento e prática de magia, 932 e *et sq.*, roubo e

INTRODUÇÃO

suas diversas modalidades: furto simples, furto acompanhado com prática de violência; os casos de insanidade mental; as situações em que se verifica linguagem ofensiva ou obscena; o caso da indigência e a problemática da mendicidade; a questão, algo difícil de se explicar, relacionada com o ridículo público; a discussão da responsabilidade dos senhores pelos actos praticados pelos seus escravos. Por fim, esta análise termina com a discussão das testemunhas em tribunal e dos advogados profissionais [114].

Livro XII [115]. No último livro das *Leis* aborda-se a questão relativa à diplomacia, a qual se deverá sempre caracterizar por uma maior eficácia, tanto quanto possível. Assim sendo, são os deveres dos embaixadores obviamente estipulados com o maior rigor; verificando-se, no entanto, que esta preocupação não será totalmente concretizada em virtude de apresentar este livro uma evidente difusão temática, à qual se junta uma certa desorganização estrutural [116]. Por conseguinte, não se deverá esperar uma estrutura de temas que seja metodicamente seguida e delineada em conformidade com um plano antes estabelecido. Uma questão a merecer menção será, sem dúvida, as considerações acerca dos aspectos morais mais degradantes relacionados com a prática do roubo, sendo este particularmente grave quando é cometido contra a propriedade pública. Ainda no plano moral, a discussão discorre

---

assalto, 933 e *et sq.*, injúria e ofensa, 934 c *et sq.*, indigência e mendicidade, 936 b-c, finalmente, os danos causados por actos de escravos e animais domésticos, 936 c-e.

[114] Trata-se, enfim, da questão do direito processual, 936 e-937 d, com a análise sucessiva das declarações das testemunhas, 936 e *et sq.*, e da própria instrução do processo 937 d-938 c.

[115] O Livro XII das *Leis* trata daquilo que se poderá considerara a administração propriamente dita da cidade.

[116] De uma maneira esquemática os assuntos – de grande diversidade – tratados no Livro XII podem ser estruturados, segundo um discurso que se pretende metódico e claro, do seguinte modo: infracções cometidas contra o dever cívico do cumprimento do serviço militar e contra a propriedade pública, 941 a *et sq.*; questão relacionada com as fiscalizações e auditorias, 945 b *et sq.*; a questão melindrosa do perjúrio, 948 b *et sq.*

55

LEIS

em reflexões éticas acerca dos grandes benefícios que os hábitos disciplinados facultam a todos aqueles que se pautam por esse género de comportamento, bem como acerca dos enormes benefícios que os cidadãos dessa índole proporcionam à cidade. Se assim é, aquela postura, que melhor poderá exemplificar este modo de vida, será sem qualquer dúvida a vida militar; a esta se aduzindo algumas regras relativas às várias recompensas e penalizações a aplicar respectivamente por boa ou por má conduta. Este tópico termina com uma consideração que contempla o carácter cívico deste tipo de serviço em prol da cidade: deverá ser o serviço militar sempre obrigatório, não se admitindo circunstância excepcional alguma (o que, aliás, bem denota o seu carácter universalmente compulsório). São ainda examinadas outras questões, tais como: o chamado tribunal dos examinadores – o qual consiste numa espécie de conselho de auditores – com particular relevância para os aspectos relacionados com os respectivos deveres e nomeação para esses cargos. Daqui transita-se para a discussão dos juramentos – os quais, de acordo com a tradição, ancestralmente costumavam ser proferidos nos tribunais – devendo ser consequentemente proibidos de aí serem prestados; por outro lado, deverão os tribunais agir com uma certa celeridade e eficiência na pronúncia da sentença e na inerente aplicação da pena. As viagens a efectuar ao estrangeiro são também objecto de estudo, constituindo mais um tema interessante a sublinhar o carácter "fechado" por assim dizer da sociedade preconizada nas *Leis*; sendo elas apenas permitidas aquando do exercício de funções administrativas ou diplomáticas e, além disso, na condição de proporcionarem amplos benefícios à cidade ([117]). O plano desenvolve-se algo difusamente com tratamentos sumários de outras questões como, por exemplo, os produtos que são alvo de furto, os direitos de posse e de propriedade, para todos eles sendo

---

([117]) Este assunto é analisado em 949 e-952 d. Seguem-se outras disposições: estrangeiros, 952 d *et sq.*, garantias dos contratos, 953 e *et sq.*, alienação de domicílio, 954 a *et sq.*, reclamação dos direitos de propriedade, 954 c-d, direito de arbitragem, 954 e *et sq.*, pena de morte e sua aplicação, 955 b-d, taxas e impostos, 955 d-e, as oferendas que se fazem aos deuses, 955 e-956 b.

INTRODUÇÃO

proporcionadas as respectivas regulamentações. Por fim, a discussão toma o rumo de uma reflexão acerca da necessidade da revisão de certos preceitos jurídicos – tais como o apelo e os recursos – sendo simultaneamente sublinhada a urgência e a importância de uma investigação metódica e profunda acerca das leis, a qual seja capaz de tornar bem explícita a problemática concernente à execução das penas ([118]). Outros assuntos finais são tratados, nomeadamente os funerais e a disposição dos túmulos ([119]). O livro XII termina com a célebre referência ao chamado "Conselho Nocturno", com uma análise detalhada da sua constituição, função e formação dos seus respectivos membros ([120]).

([118]) Platão pretende elaborar um sistema organicamente estruturado de tribunais e de procedimentos legais relativos aos diversos processos, estabelecendo entre eles uma interaccão eficaz, 956 b-958 c.

([119]) Vide 958 d-960 a. O tema das regulamentações relativas aos funerais e aos túmulos é tratado como um rito sagrado que deverá sempre ser cumprido, constituindo o último dever cívico de qualquer cidadão.

([120]) A temática do Conselho Nocturno – sua definição, estrutura e função – conclui as *Leis* de Platão, vide 960 a-969 d.

PLATÃO

LEIS

LIVRO I

(624 a *et sq.*)

1. Prólogo (¹)

624 a *Ateniense* – Porventura, caros estrangeiros, será a um deus ou, pelo contrário, apenas a alguns homens que, com efeito, pretendeis fazer remontar a instituição das vossas leis?

Clínias – A um deus, ó estrangeiro, a um deus – para falar com toda a justiça – ele que entre nós é Zeus. Na Lacedemónia, donde é originário este nosso amigo, dizem, segundo creio, que esse deus é Apolo (²), não é verdade?

Megilo – Sim, sem qualquer dúvida.

(¹) O Livro I das *Leis* inicia-se com a ideia de serem as instituições de Creta e de Esparta uma criação de legisladores inspirados pelos deuses, visando essa criação um objectivo fundamental: regular as leis da cidade essencialmente em conformidade com uma situação de guerra. Decorre, por conseguinte, a seguinte conclusão preliminar: é a cidade um corpo de cidadãos preparados para a guerra; se não o for, perderá totalmente a sua capacidade de se autogovernar, ficando por este modo à mercê dos outros Estados.

(²) Zeus era protector de Creta enquanto Apolo o era de Esparta.

61

LEIS

624 b *Ateniense* – Não dirás tu, ó Clínias, bem à maneira de Homero (³), que Minos ia todos os nove anos à audiência que o seu pai então lhe concedia (⁴), conformando-se ele com os oráculos paternos, a fim de por este modo poder instituir as leis vigentes nas vossas cidades?

Clínias – Sim, tal como dizem entre nós (e, além disso, também o dizem acerca de seu irmão Radamanto (⁵) **625 a** – decerto conheceis bem o nome!), foi ele, Minos, um modelo de justiça. Ora, na verdade, em Creta proclamamos nós que esse modo tão exacto, de como organizou as instituições jurídicas nesse tempo, justamente lhe terá valido esse elogioso cognome.

Ateniense – Um belo renome, na verdade, e que tão bem fica a um filho de Zeus. No entanto, como vós, tu e Megilo, fostes ambos educados no seio de instituições legais da maior excelência, havereis certamente de aceitar, segundo julgo (e, aliás, com todo o prazer), a necessidade de agora encetarmos **625 b** a discussão acerca da política e da legislação, durante esta viagem, podendo nós demorar-nos ao trocar algumas impressões. A estrada que nos conduz de Cnossos (⁶) até à gruta de Zeus e ao seu respectivo templo é, dizem, demasiado longa; com lugares à sombra ao longo do percurso, devido à existência de grandes árvores sobranceiras ao caminho, o que, aliás, tanto convém a estes tempos de grande

---

(³) Referência ao passo da *Odisseia*, 19. 178-179; neste passo encontramos Minos como rei de Cnossos e confidente de Zeus

(⁴) Referência ao mesmo passo da *Odisseia*, 19. 178-179. Platão, Minos, 319 b-e, e este passo das *Leis* referido, 624 b, interpreta Homero no sentido de uma viagem efectuada de nove em nove anos à caverna de Zeus no monte Ida.

(⁵) Radamanto aparece associado a Minos, vide *Apologia*, 41 a e *Górgias*, 526 c-d. Esta associação é, com efeito, de grande importância. Radamanto era também filho de Zeus e de Europa, tendo se celebrizado pela sua prudência e pela sua sabedoria, mais tarde sendo enviado para o Hades para assistir Minos no exercício das suas funções de Juiz dos defuntos.

(⁶) Cnossos foi a cidade-estado mais importante e mais poderosa de Creta, a sua autoridade chegou a estender-se por toda a ilha de Creta, paralelamente sustentando uma talassocracia que abrangia toda a costa desta ilha.

LIVRO I

calor ([7]). Será conveniente, portanto, a homens da nossa idade parar e descansar um pouco, procurando um certo recobro das nossas forças nesta nossa conversa – poderemos, assim, chegar ao fim desta caminhada sem ter despendido um grande esforço.

Clínias – Na verdade, ó estrangeiro amigo, poderemos realmente encontrar um bom número de ciprestes ([8]) de **625 c** altura enorme e de uma beleza imensa no bosque sagrado, assim como alguns prados, onde nos será naturalmente possível repousar.

Ateniense – Bem o dizes.

Clínias – Assim é certamente. O melhor será quando os avistarmos; é já tempo, todavia, de partir e de por isso desejarmos, uns aos outros, boa sorte.

2. A finalidade das instituições e a coragem guerreira

Ateniense – Assim seja conforme é teu desejo. No entanto, diz-me o seguinte: segundo que desígnio vos impôs a lei a prática dessas refeições em comum, bem como ainda os exercícios físicos e todo esse equipamento militar? ([9])

Clínias – Considero, caro estrangeiro, que se trata de uma coisa de fácil entendimento, pelo menos **625 d** naquilo que aos costumes do meu país diz respeito. No seu conjunto não se deve assemelhar Creta a uma planície totalmente homogénea, como se

---

([7]) Na Antiguidade a discussão de temas científicos e filosóficos era geralmente enquadrada à sombra de uma grande árvore, constituindo assim o lugar ideal para o diálogo filosófico, sempre em contacto com a natureza. Vide Eurípides, *Hipólito*, 1137. Em *Leis*, IV. 722 c encontramos uma observação semelhante.

([8]) O cipreste, que tanto abundava na Grécia, era uma árvore protegida pelos deuses e simbolizava a súplica divina.

([9]) Início da análise da finalidade das instituições e da coragem guerreira, já que, por natureza, as cidades digladiam-se entre si. Na Grécia a "coragem guerreira" era uma qualidade intrínseca à raça dórica.

LEIS

verifica com a planície da Tessália ([10]): nós praticamos a corrida a pé, nesta, pelo contrário, pratica-se a corrida a cavalo; o nosso solo é acidentado – enquanto que o dos Tessálios, não – por isso naturalmente se prestando mais às caminhadas pedestres. Contudo, será necessário, sobretudo num terreno com estas características, possuir um exército ligeiro que possa deslocar-se, sem que tenha a necessidade de se ver sempre constrangido a isso para o fazer, consequentemente lhe sendo sobremaneira conveniente a prática adestrada do arco e da flecha ([11]). Tudo isso nos incita a uma preparação guerreira, tendo o nosso legislador, precisamente para essa mesma **625 e** finalidade, estabelecido com a máxima precisão todos os requisitos a ela relativos, segundo me parece. Na eventualidade de ter ele instituído, para além de tudo isso, as refeições públicas comuns ([12]), a razão de isso assim ser reside no facto de ter ele verificado que a totalidade dos soldados em campanha de-

([10]) A Tessália é uma região do Norte da Grécia formada por um conjunto de planícies totalmente planas, com a particularidade de a transição das partes planas para a zona montanhosa circundante ser abrupta. A Tessália era formada por quatro zonas, *tetrades*, sendo elas respectivamente a Tessaliotis, a Hestiaotis, a Ftiotidis e a Pelasgiotis; sendo estas, por sua vez, cercadas pelas regiões periféricas, *perioikoi*, da Perrábia, Magnésia, Acaia Ftiótida, e Dolópia. As duas grandes planícies centrais são separadas pelos montes da Revénia; sendo, além disso, a Tessália separada das outras regiões do Grécia pelas montanhas do Olimpo, do Pindo, do Ossa, do Pélion e do Otrís, estabelecendo-se entre eles um sistema de passes, de desfiladeiros e de pequenos vales, sendo nos tempos antigos conhecidos pelo nome de *tempe*. A Tessália era famosa pelas suas pastagens e pelos seus cavalos e, consequentemente, pela sua cavalaria. Além disso, era a planície da Tessália conhecida pelos seus pastos tão apropriados à criação de cavalos, vide Platão, *Hípias Maior*, 284 a, *Ménon*, 70 a; vide ainda Heródoto, *Histórias*, VII, 196, e Xenofonte, *Helénicas*, 6.1.9. Deve ainda ser referido o facto de na Tessália se situar a primeira cidade dos Magnésios, cf. *infra* Livro IV, 704 b.

([11]) Os Cretenses sempre foram famosos pela grande habilidade de atirar com o arco, vid. o testemunho de Píndaro, *Píticas*, V. v.41.

([12]) As refeições públicas comuns, *syssitia*, eram uma instituição típica das cidades dóricas, estendendo-se geralmente a toda a comunidade cívica enquanto organização política *ipso facto*. Em Esparta eram mesmo financiadas por intermédio de uma cobrança em géneros, sendo esta imposta a todos os cidadãos. Também terá existido em Creta, todavia, de um modo que ainda não se conseguiu estabelecer com rigor. Platão nas *Leis* advoga a realização de tais refeições comuns,

LIVRO I

verá tomar as suas refeições em comum, durante, aliás, todo esse tempo, podendo por este modo assegurar a sua própria segurança perante as necessidades específicas das circunstâncias. Neste preciso ponto, censurou ele a estupidez do homem comum, esse tal que não é capaz de compreender aquela situação de se encontrar envolvido numa guerra sem fim, travada com todas as outras cidades. Por conseguinte, se assim é, admitindo, além disso, aquela hipótese relativa às refeições em comum, sendo o seu objectivo garantir uma autodefesa **626 a** mais eficaz durante as hostilidades (para além da premência de se destacar, rotativamente para esse fim, oficiais e homens em número suficiente); o mesmo deveria acontecer em tempo de paz. A posição do legislador corresponderia, por essa razão, àquela que os homens definem essencialmente como consistindo no facto de a paz não passar de uma simples fantasia, travando, na realidade, as cidades entre si uma espécie de guerra não declarada ([13]). Se considerares todas estas coisas, partindo desta perspectiva, poderás estar absolutamente seguro de teres encontrado no legislador de Creta aquela certeza de ter ele, de facto, estabelecido cada uma das nossas instituições – tanto as públicas como as privadas – com vista a uma situação de guerra, concedendo-nos segundo esse mesmo espírito a lei, de modo a justamente a podermos assim preservar. **626 b** Estava ele convencido de, caso não pudéssemos prevalecer na guerra, nada mais nos ser possível fazer em tempo de paz digno de qualquer usufruto, em virtude de todos os bens dos povos vencidos assim se encontrarem sob o jugo dos vencedores.

Ateniense – Parece-me, ó estrangeiro, que tu penetraste de um modo certamente exímio no cerne da constituição de Creta. No entanto, elucida-me agora acerca deste ponto que ainda permanece por esclarecer: depois da definição de uma cidade como essa

---

sem, no entanto, precisar com objectividade razoável o seu funcionamento, nem tão-pouco refere o lugar específico para a sua celebração.

([13]) Referência a uma concepção que os factos puderam corroborar: a Guerra do Peloponeso começou realmente antes de ter sido oficialmente declarada.

LEIS

626 c, assim tão bem organizada, pareces-me tu para ela desejar um género de vida que seja capaz de lhe assegurar a vitória naquelas guerras sustentadas contra as outras cidades ([14]) – não será assim?

Clínias – Sem qualquer dúvida creio Megilo ser bem da mesma opinião.

Megilo – Como seria então possível responder de outro modo, meu tão divino amigo, quando se é realmente um Lacedemónio ([15])?

Ateniense – Todavia, aquilo que – de acordo com essa relação assim estabelecida entre as várias cidades – assim sucede poderá, na verdade, sê-lo porventura em menor grau de comunidade para comunidade ([16])?

Clínias – De modo nenhum.

Ateniense – Logo, o princípio que se lhe encontra subjacente é idêntico.

Clínias – Sim.

([14]) Existem realmente vários tipos de guerra: aquela guerra que é combatida contra outros Estados, a guerra externa (o plano das relações internacionais); aquele outro tipo de guerra que diz respeito à vida interna da própria cidade: a guerra interna, a qual é fomentada pela discórdia civil (plano nacional interno); aquela guerra que se gera no interior de cada indivíduo, enquanto cidadão e membro constituinte do corpo cívico da sua cidade, entre aquilo que de melhor existe e aquilo que de pior existe (o plano individual psicológico). Sendo a guerra legítima no plano internacional, a vitória dos valores supremos nos dois últimos tipos de conflito constituirá, por conseguinte, a garantia da coesão da cidade, tanto no plano geral, a paz civil, como no plano particular, a paz interior de cada cidadão.

([15]) Em outros passos das *Leis* encontramos tal forma de expressão, vide *e.g.* *inf.* 629 a, 630 a, 642 d, Liv. II, 666 a; no *Ménon*, 99 d; vide ainda Aristóteles, *Ética a Nicómaco*, 1145 a 28.

([16]) Aqui o termo empregado no original grego é *kômê*, podendo neste passo ser correctamente traduzido como "comunidade".

66

LIVRO I

Ateniense – E, além disso, naquilo que diz respeito à relação existente entre uma casa ([17]) e outra na mesma comunidade, ou ainda àquela outra existente entre um indivíduo e um outro, poder--se-á dizer que o mesmo se verifica?

Clínias – Sim, o mesmo.

626 d *Ateniense* – E cada um, ele próprio perante si mesmo ([18]), deverá consequentemente olhar para mim tal como procede um inimigo para com outro inimigo – neste preciso caso o que deveremos dizer?

Clínias – Caro estrangeiro da cidade de Atenas, não desejaria eu chamar-te habitante da Ática ([19]), quando tu próprio pareces ser a própria evocação do nome da deusa ([20]). Fazendo tu, por este modo, remontar a tese ao seu princípio enformador, incluíste nela aquela clareza necessária, ainda que te seja muito mais fácil imediatamente entender que nós temos razão: todos para cada um são inimigos públicos, do mesmo modo cada um o sendo, ele próprio, para consigo mesmo ([21]).

626 e *Ateniense* – Aquilo que agora afirmas, homem, causa--me verdadeiro espanto!

([17]) É a noção de *oikos*, o núcleo habitacional mais restrito.

([18]) É a tradução correcta de *autôi pros auton poteron*. Sublinha esta expressão tanto o carácter substantivo-nominal, "ele próprio", como o adjectivo-atributivo, "(em si, ou por si) mesmo". O texto das *Leis* está cheio de expressões deste tipo.

([19]) Chamava-se Ática a região que circundava Atenas. Esta região era montanhosa, árida, formando uma espécie de promontório a SE da Grécia central, tendo como montes principais o Himeto, o Pentélico e o Láurion. As planícies eram três. A da Triácia, tendo como centro Elêusis, a Ática propriamente dita e finalmente a Mesogeia.

([20]) A deusa é Atena, deusa das artes e da ciência, assiste à razão e governa a arte da eloquência (neste caso particular, podendo mesmo dizer-se que é ela rival das Musas e de Apolo).

([21]) Vide *sup.* n. 18.

LEIS

Clínias – Mesmo neste caso, a vitória obtida por cada um sobre si mesmo, caro estrangeiro, é precisamente aquela que se encontra em primeiro lugar, por isso sendo de todas a mais gloriosa; enquanto que, por outro lado, a derrota – sobretudo quando sucumbimos vítimas das nossas próprias armas – constitui a coisa mais vergonhosa e hedionda. Demonstra isto claramente que será, por conseguinte, em nós próprios que se trava essa tal guerra: nós próprios contra nós mesmos ([22]).

Ateniense – No entanto, seria melhor voltar à tese em discussão. Em virtude de cada um de nós poder tornar-se **627 a** vencedor de si mesmo ou vencido de si mesmo ([23]), deveremos por isso reclamar que numa casa, numa comunidade, numa cidade se passarão as coisas da mesma maneira, ou não?

Clínias – Pretendes porventura dizer serem eles ora superiores a si mesmos ora inferiores?

Ateniense – Sim, pretendo.

Clínias – Ainda bem que colocaste também essa questão. Com efeito, constitui isso um facto que especialmente se verifica nas cidades. Na verdade, todas as vezes que numa cidade os melhores conseguem triunfar sobre os menos bons e a multidão, teremos certamente razão em considerar essa tal cidade como tendo sido capaz, ela própria, de se superar: por essa vitória será ela justamente louvada, o contrário se verificando em relação à situação oposta.

627 b *Ateniense* – Assim sendo, pondo de lado a questão relativa a se saber se porventura será o pior alguma vez capaz de vencer o melhor (exigindo isso, aliás, uma longa discussão ([24])); se me é possível, no entanto, razoavelmente entender aquilo que aca-

---

([22]) Vide *sup.* n. 18.
([23]) Vide *sup.* n. 18.
([24]) Cf. *Górgias*, 489 c, *República*, Liv. IV, 430 e-431 a.

LIVRO I

baste de dizer, poderá então suceder que os cidadãos aparentados e nascidos na mesma cidade venham a poder agir com violência, assim cometendo um número considerável de injustiças, sobretudo para com os homens de bem, que são uma minoria, reduzindo-os mesmo ao estado de escravidão: nesse momento – quando triunfarem – podemos dizer que essa cidade é mais inferior em relação a si mesma e, por isso, maldita. Todavia, se porventura se verificar o contrário – quando aqueles outros forem capazes de triunfar – nesse caso dir-se-á que é ela boa em si mesma e, por essa razão, superior a si própria.

627 c *Clínias* – De facto, caro estrangeiro, é essa tua afirmação deveras surpreendente. Por isso, deveremos todos nós tal admitir.

Ateniense – Um momento! Voltemos ainda a este seguinte ponto: muitos irmãos – conforme suponho – podem ser filhos de um só e único homem, assim como de uma só e única mulher também, por isso nada havendo para admirar quanto à possibilidade de ser injusta a sua maioria enquanto que a minoria, justa.

Clínias – Com efeito, nada disso será para admirar.

Ateniense – Nem tão-pouco caberia a mim ou a vós franzir o sobrolho e com expressão carregada (²⁵) então dizer que, por meio da vitória alcançada pelos maus, tanto a casa como a família poderão, elas próprias, tornar-se absolutamente inferiores a si mesmas ou, de modo inverso, superiores no caso contrário. Realmente não será tanto para se **627 d** avaliar o carácter próprio ou impróprio dos termos empregados que examinamos de facto essa expressão corrente; será, antes, para achar no domínio das leis aqueles lugares destinados à rectidão e à imperfeição.

(²⁵) Trata-se, portanto, de uma metáfora cinegética, sublinhando a acção de perseguir e esperar pela presa, neste caso a "presa" é a noção que se busca. Platão recorria habitualmente a este tipo de metáfora, vide *Górgias*, 489 b; *Parménides*, 128 c. Também poderá significar "a contradição" ou "o equívoco", vide *República* 454 a; cf. *Teêteto*, 197 c e *Sofista*, diálogo em que a expressão é muito frequente.

LEIS

Clínias – De facto, assim é.

Megilo – Realmente consiste isso precisamente numa bela observação, pelo menos assim até agora me tem sido dado julgar.

Ateniense – Vejamos agora a seguinte questão: aqueles irmãos, acerca de quem falámos há instantes, não poderiam eles – conforme julgo – ter um juiz?

Clínias – Certamente.

Ateniense – Todavia, que juiz deveremos preferir: aquele que fará morrer todos os maus, tornando possível **627 e** que os melhores possam vir a governar; ou, pelo contrário, aquele que outorgará aos bons a autoridade, por este modo permitindo que os maus possam viver, incitando-os a aceitar de livre vontade a autoridade daqueles outros, os bons? E, todavia, não poderá haver igual excelência em ambas as atitudes por nós nomeadas: o juiz que assim se tornaria responsável por uma família dividida, sem ter tido a necessidade do recurso à pena de morte, **628 a** depois de ter conseguido reconciliar os seus membros, conceder-lhes-ia as leis para no futuro poderem todos eles perdurar numa amizade duradoura ([26])?

Clínias – Um juiz e um legislador como esse seria certamente preferível.

Ateniense – E, no entanto, não será apenas a guerra mas, antes, o contrário que o levaria a ter de promulgar as suas leis.

Clínias – Isso é absolutamente verdade.

Ateniense – Todavia, o que se poderá dizer acerca daquele que seria capaz de conceder à cidade a sua merecida harmonia?

([26]) Aqui encontramos a lei associada a amizade, *philia*, fonte de toda a harmonia na cidade e a única maneira de evitar a discórdia civil, *stasis*, conforme logo refere.

LIVRO I

Para organizar a vida da sua cidade, terá ele em primeiro lugar de visar a guerra sustentada contra os estrangeiros, ou, pelo contrário, visará ele sobretudo aquela guerra interna que é justamente conhecida pelo nome de guerra civil **628 b**, essa mesma que jamais certamente terá alguém desejado poder vir a surgir na sua cidade; ou então, depois de ter surgido, logo desejar que rapidamente venha a desaparecer?

Clínias – Esta última, conforme é evidente.

Ateniense – E, mesmo nesta situação, que teria ele preferido? Que, por um lado, a morte de uns e a vitória de outros façam suceder a paz à guerra civil? Ou que, por outro, devido à amizade e à paz que têm a sua génese na reconciliação ([27]), assim se veja a própria cidade obrigada **628 c** a dirigir esta sua actuação contra os inimigos exteriores?

Clínias – Tal é efectivamente essa a atitude que, em detrimento daquela outra, todo o homem escolheria pela sobrevivência da sua cidade.

Ateniense – E o próprio legislador, não seria ele da mesma opinião?

Clínias – Como poderia não deixar de o ser?

Ateniense – Por conseguinte, não é verdade que é com vista ao bem supremo que tomará ele todas estas disposições legais?

Clínias – Com toda a certeza.

([27]) Postura tipicamente filosófica: o ideal da reconciliação faz parte da qualidade cívica da cidade perfeita, em virtude de impedir a discórdia, *stasis*, gerada pelo espírito de vingança. Platão concordava com a amnistia decretada em 403 por Trasíbulo, depois da restauração democrática, o mesmo se aplicando aos partidários de Díon, depois da deposição de Dionísio II (tal como Platão assim refere na sua *Carta VII*, 336 e). Vide Xenofonte, *Helénicas*, II. 4.39 *et sq.*

71

LEIS

Ateniense – Ou, então, o bem supremo, já que a guerra não o poderá ser certamente, nem tão-pouco as dissensões internas (sendo absolutamente necessário que resistamos a qualquer desejo de a elas recorrer), será ora a própria paz ora a mútua benevolência. **628 d** Diria mesmo que, sob o ponto de vista da cidade, a questão de se vencer não será propriamente um simples ideal a ser alcançado mas, antes, constituirá uma necessidade. Assim como se poderia considerar que melhor fica um enfermo que tomou o seu remédio, considerando-se ele o mais saudável de todos os seres, sem ter vez alguma prestado atenção àquele outro que, pelo contrário, nunca necessitou de tomar medicamento algum; do mesmo modo, quando se trata da prosperidade de uma cidade, ou da relativa a um cidadão particular, nunca seria possível alcançar uma atitude política satisfatória, digna desse mesmo nome, seguindo juízos como aqueles, quando a única coisa que se vislumbra não é nenhuma outra senão a guerra exterior; nem tão pouco o legislador poderia fazê-lo escrupulosamente, caso não fosse capaz de promulgar, por causa da paz, leis relativas à guerra, **628 e** de preferência a ter de o fazer em relação à paz por causa da guerra.

Clínias – Parece-me, ó estrangeiro, teres colocado a questão correctamente: não obstante, admirar-me-ei com o facto de que tanto as nossas instituições como aquelas da Lacedemónia não tenham conseguido fazer todos os esforços necessários relativos ao problema da guerra.

629 a *Ateniense* – Talvez assim o pudesse ter sido realmente. No entanto, em vez de todos nós nos envolvermos numa tal disputa, porque é ela demasiado acesa, será sobretudo necessário interrogar com toda a serenidade, sendo o esforço tanto despendido do nosso lado como do daqueles a quem isso questionamos. Por conseguinte, prossegui comigo neste diálogo, fazendo, pelo menos, com que possa comparecer Tirteu, esse homem de Atenas apenas por nascimento, que se tornou cidadão de Esparta ([28]). Teve ele realmente,

---

([28]) O poeta Tirteu era, segundo a tradição, ora ateniense – esta a opinião de Platão – ora originário da Ásia Menor. Este poeta cantou as guerras que Esparta

LIVRO I

e mais do que qualquer outro homem, estas mesmas preocupações ao dizer: "jamais vez alguma farei alusão a um homem ou dele falarei" ([29]). **629 b** Dizia ele isto, quando, na verdade, seria ele próprio, conforme repete, o mais rico dos homens ao possuir tantas coisas boas (para além de poder enumerar quase todas), na circunstância de não ser sempre o mais corajoso na guerra. Suponho que também tu leste os seus poemas, já que, quanto a Megilo, julgo sabê-los de cor.

Megilo – Certamente, de outro modo nunca poderia ser.

Clínias – Constitui realmente um facto terem eles chegado até nós por intermédio dos Lacedemónios.

Ateniense – Interroguemos, pois, todos em conjunto, este autor acerca de algumas questões a ele relativas: «Ó Tirteu, tu que és o poeta supremo e divino, tu que para nós evidencias essa aparência de seres um homem sábio e de grande coração ([30]), **629 c** de modo a te ser possível celebrar com dignidade todos aqueles homens que tanto se distinguiram na guerra, eis que perante ti aqui nos encontramos, Clínias de Cnossos, eu próprio e Megilo, de acordo com os preceitos da lei e, segundo a nossa própria opinião, de uma maneira perfeita (adiante falaremos, todavia, acerca destas mesmas pessoas, ou provavelmente não). Desejamos saber isso com toda a clareza e esperamos pela tua resposta. Porventura reconheces, como, aliás, todos nós, haver

---

sustentou no século VII contra a Messénia. Cultivou Tirteu a elegia guerreira, a sublimação da "coragem guerreira" que se torna virtude (conforme nos informa Ateneu, 14.630 e). Refira-se ainda que este passo das *Leis* é a única informação chegada até nós acerca da sua origem ateniense.

([29]) Trata-se do frag. 12 Bergk (correspondendo ao frag. 9 Diehl). Platão (sendo a fonte mais antiga) cita o verso inicial, resumindo os seguintes, do mesmo modo assim procede em relação aos versos 16-18. Mais adiante, Livro II. 660 e-661 a, retoma este mesmo verso inicial, inserindo os versos 4 e 6 do mesmo fragmento no contexto; por outro lado, em ambos os passos adapta também os versos 11-12.

([30]) Na Grécia eram os poetas o repositório por excelência do saber ancestral.

dois géneros de guerra? Se não existirem dois, qual será esse género de guerra? Em relação a esta questão, é bem possível imaginar responder qualquer homem – sendo ele muito menos hábil do que Tirteu – que de facto existem dois tipos: **629 d** um corresponde àquele género que por nós é denominado guerra civil, o qual, entre todos os tipos de guerra, é o mais penoso, conforme também já o dissemos anteriormente; o outro – e neste preciso ponto, conforme julgo, somos praticamente unânimes – é aquele género de guerra que nos põe em contacto directo com os inimigos exteriores, os estrangeiros, sendo por isso este último tipo muito mais benigno do que o precedente».

Clínias – Seguramente.

Ateniense – «Vejamos, por conseguinte, quais foram esses homens tão corajosos que tu tanto celebraste, assim como aquela guerra pelo teu encómio justamente visada, enquanto que, por outro lado, censuravas outras tantas. Eram eles, segundo parece, aqueles guerreiros que então se colocavam em linha de batalha contra o inimigo, conforme assim referiste nos teus poemas; por outro lado, **629 e** não sendo, todavia, possível suportar aqueles outros que não têm a coragem de olhar de frente a matança sangrenta: "não atacando o adversário mas, antes, enfrentando-o face a face". Pois bem! Aí diremos nós: "Tens o ar, caro Tirteu, de quem honra sobretudo aqueles que alcançaram a glória na guerra estrangeira, essa que é sustentada contra o exterior"». A isto, não é verdade que haveria ele de responder que sim?

Clínias – Sem dúvida alguma.

Ateniense – Pelo que nos toca, na circunstância de terem eles sido suficientemente bravos, **630 a** teremos nós ainda a declarar como sendo o mais valoroso – e, além disso, muito mais ainda do que aqueles outros que tanto se ilustraram na guerra pela sua valentia – aquele que de todos será o mais rude. Para além disso, temos também o testemunho de um outro poeta, Teógnis, cidadão

LIVRO I

de Mégara [31], na Sicília, ele que por sua vez afirma: "Vale o seu próprio peso em ouro e em prata, ó Cirno, esse homem que se mantém sempre leal na vil discórdia" [32]. Acerca dele diremos nós que numa guerra, porventura a qual se revelar mais penosa, mostrar-se-á o mais forte, de longe superior àquele outro, **630 b** caso consiga reunir em si o espírito de justiça, o autodomínio e a sabedoria – encontrando-se todas estas qualidades, por seu lado, aliadas à coragem – levando-o consequentemente àquela coragem suprema que tão absolutamente se pode bastar a si mesma. Na verdade, na circunstância de se ter resvalado numa guerra civil, nunca seria possível permanecer íntegro, leal, mas, pelo contrário, ser-se-ia completamente desprovido da virtude total. No entanto, naquele tipo de guerra, do qual Tirteu faz acima menção, encontram-se hordas de mercenários [33] sempre dispostos, por assim dizer, a enterrar os seus tornozelos bem fundo e a combater assim até à morte [34]; tornando-se, por outro lado, a maior parte deles – excepto uma pequena minoria – em indivíduos insolentes, ladrões, de carácter brutal, enfim, nos mais insensatos de todos os homens. **630 c** Qual será, então, a finalidade deste nosso propósito agora

---

[31] Trata-se da cidade de Mégara Hiblaia, a qual não deverá ser confundida com Mégara no Istmo, metrópole daquela. Situava-se na costa ocidental da Sicília e terá sido destruída em 483. Esta cidade terá outorgado a Teógnis a cidadania.

[32] Teógnis, vv. 77-78. Teógnis era um aristocrata de Mégara do Istmo ou de Mégara na Sicília (com efeito, as fontes antigas divergem quanto à sua terra natal), tendo nesta cidade desempenhado, aliás, funções políticas importantes. Teógnis foi um conservador, assim o provam os seus poemas a ilustrarem – de um modo tão elegante – as suas posições perante a política, os costumes e a distribuição da riqueza, sendo, em relação a este último tópico, particularmente evidente a sua hostilidade para com todos aqueles que se dedicam à actividade mercantil. Sob o nome de Teógnis chegou até nós uma extensa recolha de poemas, sendo possivelmente uma antologia de poemas de diversos autores, encontrando-se entre eles o próprio Teógnis, para além de Tirteu, Mimnermo, Sólon e outros poetas anónimos Os versos 77-78 correspondem à parte formada pelos versos 19-254, a qual é comummente considerada como a mais antiga da sua produção.

[33] O mercenário *misthophoros* correspondia ao género mais vil de combatente, sendo a sua insolência uma degenerescência da coragem enquanto que a brutalidade o era da temperança.

[34] Referência aos versos 16-18 do fragmento anteriormente referido.

LEIS

delineado? Mais: que coisa se pretenderá demonstrar de um modo mais conveniente com tais expressões? O legislador deste país – sobretudo ele que, além disso, é assistido por Zeus – assim como também aquele outro legislador de uma certa eminência, não necessitarão certamente de visar qualquer outro fim, ao promulgar as suas leis, senão o da virtude suprema. Ora, esta virtude suprema consiste – assim o diz Teógnis – naquela lealdade que sempre deve estar presente nos mais ominosos momentos: naquilo que tão bem poderemos chamar o fim último da justiça. Em relação àquela justiça que Tirteu tanto elogia, é ela verdadeiramente bela, tendo sem dúvida razão o poeta quando a exalta; todavia, falando com rigor, **630 d** ficar-se-á ela, quanto ao mérito e à dimensão que lhe são próprios, apenas pelo quarto lugar.

Clínias – Caro estrangeiro, realmente acabámos de relegar este nosso legislador para aquele grupo dos legisladores mal sucedidos.

Ateniense – Ele, não, meu caro amigo, antes nós, ao termos acreditado que tanto Licurgo ([35]) como Minos, ao instituírem as suas constituições, um na Lacedemónia e o outro em Creta, visavam fundamentalmente a guerra.

Clínias – Nesse caso, qual será a maneira mais conveniente de acerca disso nos podermos exprimir?

A virtude total – a finalidade de toda a legislação

630 e *Ateniense* – Tal como – assim creio – o exigem a verdade e a justiça quando assistem a uma conversação, assim também implicam elas neste mesmo diálogo uma simplicidade ([36]). Do mesmo modo o legislador deveria visar apenas um elemento,

---

([35]) Segundo os próprios espartanos, foi Licurgo o grande legislador da Lacedemónia, criador da sua constituição, por desígnio do Oráculo em Delfos. Heródoto afirma ter Licurgo trazido a constituição de Creta (*Histórias*, I. 65).

([36]) Encontramos esta expressão no *Fedro*, 275 b.

76

LIVRO I

qualquer pudesse ele ser, pertencente à virtude e, além disso, ainda que este fosse o menos nobre de todos, deveria ele vislumbrar, no entanto, a virtude total, para isso elaborando as leis segundo aquelas categorias, as quais diferem das linhas condutoras que norteiam a investigação actual dos legisladores. Nos nossos dias, consoante se apresente a necessidade de uma determinada lei, investigamo--la, na verdade, sob o ponto de vista da legislação própria do domínio das heranças, com referência à situação das filhas como herdeiras, ou, então, sob o prisma daquela outra relativa às ofensas, bem como sob aquele outro ponto de vista relativo a tantos outros tipos de legislação do mesmo domínio. **631 a** Naquilo que nos diz respeito, é nossa intenção, pelo contrário, que as investigações – especialmente aquelas orientadas por bons legisladores – constituam sempre o escopo daquele caminho por nós mesmos anteriormente encetado. Naquilo que a ti concerne, certamente constitui meu dever louvar a tua tentativa para interpretar as leis: começar pelo estudo da virtude, afirmando consistir ela no ponto de partida para qualquer legislador – realmente seria este o procedimento mais correcto; todavia, ao teres pretendido serem as leis promulgadas apenas a partir de um só elemento da virtude, considerei que já não falavas de um modo tão correcto acerca das leis. A razão por que acrescentei toda esta digressão é precisamente essa. **631 b** Assim sendo, por intermédio de que distinções desejas prosseguir o desenvolvimento da tua argumentação, de modo a poder eu continuar a acompanhar-te? Porventura desejas que te explique?

Clínias – Sem dúvida.

Ateniense – Caro estrangeiro, seria necessário afirmar que as leis de Creta nunca teriam podido gozar daquela sua tão grande reputação entre todos o Gregos, na instância de se encontrarem desprovidas de um motivo razoavelmente suficiente. Se, de facto, tal não é o caso, será consequentemente necessário que as leis sejam justas, de modo a poderem garantir a felicidade de todos aqueles que as observam, concedendo-lhes elas, por seu lado, todos os bens. Existem duas espécies de bens: uns são os bens humanos;

LEIS

outros são os bens divinos – estes últimos sobrepõem-se sempre aos primeiros. **631 c** Na eventualidade de uma cidade receber os bens superiores, também será possível que ela possa vir a adquirir os bens menores ([37]); caso tal não se verifique, perderá ela tanto aqueles como estes últimos. Entre os bens considerados menores, o principal é a saúde; em segundo lugar vem a beleza, em terceiro lugar encontra-se a força física, especialmente evidente nas corridas e nos outros exercícios corporais; em quarto, a riqueza, não aquela todavia que é cegamente adquirida a qualquer custo ([38]) mas, antes, aquela outra que é honestamente alcançada e que por isso é interlocutora da sabedoria. Entre os bens divinos, a sabedoria possui justamente um lugar proeminente, a ela cabendo por essa razão o primeiro lugar; logo em segundo, vem aquela disposição da alma em que a temperança se associa à inteligência; em terceiro, encontra-se aquele momento em que a temperança e a sabedoria se fundem com a coragem, gerando a justiça; finalmente, em quarto lugar, deparamos com a coragem. **631 d** Foram estes bens pela natureza concedidos muito antes de o terem sido aqueles outros, acerca dos quais há instantes falávamos; constituindo, além disso, dever do legislador sempre respeitar esta ordem assim estabelecida. Seguidamente, é necessário que se declare aos cidadãos que as outras normas, a eles relativas, visarão estes mesmos bens, sendo da mesma maneira orientados os bens humanos em função dos bens divinos; sendo, por seu lado, os bens divinos encaminhados em função da inteligência que é suprema. Por conseguinte, quando nos encontramos numa situação relativa aos acordos específicos dos contratos de casamento, ou tratamos da questão relativa à posterior geração de filhos, tanto rapazes como raparigas, e sua

---

([37]) Platão voltará a referir-se aos "bens menores" no Livro II, 661 a, sendo a força física substituída pela riqueza. Segue-se a enumeração desses bens menores: a saúde, a beleza, a pujança física, a riqueza. Cf. *Górgias*, 451 e, sendo aqui omitida a força física, *iskhys*.

([38]) A riqueza, *ploutos*, era tradicionalmente representada como um homem cego; sendo esta representação um posterior desenvolvimento com conotações de origem popular. Hesíodo, *Teogonia*, 969 *et sq.*, representa Pluto como sendo um jovem, filho de Deméter e de Iásion.

LIVRO I

respectiva educação, abrangendo esta o período da juventude, passando pela maturidade, e indo finalmente até à velhice; **631 e** será, então, necessário zelar por tudo que a isso é respeitante por intermédio das próprias leis, mantendo sempre o sentido quer da honra quer da desonra de um modo conveniente, evitando os ardores das paixões, ora louvando ora condenando. **632 a** Além disso, nos acessos de cólera ou de terror, bem como naqueles problemas que a má fortuna nos traz, assim como em todas as vicissitudes que sobre os homens se abatem, tais como as doenças, as guerras, a pobreza, bem como em relação aos seus contrários respectivos – numa palavra: em tudo isso – será necessário, segundo as disposições de cada um, que se estabeleça aquilo que é honesto e aquilo que não é honesto. **632 b** Seguidamente, deve o legislador prestar a devida atenção ao modo como os cidadãos recebem e dão, bem como supervisionar a maneira como todos se associam entre si, tendo estas associações a sua causa na existência – ou possivelmente não – de distribuições de cereais; tentando, além disso, nestas relações ele verificar a existência ou ausência tanto daquilo que é o justo como daquilo que é o injusto. Finalmente, deverá o legislador atender à circunstância de se dever distribuir ou de se conceder honras àqueles que realmente respeitam as leis, **632 c** bem como à atitude de se infligir pesadas penas aos delinquentes, devendo elas ser previamente estipuladas; chegando-se gradualmente, por intermédio deste processo, àquele último estádio relativo à completa realização da vida política da cidade; devendo ser depois estabelecida uma regulamentação relativa às diversas sepulturas dos cidadãos: tendo cada um a sua própria sepultura e, além disso, sempre em conformidade com a sua índole específica e também com aquelas honras que lhe foram concedidas ([39]). Depois de este objectivo

---

([39]) Todo este longo desenvolvimento, 631 d-632 c, é realmente um resumo preambular de alguns temas fundamentais das *Leis*. A questão relativa aos preâmbulos, bem como todos aqueles assuntos relacionados com os casamentos e os enterros, são tratados no fim do Livro IV. A questão da procriação é tratada no Livro VI. Toda a problemática relativa aos contratos é tratada nos livros V, VIII e XI. Os ritos fúnebres voltam a ser referidos com maior pormenor no Livro XII. Finalmente, a educação é desenvolvida com grande profundidade nos Livros II e VII.

79

LEIS

ter sido realizado, deverá o legislador, por meio destas regras enunciadas, nomear aqueles que deverão ser os guardiães ([40]), sendo neste escrutínio uns guiados pelo pensamento enquanto que outros pela opinião verdadeira. Por este modo – especialmente com a assistência da inteligência, agindo esta por um processo de inter--relação – conseguir-se-á que toda esta legislação se oriente segundo aquele espírito de temperança e de justiça, de modo algum obedecendo aos desígnios da cobiça e da ambição. **632 d** Por conseguinte, caros estrangeiros, foi precisamente por este modo que eu desejaria – ou, então, teria eventualmente desejado – vos apresentar aquelas leis, as quais a Zeus e a Apolo Pítio são justamente atribuídas (com efeito, tendo elas sido realmente instituídas por Minos e por Licurgo), bem como o processo pelo qual todas aquelas condições acima enunciadas devem ser concretizadas, assim podendo um sistema deste modo enformado ser transparente, especialmente para todo aquele que possua um conhecimento técnico e empírico das leis. Todavia, para nós, que neste domínio somos profanos ([41]), permanece ele de um certo modo escondido.

Clínias – Sendo assim, como se poderá proceder da maneira mais conveniente, ó estrangeiro de Atenas?

Ateniense – Constitui nosso dever, segundo julgo, retomar a discussão deste assunto desde o seu início, **632 e** quando tínhamos começado por discutir acerca da prática da coragem. Depois, se porventura for nosso comum desejo, poderemos passar à descrição de outras modalidades de virtude, sendo estas incluídas numa determinada escala de sucessão. Depois de concluída esta primeira exposição, tomemos este tema, por conseguinte, como um modelo, por este modo havendo nós de tentar iludir essa longa distância

---

([40]) Referência aos guardiães que formam o Conselho Nocturno, o qual é o orgão supremo da cidade. Se assim é, a concepção de se encontrarem as *Leis* inacabadas pode ser facilmente contestada com esta referência, embora por si só não seja suficiente. Cf. Livro XII, 964 e –965.

([41]) A mesma expressão pode ser encontrada no *Parménides*, 128 c.

LIVRO I

que durante esta caminhada teremos de percorrer, recorrendo consequentemente a este tipo de discurso acerca dos mais variados temas.

Seguidamente, tentaremos demonstrar, depois de termos considerado a virtude absoluta no seu conjunto – e, além disso, se for do agrado do deus – que aquelas disposições por nós há pouco referidas a isso precisamente conduzem.

633 a *Megilo* – Bem o dizes! Esforça-te, por conseguinte, por apreciar logo em primeiro lugar o panegírico em honra de Zeus que agora se nos impõe ([42]).

Ateniense – Vou tentar, sem no entanto, tanto eu como tu, nos subtrair a este exame: é que este discurso diz respeito a nós os três. Poderás, então, dizer-me se terá o legislador porventura estabelecido as refeições públicas comuns e a prática dos exercícios físicos em virtude da guerra?

Megilo – Sim, sem dúvida.

Ateniense – Então, virá isso em terceiro ou em quarto lugar? Um tal escalonamento dirá principalmente respeito a outros elementos que constituem a virtude. Por conseguinte, qualquer que seja o nome que nos seja lícito outorgar a cada um destes mesmos elementos, não poderá existir qualquer outra intenção para além daquela que visa precisamente designar aquilo acerca de que se fala.

633 b *Megilo* – Logo, em terceiro lugar vem a descoberta da caça – tal é a minha opinião, bem como a de todos os Lacedemónios.

Ateniense – Sendo assim, esforcemo-nos no sentido de definir uma quarta invenção e também uma quinta, se isso realmente nos for possível.

([42]) Minos, o ancestral legislador de Creta, é filho de Zeus; naturalmente sendo Clínias o seu panegirista. Cf. situação semelhante *inf.* 634 a.

LEIS

Megilo – Bem! Poderei ajudar a nomear a quarta: a capacidade de resistência à dor, a qual pode ser entre nós exercitada das mais variadas formas – quer nos exercícios particulares de pugilato quer nos roubos rituais, não podendo estes acontecer sem a administração de golpes determinados ([43]). A esta prática chamamos cripteia ([44]), consistindo ela um magnífica exercício de endurecimento; do mesmo modo se verificando, durante o inverno, a prática de caminhadas com os pés descalços, **633 c** acompanhada, além disso, pela necessidade de se dormir ao relento no chão, particularmente evidente nas corridas efectuadas, quer de dia quer de noite, por todo o nosso país; passando nós nesta situação particular ao estado do servo doméstico. Além do mais, entre nós, durante a Gimnopedias, também existe aquele género de treino gímnico ([45]),

---

([43]) Neste passo o espartano Megilo refere-se provavelmente a uma espécie de luta de corpo-a-corpo ritual, cf. Pausânias, *Periegese*, 3.14.8-9, e Cícero, *Tusculanas*, 5.77. Além disso, os jovens espartanos eram duramente preparados, de modo a no futuro se tornarem em valorosos guerreiros; por essa razão, eram obrigados a sobreviver, vencendo a sua penosa existência através do roubo de alimentos (tratando-se, aliás, de um roubo ritualizado, compare-se, por isso, esta situação com o ritual de Ártemis Ortia, em que os jovens eram obrigados a roubar do templo a maior quantidade de queijo, sendo simultaneamente atacados pelos seus companheiros, vide Plutarco, *Aristides*, 17.10); cf. Xenofonte, *Constituição dos Lacedemónios*, 2.6-8.

([44]) A cripteia, *krypteia*, era uma espécie de "caça" aos hilotas, sempre de noite e às ocultas, espécie de servos da gleba da Lacedemónia (que formavam um único grupo étnico, os Messénios, derrotados pelos Espartanos em guerras sucessivas, entre os séculos VIII e V a. C., e feitos prisioneiros), praticada pelos jovens espartanos na Lacónia; podendo quase considerar-se como um rito de iniciação ligado a ritos de sangue. Vide Plutarco, *Licurgo*, 28, Aristóteles, *Fragmentos*, 611 Rose.

([45]) As Gimnopedias, em Esparta, era uma celebração festiva em honra de Apolo Pítio, em que os lutadores exibiam a sua nudez na execução de danças e de exercícios de ginástica. Os treinos de preparação física, *gymnopaidia*, consistiam numa forma de preparação física de grande dureza: os jovens eram obrigados a resistir ao frio e ao calor, bem como a resistir ainda à chuva e à elevada temperatura provocada pela incidência dos raios solares. Estes treinos eram executados à maneira de concursos, neles sendo obrigatória a completa nudez. Vide Tucídides, *Histórias*, V. 82, Plutarco, *Moralia, Máximas dos Espartanos. Agesilau*, 208D, e ainda Pausânias, *op. cit. sup.*, 3.2.9. Além disso, Ateneu, 15.678, informa-nos acerca do acompanhamento destas exibições gímnicas por cânticos patrióticos.

LIVRO I

sobretudo relevante para a capacidade de resistência aos rigores da canícula ou outros estados da mesma natureza: com efeito, acerca deles certamente demoraríamos a discutir em pormenor.

A coragem deve ser exercitada para contrariar o prazer

Ateniense – Falaste com sensatez, caro estrangeiro da Lacedemónia. Em relação à coragem, contudo, como a poderemos definir? Será ela uma simples resistência ao medo ou à dor, **633 d** ou, além disso, também o será em relação ao desejo, ao prazer ou ainda às suas respectivas blandícias tão apelativas, sob cuja influência os corações daqueles que se reclamam ser austeros se tornam em corações de cera?

Megilo – Concordo com o que dizes: de facto, é ela a resistência a tudo isso.

Ateniense – Em todo o caso, lembremo-nos das nossas discussões precedentes, quando o nosso amigo afirmava, quer a propósito do indivíduo quer a propósito da cidade, serem eles próprios inferiores a si mesmos; não é verdade, ó estrangeiro de Cnossos?

Clínias – Sem dúvida.

633 e *Ateniense* – Além do mais, neste preciso momento deveremos nós considerar mau aquele que cede perante o sofrimento ou, do mesmo modo, aquele outro que pelo prazer se deixa seduzir?

Clínias – Aliás, ainda mais me parece ser aquele que cede perante o prazer. Por conseguinte, seremos levados a dizer, segundo julgo, que aquele – que se deixa vencer pelo prazer – o é realmente de uma maneira vergonhosa; muito mais do que aquele que assim procede perante o sofrimento.

634 a *Ateniense* – Se assim é, nunca deveriam o legislador de Zeus ou aquele outro do deus de Delfos ([46]) ter tomado a decisão

---

([46]) Referência a Licurgo que, por incumbência de Apolo, deu uma constituição a Esparta. Minos, como já foi referido em 632 d, era filho de Zeus.

83

LEIS

de prescrever uma coragem manca, com uma mão atada atrás das costas, a qual se destinaria apenas a combater o perigo que se nos apresenta pela esquerda quando caminhamos, sendo, pelo contrário, impotente contra aquelas adulações que, pela direita, tão lisonjeiras se interpõem no nosso caminho. Não deveriam eles proteger ambos os lados?

Clínias – Ambos os lados, definitivamente.

Ateniense – Mencionemos, por conseguinte, todos aqueles procedimentos seguidos nas vossas cidades, esses tais que fazem com que nos aproximemos dos prazeres, em vez de nos deles afastar. Do mesmo modo, longe de se ensinar a evitar o sofrimento – conforme vos lembrais – essas práticas conduziam precisamente a isso, **634 b** sempre recorrendo à persuasão das honras a ser conferidas com a finalidade de se obter o triunfo sobre isso mesmo. Assim sendo, onde se poderá realmente encontrar nas vossas leis tal regulamentação relativa aos prazeres? Dizei-me, então, qual será a disposição que em cada um de vós é capaz de tornar os cidadãos igualmente corajosos perante a dor e o prazer; sendo eles próprios os vencedores daquilo que merece ser vencido, de modo nenhum inferiores aos seus adversários, justamente sendo estes que mais os ameaçam e por isso mais merecendo ser punidos.

Megilo – Falando verdade, caro estrangeiro, na eventualidade de me ter sido possível citar um certo número de leis promulgadas para combater a dor, **634 c** certamente não teria, em relação ao prazer, aquela mesma facilidade em dar exemplos relevantes e notáveis; sendo-me, no entanto, possível fazê-lo quanto a alguns pormenores com isso relacionados.

Clínias – Tal coisa, porém, nunca se verificaria comigo quanto às leis de Creta: jamais me seria possível sublinhar esta mesma tendência.

Ateniense – Sem qualquer dúvida, ó estrangeiros tão excelentes, poderia coisa alguma isso implicar. Todavia, se sucedesse a algum

LIVRO I

de nós poder tecer uma crítica acerca das leis de carácter nacional da nossa cidade, com o objectivo de lhe ser então possível descobrir aquilo que é realmente verdadeiro e por isso melhor, não deveríamos perante esse facto reagir com impaciência mas, antes, com doçura.

Clínias – Falaste com toda a correcção, ó estrangeiro de Atenas. Nada nos resta senão por ti sermos convencidos.

634 d *Ateniense* – Com efeito, ó Clínias, tal susceptibilidade não seria de modo nenhum conveniente em homens da nossa idade.

Clínias – Realmente, não.

Ateniense – Assim sendo, naquilo que diz respeito a saber se porventura tens razão, ou não, em dirigir acusações à constituição de Creta ou àquela outra da Lacedemónia, será isso uma questão totalmente diferente. Contudo, inclinar-me-ia, tal como vós, mais a transmitir apenas a opinião mais comum. Entre vós, por mais sapiente que o vosso corpo de leis possa ser no seu conjunto, consiste precisamente numa das suas melhores leis aquela que permite aos jovens poderem questionar-se acerca daquilo que de bom ou de mau encerra a vossa própria legislação; **634 e** possibilitando-lhes, por seu lado, declarar alto e bom som – e a uma só voz! – que nela tudo o que existe é excelente, já que os autores das suas leis são os próprios deuses. Na eventualidade de um deles se pronunciar de um modo diferente, que se lhe recuse absolutamente atenção. Além disso, na circunstância de um velho considerar que alguma coisa nas vossas instituições deverá ser reformulada, deverá apenas sobre isso pronunciar-se na presença dos magistrados, ou de qualquer indivíduo da sua idade, sem que jovem algum isso possa presenciar ([47]).

([47]) Este passo é ilustrado por K. Popper, *The Open Society and its Enemies.* *I. The Spell of Plato*, 6th ed. (London 1966), pp. 133 e 267, cf. com *República*, 498 b-c., como sendo mais uma prova de Platão ser uma adepto das leis dóricas, as quais interditam qualquer jovem de questionar se uma lei é correctamente ou

LEIS

Clínias – Falaste realmente do modo mais legítimo. **635 a** Qual adivinho que se encontra bem longe daquele pensamento que inspirou o legislador, parece-me em relação a esse ponto teres tu prestado a devida atenção e justamente falado a verdade.

Ateniense – Bom! Neste preciso momento não se encontra aqui jovem algum e, quanto a nós, poderá o legislador conceder-nos a liberdade – em virtude desta nossa idade já avançada – para tornar estas mesmas questões ainda mais polémicas, contanto se mantenham elas colocadas numa certa medida.

---

deficientemente elaborada. Por conseguinte, só aquele que é ancião poderá questionar a lei, unicamente podendo fazê-lo quando se encontre na presença de um jovem. Daqui resulta, segundo Popper, o extremo receio – quase relutância, assim se poderá dizer – do poder do pensamento e da razão, resvalando no temor de serem todas as coisas perigosas, parafraseando *República*, 497 d. Parece, ainda segundo Popper, que esta atitude de modo nenhum deverá causar admiração alguma, já que corresponde absolutamente à postura de Platão ao preconizar uma sociedade estática e hostil a qualquer alteração política. Por essa razão, a ironia e o sarcasmo de Popper são elucidatitvos ao comentar o esquema educacional de Platão: "What are Plato´s institutional demands regarding this highest form of education?", *op. cit.*, p. 133 – a questão fundamental; e, um pouco mais adiante, acrescenta, sempre no mesmo tom, a circunstância de os jovens deverem lutar, depois, quando já forem velhos, demasiado para poderem pensar com alguma independência, tornar-se-ão "estudantes dogmáticos" desejosos de sorver sabedoria e autoridade, por este modo se tornando em sábios verdadeiros. É evidente que o ponto de vista é compreensível: para ele Platão é o grande inimigo da liberdade de pensamento e de expressão: o discurso filosófico poderá afectar as mentes dos jovens, espiritualmente ainda imberbes. Popper aponta a contra-dição: Sócrates, o defensor acérrimo do grande debate com as gerações mais novas, é o porta-voz desta mensagem de Platão. Poder-se-á considerar ser o argumento de Popper bem elaborado e inteligente. Por outro lado, o passo das *Leis* referido como exemplo dessa postura platónica por Popper veementemente criticada, merece o seguinte reparo: nas *Leis*, em primeiro lugar, Sócrates não existe, o Ateniense corresponderá quanto muito a Platão já velho; em segundo, a nova cidade, Magnésia, abandonou a utopia apriorística do Estado ideal; em terceiro lugar, as leis são aqui tratadas no seu aspecto de reforma geral da sociedade, por isso sendo factor de estabilidade e não de sociedade estática, como pretende Popper; finalmente, a contradição gerada por causa de Sócrates é habilmente resolvida: ele deixa de existir. Além disso, perguntemos: e por que deixa Sócrates de nas *Leis* existir? Porque a cidade da *República* falhou. E por que falhou a cidade ideal da *República*? Porque Platão

LIVRO I

Clínias – Isso precisamente. Não hesites em criticar as nossas leis.

Não constitui, aliás, desonra alguma reconhecer uma imprecisão, **635 b** tendo tantas vezes o remédio vindo parar às nossas mãos, verificando-se especialmente isso com aquele que sabe aceitar as observações de boa vontade e sem qualquer animosidade.

Ateniense – Assim sendo, e, aliás, por minha vontade, não vou formular quaisquer críticas neste momento contra as vossas leis (já que espero vir a fazer um exame tão profundo quanto possível dessas mesmas questões); prefiro, antes, propor algumas dúvidas acerca disso. De facto, vós sois os únicos entre Gregos e bárbaros ([48]) para quem sabemos ter o legislador prescrito a abstenção dos prazeres e dos jogos mais atractivos, recomendando mesmo desprezo por estes. Por outro lado, naquilo que ao sofrimento e ao medo

---

falhou como político, ao aplicar os seus ideais como conselheiro e tutor dos tiranos de Siracusa. Se assim é, o episódio do julga-mento de Sócrates – as acusações de impiedade e de induzir os jovens a questionar as leis que estão na base da sua condenação – resulta como o corolário de uma situação político-social altamente desconfortável, tanto para a democracia como para a oligarquia ou a tirania: é que a sociedade preconizada por Platão – enquanto Estado ideal em que todos são iguais sem poderem, no entanto, orientar voluntariamente as suas vidas – era pura ilusão (se o não fosse, Platão nunca teria falhado a sua missão em Siracusa). As consequências são eloquentes: a sociedade de "governantes-governados" nunca poderá admitir a subversiva liberdade de expressão defendida por Sócrates, já que a sua postura subverte os próprios fundamentos da *polis*, quando desenvolve na juventude o espírito crítico da lei, que é, afinal, o germe da mudança e da revolução. A cidade das *Leis* é a pólis da estabilidade, e estabilidade de modo nenhum poderá ser considerada como sinónimo daquilo que é estático. Finalmente, esta posição de Platão correspondia à posição geral dos seus compatriotas e todos os outros Estados helénicos ou não helénicos do seu tempo. Além disso, deve ser ainda referida a circunstância de não ter sido apenas Sócrates alvo de acusações e julgamento: Xenócrates, escolarca da Academia entre 339 e 314, terá também sido alvo de perseguição do mesmo género, conforme nos informa o poeta Alexis, frg. 94 KocK. (= 99 Kassel-Austin, *Poetae Comici Gracae, ad loc.*); vide ainda W. Geoffrey Arnott, *Alexis. The Fragments. A Commentary* (Cambridge 1997) pp. 263 *et sq.*

([48]) Na verdade, o binómio Gregos/bárbaros é empregado a sublinhar não uma oposição ou contraste de situações mas, antes, uma semelhança de situações, neste caso em confronto com Esparta.

LEIS

concerne – falando nós, com efeito, há pouco acerca deles (⁴⁹) –
635 c estabeleceu ele que, ao suprimi-los logo desde a infância,
poderia ficar-se sujeito, uma vez perante os castigos, medos e
sofrimentos que são sempre inevitáveis, a fugir perante aqueles
que os teriam causado ou, então, a deles se tornar escravo. Segundo
julgo, esta ideia deveria ter ocorrido àquele mesmo legislador, pelo
menos naquilo que ainda concerne aos prazeres: ele próprio teria
dito a si mesmo que, na instância de os nossos cidadãos se terem
habituado a ignorar os maiores prazeres desde a infância, não
conseguiriam certamente resistir a outros prazeres, os quais haveriam posteriormente de encontrar. **635 d** Além disso, ainda que de
modo algum cometam algo de vergonhoso, devido, no entanto, à
sua tendência para os prazeres, poderão vir a sofrer a mesma sorte daqueles outros que cedem perante o medo: também se tornarão
em escravos, embora de uma maneira diferente, ainda que muito
mais vergonhosa, daqueles que permanecem sitiados por tantos
prazeres e que, por isso, são mestres consumados na arte de deles
fazer uso, já que nesse domínio lhes é possível serem completamente
perversos. A sua alma será uma alma ora de um servo ora de um
liberto, não merecendo eles sem dúvida alguma os epítetos de
homens corajosos ou de homens livres. Considerai, pois, se alguma
coisa daquilo que agora vos digo deverá ser considerada justa.

635 e *Clínias* – Pelo menos tal é a nossa impressão enquanto
escutávamos o teu discurso. Não obstante, o facto de facilmente
logo anuirmos num assunto de tão grande importância poderia,
neste caso, tornar evidente aquela irreflexão própria da juventude.

Ateniense – Bem! Clínias e tu, estrangeiro da Lacedemónia,
no caso de procedermos ao exame do ponto seguinte da nossa
discussão (⁵⁰), já que será necessário passarmos à discussão da
temperança depois de termos discutido acerca da coragem, o que

---

(⁴⁹) Vide *supra*, 633 b-c. Referência à prática em Esparta da *krypteia* e da
gymnopaidia.
(⁵⁰) Cf. *sup.* 632 d-e.

LIVRO I

poderemos nós então encontrar nas nossas constituições que as distinga daquelas pertencentes a outros povos, **636 a** vivendo estes numa situação demasiado restrita, tal como se verifica com as instituições de carácter militar?

Megilo – Isso poderá não ser assim tão evidente. No entanto, no caso das sissitias ([51]) e dos exercícios gímnicos, parecem constituir estes uma boa invenção destinada a inspirar, conforme julgo, estas duas virtudes.

Ateniense – Parece, por conseguinte, caros estrangeiros, ser bastante claro que, na verdade, na prática aceitam as constituições com grande dificuldade ser discutidas do mesmo modo como o são em teoria. Arriscamo-nos, com efeito, a não sermos capazes de prescrever para um determinado corpo um tipo de exercício físico para ele justamente definido, independentemente, todavia, do facto de poder este mesmo exercício em determinadas circunstâncias se revelar prejudicial **636 b** enquanto que, noutras, ser realmente vantajoso. Assim sendo, esta prática da ginástica, e do mesmo modo todas essas tais sissitias, são verdadeiramente úteis para as nossas cidades; contudo, favorecem elas – e de uma maneira deveras perniciosa – as sedições ([52]), como bem se pode verificar entre as crianças de Mileto ([53]), da Beócia ([54]) ou de Túrios ([55]).

([51]) São as refeições públicas instituídas pela cidade; constitui acto cívico da maior relevância nelas tomar parte.

([52]) Esta ideia podemos encontrá-la em Platão, *Político*, 274 b. Já Alcidamas, no seu *Odisseu*, 3-4 (ed. J.V. Muir, *Alcidamas. The Works and the Fragments*, Bristol 2001), se refere à mesma situação. Muitos mal-entendidos, insultos e querelas surgem em ginásios e reuniões de bebidas.

([53]) A ambiguidade desta frase, sendo as informações referidas à maneira de exemplo, sendo, por outro lado, ela mesma vaga e um tanto imprecisa, leva-nos a considerar a suposição de em Mileto, como também na Beócia e em Túrios, situações de *stasis* se tenham gerado devido à prática conjunta dos exercícios gímnicos e das refeições comuns. Junta Platão uma região, Beócia, sem se referir à sua cidade-estado dominante, Tebas, com duas cidades, Mileto, na Ásia Menor, e Túrios, na Magna Grécia. Plutarco, *Lisandro*, 8, fala acerca de uma revolução em Mileto, desconhecendo-se, no entanto, se porventura terá tido causas políticas.

LEIS

São estas práticas sobretudo encorajadas pelas leis desde longa data, sendo elas responsáveis por terem até pervertido os prazeres normais do amor e do sexo, cuja própria natureza tinha assim justamente estabelecido tanto para os homens como para os próprios animais. Em relação a estes desvios, serão as vossas cidades as primeiras a acarretar com a sua responsabilidade, em conjunto com todas aquelas outras que mais se dedicam à prática da ginástica.

636 c Além do mais, devem estas mesmas considerações ser, por um lado, feitas com alguma leveza e, por outro, com toda a severidade, havendo que considerar o facto de tanto o sexo feminino como o masculino terem ambos recebido este prazer da natureza, na condição de praticarem a cópula unicamente com a finalidade da procriação; enquanto que, diversamente, estas mesmas práticas entre homens apenas, ou entre mulheres apenas, são absolutamente contra a natureza, tendo a sua origem numa certa falta de moderação nos prazeres ([56]). **636 d** Ora, todos nós atribuímos aos Cretenses a fábula de Ganimedes ([57]): em virtude de se acreditar que as suas próprias leis eram criação de Zeus, acrescentaram então, conforme eles prórpios contam, esta estória – aliás, à custa

---

Acrescente-se que em Lileto, segundo Diodoro Sículo, *Biblioteca*, 13.104.5-8, terá havido uma rebelião em 405.

([54]) Na Beócia dava-se muito mais importância aos exercícios físicos do que à educação, sendo esta atitude conhecida na época e assumida pelos próprios Beócios. Foi no ginásio que os cidadãos de Tebas se reuniram para organizar uma sublevação contra o ocupante espartano durante o inverno de 379-378, conforme nos informam Plutarco, *Do demónio de Sócrates*, 25. 594 C.

([55]) Sabemos ter Túrios sido fundada por Péricles perto de Síbaris, na Magna Grécia, em 444-443; tendo, depois, esta colónia tentado libertar-se dos laços que a ligavam à metrópole, Atenas. Aristóteles, *Política*, V.7, 1307 b 6 *et sq.*, refere realmente uma situação de *stasis* em Túrios. Outras situações semelhantes terão acontecido em 446-445 e em 334-333, vide Diodoro Sículo, *Biblioteca*, 12.1.1, e 12.35.

([56]) A estrutura social – aliás, de tipo dórico – em Esparta e em Creta fomentava as relações de tendência homossexual.

([57]) Zeus, apaixonado por Ganimedes, o mais belo dos heróis, decidiu raptá-lo e levou-o para junto de si, no Olimpo; aí, foi feito Ganimedes escanção dos deuses e principalmente de Zeus: era ele que deitava o néctar na taça do Pai dos Deuses, substituindo Hebe, a deusa da juventude.

LIVRO I

do próprio Zeus – a fim de lhes ser possível tomar o deus como guia e como modelo, sempre que se entregavam a este tipo de prazer, tal como ele próprio o fazia. De qualquer modo, devemos tomar toda a cautela com este mito: no momento em que os homens decidem estudar as leis, quase toda a sua investigação se deverá concentrar no exame tanto dos prazeres como dos sofrimentos vários que as cidades experimentam, o mesmo se verificando com a alma de cada indivíduo. Na realidade, existem duas origens às quais outorgou a natureza livre curso: sempre que pudermos assim agir dentro dos limites da justa medida, **636 e** será isso uma grande felicidade para a cidade, para o indivíduo ou para qualquer outro ser vivo; contudo, se procedermos com insensatez, muito para além daqueles limites estabelecidos pela justa medida, redundará, então, tudo isso num modo de vida totalmente diverso.

Megilo – Mas, ó estrangeiro, pode dizer-se isso de uma maneira não totalmente desprovida de beleza. De modo nenhum se trata sermos tomados por uma espécie de mutismo e que, logo depois, possamos responder ao teu discurso; no entanto, mesmo assim, parece-me que o legislador da Lacedemónia tem razão em aconselhar um certo afastamento dos prazeres. Naquilo que às leis de Cnossos diz respeito, que o nosso amigo possa então fazer a sua intervenção para se defender, se isso porventura lhe aprouver. **637 a** Com efeito, a legislação de Esparta respeitante aos prazeres, segundo me parece, é a mais bela de todas; por outro lado, aquilo que leva sobretudo todos os homens a entregarem-se aos prazeres mais excessivos e a todo o género de loucura foi pela nossa lei suprimido de todo o país. Além disso, seja nos campos seja nas várias cidades de Esparta (⁵⁸), jamais poderiam ter sido vistos banquetes, oferecendo estes toda uma série de excitantes violentos relativos a todo o género de prazeres; jamais alguém aí poderia ser achado completamente embriagado pelo vinho, exercitando-se por este modo no gozo de uma vida considerada feliz, **637 b** sem que o pior

---

(⁵⁸) Esparta era formada por vários núcleos populacionais, de modo nenhum correspondendo à aglomeração urbana de uma cidade como Atenas.

LEIS

dos castigos lhe seja infligido; nunca a celebração das Dionísias([59])
poderia ter constituído um pretexto válido para a sua inocência – e
vi eu já gente nesse estado entre vós, montada em carros alegó-
ricos!; também em Tarento ([60]), nessa nossa colónia, tive eu a
ocasião de contemplar a cidade inteira mergulhada numa completa
embriaguez, assim mesmo, para festejar as Dionísias. Todavia,
entre nós nada de parecido se verifica.

Da utilidade das bebidas

Ateniense – Caro estrangeiro da Lacedemónia, tudo isso acerca de que falaste merece ser louvado, conquanto cada um possa
conservar intacta a sua própria capacidade de resistência. Mas,
uma vez esta mesma capacidade num estado de relaxamento,
verifica-se imediatamente o desregramento completo. **637 c** Com
efeito, qualquer um da nossa idade logo se ergueria por sua própria
iniciativa, tomando contra ti a responsabilidade da nossa defesa
e invocando a licenciosidade das vossas mulheres. Todas estas
circunstâncias por nós referidas, quer se trate de Tarento quer se
trate da nossa ou, então, da vossa cidade, requerem uma resposta
que parecerá ser suficiente para não só as desculpar como também
para as justificar. Assim sendo, responderão as pessoas àquele
estrangeiro surpreso com aquilo que de insólito nelas encontra:
"Não fiques assim tão espantado: é que, entre nós, o costume
assim o exige e, por outro lado, poderá bem suceder que esta
mesma situação possa entre vós ser encarada de uma maneira diferente". Ora, neste preciso momento, meus caros amigos, **637 d**
não se trata do facto de assim serem para nós todos os homens
mas, pelo contrário, daquela outra situação relativa àquilo que poderá

([59]) As Dionísias era um conjunto de celebrações em honra de Dioniso-Baco,
deus do vinho. Em Atenas deram origem a representações dramáticas, sendo as
mais importantes as Grandes Dionísias, as quais eram celebradas durante a
Primavera, tendo lugar nessa ocasião os mais importantes concursos de comédia
e de tragédia.

([60]) Tarento, na Magna Grécia era uma colónia dórica espartana.

92

LIVRO I

eventualmente acontecer, sobretudo na circunstância de se verificar algo que seja a causa da fraqueza ou da virtude daqueles que só podem ser legisladores. Na verdade, é preferível insistir ainda no carácter decorrente do estado geral de embriaguez, em virtude de este mesmo estado não ser de uma insignificância assim tão considerável nem, por outro lado, poder o seu diagnóstico num legislador tornar automaticamente este num indivíduo pusilânime. De modo algum me refiro a um uso imoderado do vinho, ou à sua total abstinência, refiro-me, antes, àquele estado próprio de alguém que se encontra ébrio, sendo necessário saber se porventura deve ele ser tratado à maneira dos Citas ([61]) ou segundo o costume dos Persas ([62]), ou ainda saber como é ele justamente encarado entre os Cartagineses ([63]), os Celtas ([64]), os Iberos ([65]) e os Trácios ([66]), sendo estes, aliás, especialmente belicosos; **637 e** ou, então, saber se porventura deverá, pelo contrário, esse mesmo estado ser considerado de acordo com o espírito da vossa tradição. Realmente, e segundo a tua própria maneira de ver a questão, deve ele ser totalmente respeitado enquanto que, de modo diverso, os Citas e os Trácios, povos que ingerem o vinho puro (tanto os homens como as mulheres), chegando a derramá-lo sobre as vestes, sempre se mantiveram fiéis à ideia de que cumprem um costume belo e benéfico. Além disso, quanto aos Persas, recorrem eles amiúde a

---

([61]) Eram os Citas conhecidos pela sua vida de grande dureza, pelos seus costumes algo bárbaros e pela sua grande apetência pelo vinho, vide Anacreonte, frg. 356 b Page, Heródoto, *Histórias*, VI, 84.3.

([62]) Para a relação dos Persas com o vinho vide Heródoto, I, 133.3, Aristófanes, *Acarnenses*, vv. 73 *et sq.*, Xenofonte, *Ciropedia*, 8.8.10.

([63]) Cf. *inf.* II. 674 a-b.

([64]) O único testemunho acerca da relação dos Celtas com o vinho é dado por Diodoro Sículo, *Biblioteca*, 5.26.3, sendo neste caso uma referência aos Celtas da Gália.

([65]) Desconhece-se qualquer notícia acerca da relação dos Iberos com o vinho.

([66]) Acerca do costume de ingerir grandes quantidades de vinho entre os Trácios vide Xenofonte, *Anábase*, 7.3.32. Entre estes povos o vinho era considerado como uma bebida divina que nos guerreiros sublimava a coragem e o ânimo no combate: o vinho era associado ao sangue, logo deveria ser ele sempre puro, sem mistura alguma.

LEIS

outras delícias que por vós são repudiadas, embora de uma maneira mais regrada do que a daqueles outros povos.

638 a *Megilo* – Sim, meu caro amigo, assim que nos avistam a pegar em armas, imediatamente desatam a fugir.

Ateniense – Oh! Excelente amigo, não fales desse modo. Tantas fugas e tantos retomar de caminho continuarão envoltos em mistério, de modo nenhum constituindo tal facto prova evidente – prova, aliás, de carácter bastante duvidoso – de uma conduta exemplar ou, então, da absolutamente oposta, não sendo isso mais do que uma vitória ou de uma derrota militar. Com efeito, são realmente **638 b** as grandes cidades a triunfar sobre as mais pequenas pelo recurso às armas, reduzindo-as a um estado de servidão, tal como fizeram os habitantes de Siracusa com os Locrenses [67], e não obstante são estes últimos considerados como tendo melhores leis do que aqueles; ou como procederam os Atenienses para com os habitantes de Céos [68]: encontraríamos certamente uma série infinita de exemplos de natureza semelhante. Tentemos, portanto, em relação ao carácter específico de cada prática, antes convencer-nos, a nós próprios, e, por outro lado, convencer os outros por

---

[67] Platão, no *Timeu*, 20 a, e Demóstenes, XXIV, *Contra Timócrates*, 139, referem-se às "boas leis", eunomia, de Locros. Este aspecto já tinha sido celebrado por Píndaro, *Olímpicas*, IX, 17, e X, 15. Demóstenes, *loc. cit. sup.*, frisa, no entanto, uma vertente mais conservadora dessa legislação. A derrota dos Locrenses por Siracusa aqui referida será provavelmente aquela que Dionísio-o-Novo, Dionísio II, tirano de Siracusa, lhes terá infligido em 356, aquando da sua fuga da Sicília; vendo-se ele na contingência de lutar contra aqueles pela posse da cidadela (cf. Estrabão, *Geografia*, 6.1.8). Se esta referência é realmente um facto histórico deste modo comprovado, teremos um *terminus a quo* para a composição das *Leis* (cf. *inf.* 711 e), pelo menos em relação ao Livro I. Assim sendo, podemos referir 356-352 como os anos cruciais para a elaboração inicial das *Leis*. Acrescente-se, ainda, o facto de Éforo, FGrH 70 F 139, nos informar acerca da fama de Locros e da sua constituição, a qual se deve a Zaleuco

[68] Segundo a tradição, a moral e as leis dos habitantes de Céos eram as mais excelentes. Quanto à sujeição de Céos a Atenas, nada se sabe. Por outro lado, a hipótese de esta alusão se referir à influência exercida pelos tiranos de Siracusa no Sul de Itália não será totalmente despropositada.

94

LIVRO I

intermédio do diálogo, pondo de lado por agora as vitórias e as derrotas. Decidamos, por conseguinte, analisar cada uma das várias constituições, baseando a nossa análise numa avaliação de que tal acção é boa enquanto aquela outra não o é. Todavia, desejai antes comigo aprender como se deve em todos estes domínios submeter--se a um rigoroso exame aquilo que nas instituições é bom, bem como aquilo que não o é de modo algum.

638 c *Megilo* – Que pretendes dizer com isso?

Ateniense – Parece-me que todos aqueles que recorrem à discussão acerca de uma determinada prática, a isso movidos pela intenção de a criticar ou de simplesmente a louvar numa singela menção, agem de uma maneira absolutamente errada: imitam aqueles outros que, ao louvar o trigo porque é um bom alimento, realmente pretendem denegri-lo, ignorando qual seja a sua respectiva aplicação, efeito e emprego, para além de desconhecerem o modo, os meios e o regime específico de como deveria ele ser justamente empregado; assim como ignoram também o tipo de indivíduo que dele poderia fazer uso ([69]). **638 d** Por agora, julgo que, em relação a essa questão, já fizemos o esforço suficiente durante este nosso debate: mal a palavra "embriaguez" é entendida, eis que logo uns a amaldiçoam enquanto que outros, pelo contrário, tecem o seu elogio, verificando-se em ambos os casos uma total falta de senso. Na realidade, os nossos julgamentos são efectuados sempre na sequência do depoimento de testemunhas e de panegiristas tanto de um lado como do outro: acreditamos ser a nossa opinião decisiva, em virtude de se basear ela em diversas autoridades, mesmo que tal facto diga respeito às vitórias alcançadas sobre aqueles que costumam beber vinho. Além do mais, encontra-se esta experiência obviamente sujeita entre nós a alguma refutação. Na circunstância de devermos assim proceder para com cada um **638 e** dos outros costumes, não constituirá isso, no entanto, coincidência alguma com o meu modo de pensar; contudo, pretendo

---

([69]) Cf. *Protágoras*, 353 d, e Hipócrates, *De medicina antiqua*, 20.51.23-25 Heiberg.

95

adoptar uma atitude diferente, a qual considero impor-se de uma maneira relativa quanto a esta questão respeitante ao estado de embriaguez, com a especial finalidade de me ser possível neste momento preciso saber qual será o método mais correcto a ser seguido, devendo, por isso, ser adoptado em todos os casos semelhantes. Com efeito, acerca deste ponto, numerosos povos não partilham daquela postura pelas vossas duas cidades assumida, sendo, aliás, essa a razão por que têm contra vós sustentado um debate.

639 a *Megilo* – Certamente que assim é, se porventura existe a possibilidade de se recorrer a um método correcto para serem analisadas questões semelhantes: nesse caso não há que hesitar em aprendê-lo.

Ateniense – Procedamos, então, desse modo. Vejamos, pois, o seguinte facto: se alguém pudesse aprovar a criação de cabras, baseando-se na avaliação de tal animal como uma fonte de riqueza não totalmente menosprezível; ou, por outro lado, na eventualidade de uma outra pessoa, ao ver as cabras pastando sem o seu pastor nas terras cultivadas, aí causando enorme prejuízo, decidir então censurá-las ou passar imediatamente a ser um crítico acérrimo de todos aqueles animais que vê sem o seu guardião respectivo ou sendo mal guardados, não é verdade que encararíamos essa opinião como sendo sobremaneira desprovida de bom senso?

Megilo – Como assim?

Ateniense – Além disso, o que pensas tu acerca daquele indivíduo que se revela ser um bom comandante do seu navio? 639 b Julgá-lo-emos apenas porque possui ele o conhecimento da ciência da navegação, independentemente de se sujeitar, ou não, aos rigores próprios da vida do mar? Assim sendo, como deveríamos nós proceder nesse caso?

Megilo – Não será ele certamente um bom comandante na circunstância de padecer de alguma das enfermidades por ti referidas, ainda que possua esse mesmo conhecimento.

LIVRO I

Ateniense – Mais: e o que dizer acerca daquele outro que é o comandante de um campo militar? Seria ele porventura capaz de exercer o seu comando, possuindo a ciência da arte da guerra e, no entanto, comportando-se simultaneamente como um cobarde perante o inimigo, provocando-lhe o medo aquele aperto no coração e suscitando um estado semelhante à embriaguez?

Megilo – O que estás tu a dizer?

Ateniense – Continuo: e quando à sua cobardia ainda acrescenta a ignorância?

Megilo – Sem dúvida que te referes a alguém que é uma nulidade consumada. De modo nenhum poderá ser um verdadeiro comandante de homens, poderá, antes, vir a sê-lo daqueles que são verdadeiras mulheres.

639 c *Ateniense* – Além disso, o que poderias tu dizer ainda daquele panegirista, ou daquele crítico, de qualquer comunidade, a qual é formada para ter um chefe e, assim, se pode por essa mesma razão tornar útil, sem nunca ter tido a oportunidade de ver como de facto uma comunidade deve realmente ser unida, quando todos os seus membros se encontram sob a tutela de um chefe determinado, encontrando-se, por outro lado, sempre sob a ameaça de a sua comunidade resvalar para um estado de anarquia ou para um regime governado por magistrados malévolos? Seria possível, então, podermos acreditar serem tais observadores de comunidades como essas capazes de proferir uma crítica ou um elogio verdadeiramente fundamentados?

639 d *Megilo* – Como poderiam eles assim proceder, se jamais puderam ser membros dessas mesmas comunidades ou frequentá--las no seu respectivo estado normal?

Ateniense – Espera um pouco! Consequentemente, não é verdade que nunca poderá uma reunião de homens que se juntam e associam para beber em conjunto, conforme julgamos, constituir uma comunidade como tantas outras?

97

LEIS

Megilo – Sim, sem dúvida alguma.

Ateniense – Ora bem! Em relação a esta espécie de associação, será que já algum vez vimos alguma acontecer de uma maneira apropriada? Se é que podeis os dois em qualquer circunstância achar fácil responder "absolutamente, jamais", isso deve-se ao facto de tal não constituir entre vós prática comum, para além de não ser legal. Quanto a mim, tendo eu próprio frequentado uma grande variedade dessas associações em diferentes lugares, assim como ainda **639 e** tendo submetido todas elas a uma escrupulosa análise; posso declarar que nunca vi ou ouvi falar acerca de uma que se tenha desenrolado de acordo com um procedimento verdadeiramente ordeiro. Exceptuando alguns pormenores considerados comuns, ora aqui ora acolá, todas essas celebrações – assim devo eu próprio confirmá-lo – consistem no seu conjunto em actos completamente dissolutos.

Clínias – Como podes tu falar dessa maneira? Deverás falar ainda com maior clareza. Na verdade, conforme disseste, para nós, que não temos experiência dessas festas, no caso de assistirmos a essas celebrações, **640 a** nunca seríamos capazes de reconhecer a olho nu aquilo que acontece de acordo com uma ordem determinada, o mesmo se verificando com a situação inversa.

Ateniense – É bem possível que assim seja. No entanto, depois de ter apresentado esta justificação, será benéfico que a partir disso possamos pelo menos vir a aprender alguma coisa. Por conseguinte, nessa situação poderás tu porventura admitir o facto de em todas essas associações, bem como em todo esse género de comunidades, ser normal a existência de um indivíduo que geralmente é o chefe ([70]), sendo possível que o mesmo se verifique em toda a parte?

([70]) Notar o emprego de *arkhon*, "chefe", relacionando-o com *synodos*, "associação", e de *koinonia*, "comunidade". O significado geral do termo de "chefe, comandante, governante, magistrado" é subtilmente desviado para aquele outro mais restrito de "governante, magistrado", do domínio guerreiro passa-se para o plano da sociedade civil, *i.e.*, para o domínio da lei.

LIVRO I

Clínias – Naturalmente.

Ateniense – Todavia, não é verdade que há pouco falávamos acerca da circunstância de deverem os combatentes ter um chefe corajoso, verdadeiramente capaz de os comandar?

Clínias – Evidentemente.

Ateniense – Ora, aquele que é corajoso obviamente será muito menos afectado pelo medo do que o cobarde.

640 b *Clínias* – Isso também é verdade.

Ateniense –E ainda: se fosse possível, por meio de um determinado estratagema, logo colocar no comando de um exército um general absolutamente insensível ao medo e à pusilanimidade, não é verdade que teríamos nesse caso de fazer todos os esforços necessários para atingir esse objectivo?

Clínias – Certamente.

Ateniense – No entanto, neste momento da nossa discussão não nos referimos propriamente àquele general que no futuro será o comandante de um exército numa guerra determinada, na qual inimigos se opõem a inimigos; mas, antes, àquele que será o mentor de todos aqueles que se consideram amigos e que, em tempo de paz, se reúnem numa comunidade para poderem dela justamente usufruir.

Clínias – O que dizes é absolutamente justo.

640 c *Ateniense* – Ora, se uma assembleia desse género se reunir para se entregar completamente à embriaguez, não o poderá assim fazer sem tribulação alguma, não é verdade?

Clínias – Como assim? O efeito é precisamente o contrário.

LEIS

Ateniense – Então, para essa gente que assim procede, será também necessário que exista alguém que assuma a função de chefe?

Clínias – Certamente. Assim deverá ser, mais do que em qualquer outra situação.

Ateniense – Será, portanto, necessário encontrar – se tal, aliás, for realmente possível – para desempenhar a função de chefe um homem que proceda em conformidade com um certo espírito de comando e ordem?

Clínias – Sim, sem dúvida.

Ateniense – Além disso, provavelmente ainda será necessário que ele se familiarize como esse tipo de assembleias, em virtude de por este modo poder manter a amizade que nessa ocasião une todos os seus membros, **640 d** para além de lhe ser ainda possível assegurar no futuro a união dessa mesma assembleia.

Clínias – Isso é absolutamente verdade.

Ateniense – Logo, deverá ser um homem sábio e sóbrio ([71]) aquele a quem necessariamente confiaremos o comando de indivíduos que se encontram num estado de embriaguez, e não o contrário? ([72]) É que, na circunstância de o comando de homens

---

([71]) A expressão no original *nephonta te kai sophôn* , "homem sóbrio e sábio", especifica com um rigor ainda maior o sentido de *sophos*, sublinhando o carácter de *athorybos*, referido *supra ibid.* c 6. Esta subtileza não escapou a Aristóteles, *Política*, II. 12, 1274 b 11.

([72]) Na realidade, Platão não difere muito de Aristóteles no desenvolvimento do raciocínio, residindo a diferença na circunstância de ser a conclusão normalmente expressa por uma nova questão: uma espécie de "dúvida metódica cartesiana". A questão platónica-aristotélica é também – facto que mereceria especial ênfase – uma questão de *methodenlehre* (sendo este termo, quanto ao seu valor, empregado no sentido técnico de "metodologia").

100

LIVRO I

embriagados competir a um homem que também se encontre embriagado, ou seja ele jovem ou inexperiente, sem causar problemas
graves, deveria ele nesse caso tudo agradecer à fortuna pela possibilidade de ter conseguido ser um bom chefe.

Clínias – Assim, com efeito, teria de proceder.

Ateniense – Então, se este género de assembleias decorrer da
melhor maneira na cidade, na eventualidade, por outro lado, de
alguém decidir criticar, **640 e** acusando a própria instituição, talvez
tivesse ele algum fundamento nas suas críticas. Contudo, se ofende
porventura um costume, por ele justamente considerado como sendo
o ápice do desregramento, certamente por essa mesma razão deverá ele próprio ignorar o facto de aquilo – que precisamente nessa
situação se verifica – de modo nenhum poder consistir numa prática
considerada normal; além disso, também ignorará o facto de tudo
isso poder parecer torpe, sucedendo tal situação em circunstâncias
à completa revelia da devida supervisão de um mestre ou de um
chefe, os quais nessa situação imediatamente recorreriam à sua
própria razão. Assim sendo, por acaso não serás tu capaz de reconhecer que, num estado de embriaguez, qualquer um que exerça o
comando **641 a** – seja ele de um navio, de um carro, ainda de um
exército ou, então, de qualquer outro tipo de coisa sujeita a um
comando – poderá por este modo levar tudo à completa perdição?

Clínias – De facto, aquilo que acabaste de dizer, ó estrangeiro,
corresponde realmente à verdade. Todavia, poderás tu nesse caso
dizer-me – e para podermos passar à questão que se segue – o
seguinte: qual será a vantagem prática destas reuniões públicas
destinadas à bebida, já que se admite serem as regras a elas inerentes justamente observadas? Se é isso que realmente se verifica,
como, aliás, acontece com o exemplo por ti há pouco referido, na
eventualidade de um exército se encontrar sob o comando de bons
generais, todos aqueles que os seguirem conseguirão alcançar na
guerra a vitória: tal é um facto que de modo algum merecerá ser
ignorado; esta observação também poderá valer para todas as

101

LEIS

outras coisas. **641 b** Contudo, na circunstância de um banquete ter sido devidamente organizado, que coisa tão merecedora de louvor, tanto para o cidadão em particular como para a cidade em geral, daí poderá advir?

Ateniense – Como dizes? Se uma criança ou um coro foram concebidos segundo um certo desígnio, qual seria, por conseguinte, sob o nosso ponto de vista a maior vantagem para a cidade? Além do mais, em relação a essa questão assim colocada, responderíamos que, na eventualidade de apenas ser uma só, pouco terá a cidade realmente a lucrar com isso. Todavia, na hipótese de se questionar acerca da vantagem da educação das crianças, nesse caso responderemos que, graças a uma boa formação, certamente se tornarão essas crianças em homens corajosos; **641 c** diremos ainda que, se assim efectivamente suceder, por toda a parte conseguirão eles obter grandes êxitos, sendo por isso capazes de sempre derrotar os inimigos no campo de batalha. Se, por um lado, é evidente que a educação implica a vitória, por outro, a vitória em si mesma pode levar-nos à completa falta de educação: na verdade, muitos foram aqueles que tanto se orgulharam das suas vitórias alcançadas e, no entanto, logo se deixaram contaminar por uma multidão de outros males, justamente devido a esse mesmo orgulho: aquela educação "à maneira de Cadmo" nunca existiu e, todavia, houve e sempre haverá vitórias "à maneira de Cadmo" [73].

---

[73] Cadmo, herói de origem fenícia ou egípcia, foi o fundador ancestral de Tebas. Cadmo matou o dragão de Ares e semeou, a conselho de Atena, sua protectora, os dentes do monstro, logo surgindo da terra homens armados, os *Spartoi*, "homens semeados". Eram estes *Spartoi* guerreiros brutais e sanguinários que, em breve, se exterminaram, restando apenas cinco. Teve Cadmo de expiar a morte do dragão: tornou-se escravo de Ares durante oito anos. Terminada a sua expiação, foi rei de Tebas com a protecção divina da deusa Atena, sendo Harmonia, filha de Ares, sua esposa. Foi antepassado de Édipo e de seus filhos, Etéocles, Polínices e Antígona. O duelo entre Etéocles e Polínices às portas de Tebas resultou na morte de ambos: cada um venceu o outro morrendo: "a vitória de Cadmo". O termo *Kadmeia* aplicado a *paideia* é algo de inusitado, sendo este o único exemplo; será consequentemente Platão o autor desta associação que é, aliás, difícil de se explicar. Se admitirmos esta expressão como uma alusão aos guerreiros que,

LIVRO I

Clínias – Pareces-me, ó estrangeiro, atribuir demasiada importância à relação entre a educação e essas tais associações **641 d** destinadas a beber em conjunto, no caso de estas se desenrolarem dentro de uma certa ordem.

Ateniense – Como poderia eu deixar de o fazer?

Clínias – Neste momento ser-te-ia possível provar a verdade daquilo que acabaste de afirmar?

Ateniense – Caro estrangeiro amigo, de facto assim é realmente, apesar de muitos serem aqueles que se mostram cépticos, para isso havendo mesmo a necessidade de se ser um deus. Contudo, quando se trata de falar com clareza acerca dos nossos sentimentos, não nos furtaremos a isso em virtude de termos já decidido encetar uma discussão relativa às leis e aos regimes.

641 e *Clínias* – Concordo plenamente. Tentemos, pois, compreender o teu ponto de vista no presente debate.

Ateniense – Pois bem, assim seja então como desejas! Será, por conseguinte, necessário que nos esforcemos nesse intuito: que eu possa vos compreender e, por outro lado, vós a mim, fazendo eu o melhor que me é possível para vos expor a questão – prestai, portanto, toda a atenção! Todos os Gregos pensam que a nossa cidade de Atenas é grande admiradora dos discursos e daquelas questões que tanto dizem respeito ao carácter linguístico enquanto que, em relação aos Lacedemónios, pelo contrário, assim como em relação a Creta, não pensam nada disso, quer em virtude da parcimónia de palavras de uns quer devido à grande riqueza de cambiantes de sentido das palavras de outros (e, neste caso particular, principalmente por causa da sua enorme profusão). **642 a** Realmente será para mim uma preocupação o facto de possivel-

---

saídos da terra dos dentes do dragão, logo se massacraram; se incluirmos nessa tradição o duelo entre Etéocles e Polínices (os irmãos, filhos do mesmo pai, que se matam: possível alusão à guerra civil, a *stasis*, que surge no próprio seio da cidade e a aniquila?), então a hipótese de estar Platão a ironizar acerca da educação guerreira de origem dórica parecerá uma possível explicação.

103

LEIS

mente vos dar a impressão de falar demasiado, inversamente conseguindo, por esse motivo, obter muito pouco, quando, ao elaborar um discurso tão longo [74], assim me exprimo a propósito, aliás, de um tema tão insignificante como a embriaguez. Por outro lado, uma exposição cientificamente correcta e aturada acerca de toda a legislação relativa a esta prática nunca poderia ficar completa, nem tão pouco ser clara, sem uma regulamentação específica relativa à música; do mesmo modo, uma regulamentação relativa à música nunca o poderia ser fora do âmbito da educação. Tudo isso exige um longo discurso, sendo por esta mesma razão que deveremos proceder de acordo com isso mesmo – **642 b** será, então, necessário que por agora ponhamos de lado a discussão de todas estas questões, passando assim a discutir outros aspectos das leis.

Transição: a simpatia dos interlocutores por Atenas

Megilo – Tu, que és um estrangeiro de Atenas, talvez desconheças que a nossa família detém a honra da proxenia [75] da vossa cidade. Talvez seja precisamente esta a situação de todas aquelas crianças a quem se dá a conhecer o seu futuro de virem depois a tornar-se próxenos de uma determinada cidade. Com efeito, logo

---

[74] Em 678 d Platão recorre ao mesmo artifício. Significa este emprego metafórico que o discurso do Ateniense é longo porque elaborado; assim sendo, um discurso elaborado, em virtude do seu carácter complexo, nunca poderá em circunstância alguma ser lacónico (exercício subtil de ironia).

[75] A proxenia era uma espécie de representação diplomática equivalente ao actual consulado. O próxeno, na sua qualidade de representante oficial de determinada cidade-estado, deveria representar e defender os interesses políticos, militares e económicos dos cidadãos dessa cidade residentes na sua cidade ou a esta enviados. Recebiam os próxenos alguns privilégios, adquirindo assim uma certa importância política; sendo, por essa mesma razão, geralmente os responsáveis, sempre que isso se verificasse, por receber os enviados da cidade que representavam oficialmente, bem como apoiá-los ainda no cumprimento da sua missão. De um modo geral a proxenia tendia a ser hereditária, verificando-se isto especialmente no seio das famílias mais importantes de Atenas. Aqui Megilo é próxeno de Atenas em Esparta; em Atenas Alcibíades, um Alcmiónida, era próxeno de Esparta (tal como refere Tucídides, 5.43.2 e 6.89.2); Demóstenes foi próxeno de Tebas em Atenas; Píndaro, por seu lado, foi próxeno de Atenas em Tebas.

LIVRO I

desde os tempos da mais tenra juventude, cada um de nós sente--se como que penetrado por um espírito de simpatia pela cidade da qual virá a ser o seu próxeno, uma segunda pátria, imediatamente a seguir à nossa: **642 c** é isso precisamente aquilo que neste momento acabei de sentir – já oiço os meus camaradas, naqueles momentos em que os Lacedemónios costumavam dirigir algumas críticas a Atenas ou, pelo contrário, quando decidiam tecer o seu elogio, então dizer: "a tua cidade, ó Megilo, fez-nos tanto mal", ou "a tua cidade fez-nos tanto bem". Quando oiço isto, e tanto mais assim é quanto mais me envolvo na vossa defesa contra os vossos detractores, logo sinto em mim gerar-se toda a espécie de sentimentos tão devotadamente a vosso favor, tornando-se neste momento para mim tão familiar o vosso dialecto, a isto vindo juntar--se aquele dito que tantos têm divulgado: "quando os Atenienses são bons, são-no no grau mais elevado" – e isto parece-me ser tão verdadeiro. É que só eles me parecem ser realmente bons, livres de qualquer constrangimento, com espontaneidade, sendo por assim dizer bafejados pela graça divina, **642 d** da maneira mais verdadeira e sem prestidigitação alguma. Assim sendo, não hesites em levantar todas aquelas questões que para discutir comigo mais forem do teu agrado.

Clínias – Além disso, caro estrangeiro, depois de também teres escutado a minha opinião, juntando o facto de com ela te teres mostrado de acordo, diz, portanto, tudo aquilo que desejas porventura saber. Provavelmente é já do teu conhecimento ser o adivinho Epiménides ([76]) natural desta terra – com efeito, é ela a sua pátria,

---

([76]) Clínias, neste passo, apresenta-nos uma cronologia imprecisa e um pouco confusa: considera que Epiménides terá vivido c. 500, quando, na realidade, viveu cem anos antes. Epiménides foi o grande poeta lendário de Creta. Segundo a tradição, ter-se-á deixado adormecer, ainda sendo rapaz, durante cinquenta e sete anos, tendo vivido até uma idade muito avançada. Terá visitado Atenas e se encontrado aí com Sólon, purificando assim a cidade da mácula do crime de Cílon. Sabemos que terá escrito um poema intitulado *Teogonia*, composto em hexâmetros, bem como outros trabalhos que se perderam. A famosa frase *Kretes aei pseustai*, "Os Cretenses são sempre uns mentirosos" (de acordo com a informação registada na *Carta de São Paulo a Tito*, 1.12), é-lhe atribuída.

LEIS

sendo ele, aliás, ainda meu parente; ele que, tendo chegado a Atenas dez anos antes de as guerras com os Persas terem começado, celebrou tantos sacrifícios pelo deus ordenados e, em virtude de os Atenienses se encontrarem profundamente apreensivos com a invasão dos Persas, dirigiu-se-lhes proclamando que estes nunca teriam podido chegar dez anos antes e, uma vez tendo chegado, ver-se-iam obrigados a se retirar, sem terem alcançado coisa alguma daquilo que tanto esperavam obter; concretizando-se este facto depois de terem sofrido as mais pesadas derrotas pelo mal que tinham feito. É, por conseguinte, em memória deste acontecimento que os nossos antepassados tanto se dedicaram a manter sempre vivos os ritos de hospitalidade para convosco – **643 a** desde esses tempos têm os meus antepassados nutrido por vós uma total simpatia, de tal modo que eu próprio ainda a mantenho viva.

Primeira definição da educação

Ateniense – Segundo julgo, estais devidamente preparados para me escutar. Este meu propósito exige toda a minha força de vontade, ainda que os meios para o fazer possam eventualmente faltar: é, por conseguinte, absolutamente necessário que comecemos. Em primeiro lugar, convém definir aquilo que entendemos por educação, sendo esta definição de grande relevância para o bom desenvolvimento da capacidade de raciocínio, bem como de importância fundamental para se calcular a sua real dimensão. Deve isto precisamente constituir aquele rumo de orientação que pretendemos agora dar à nossa discussão, pelo menos até ao momento em que encetarmos o nosso diálogo acerca do deus do vinho ([77]).

Clínias – Sigamos, então, essa ordem, caso te agrade.

643 b *Ateniense* – Por essa razão, na eventualidade de eu pretender falar acerca da educação – especialmente naquilo em que ela deve consistir – vede bem se a minha definição é do vosso agrado.

([77]) Não deixa de ser interessante que o nome próprio do deus do vinho, Dioniso, seja evitado, estando implícito na expressão *ibid. tón theón...*, subentendendo-se *tón Diónison*. Cf. *inf.* IV. 773 d.

106

LIVRO I

Clínias – Fala, então.

Ateniense – Passo, pois, a falar. Afirmo, então, que todo aquele indivíduo que tiver a aspiração de um dia poder ultrapassar-se, ele próprio a si mesmo ([78]), em alguma coisa deverá a tal dedicar-se totalmente, logo desde a sua infância, nisso sempre conseguindo obter aquela alegria, a qual passará a constituir um motivo para a ocupação que escolheu, assim como em relação a tudo aquilo que com isso se relacionar. Por exemplo: todo aquele que deseja tornar--se num bom agricultor, ou num bom arquitecto, deve por essa razão nunca deixar de se exercitar e logo começar por o fazer no amanho das terras ou na construção daquelas casas que as crianças tanto apreciam construir. **643 c** Neste caso deverá o educador, tanto de um como do outro, providenciar esse mesmo exercício com utensílios a imitar os verdadeiros. Devem, ainda, eles aprender todos os domínios da ciência do conhecimento, consequentemente tornando-se necessário os seus respectivos estudos preliminares. Por exemplo: no caso do exercício relacionado com a prática da carpintaria, deverá ele saber usar o fio e o metro devidamente; no caso de desejar tornar-se num guerreiro, deverá saber como montar a cavalo, bem como tudo aquilo que a isso diz respeito. Além do mais, pelo recurso à prática dos jogos, poder-se-á canalizar com êxito as preferências e logo assim os anseios de cada criança para aquelas actividades, as quais corresponderão à finalidade futura-mente almejada na idade adulta por cada uma delas. Assim, de acordo com a nossa opinião, aquilo que para a educação será fun-damental **643 d** deverá consistir numa formação regular, a qual, por intermédio de um treino prático, melhor há-de orientar a alma da criança, especialmente no sentido daquilo que lhe poderá vir a ser necessário, naquele momento em que se tornar num homem completo, tendo assim a possibilidade de ser absolutamente perfeito naquilo por que tanto se sacrificou. Mas, repito-o, deveis ver se com esta definição por mim delineada estais realmente de acordo.

([78]) Vide *sup*. n. 18.

LEIS

Clínias – Poderíamos em alguma circunstância afirmar o contrário?

Ateniense – Pois bem! Já não teremos de nos expressar de um modo por assim dizer aorístico ([79]) acerca daquilo que entendemos por educação. Actualmente, sempre que censuramos ou elogiamos a formação de cada um, pretendemos dizer que uma determinada pessoa do nosso meio é bem formada, **643 e** enquanto que, de modo inverso, acerca de uma outra afirmamos ser ela completamente desprovida de formação alguma. Por outro lado, quer se trate, por exemplo, de um ofício de estalajadeiro ou daquele outro de armador, dizemos que os indivíduos desta espécie gozam de uma formação perfeita para esse fim; contudo, o nosso julgamento a esse respeito de modo nenhum será unicamente relativo àquelas pessoas que perfilham este tipo de educação; pelo contrário, tal julgamento antes vai no sentido de se reclamar o nome de educação para aquela formação que, logo desde os tempos da infância, enforma o indivíduo na prática da virtude, incutindo-lhe aquele desejo apaixonado de poder um dia se tornar num cidadão íntegro e que, por este modo, assim possa ele saber tanto autogovernar-se como simultaneamente submeter-se à justiça ([80]). **644 a** É precisamente esta formação ([81]) que o meu modo de pensar tentaria sublinhar, apenas para ela devendo ser – assim o julgo – reservado o nome de educação. Por outro lado, aquela outra formação que essencialmente visa a riqueza ou a força física, ou qualquer outra capacidade com estas relacionada, encontra-se à completa revelia de toda a sabedoria e de todo o espírito de justiça: nunca passará ela de

---

([79]) Tradução propositadamente literal, em virtude de assim evidenciar a preocupação do Ateniense em de modo nenhum deixar indefinido – *i.e.*, vago, à maneira de simples conversa – aquilo que se acabou precisamente de discutir e que obteve o acordo dos outros interlocutores.

([80]) A educação visa a cidadania pela prática da virtude e no respeito pela justiça.

([81]) Esta "formação" já não é, conforme se disse, "formação profissional" (vide a nota anteriormente citada *supra*), mas, sobretudo, "formação cívica".

LIVRO I

mera insignificância grosseira e servil, totalmente indigna de ser assim denominada pelo nome de educação. Naquilo que nos toca, em vez de disputarmos as palavras que sobretudo exprimem isso, devemos ater-nos principalmente à definição que neste momento preciso se nos apresenta, podendo nós, por essa mesma razão, corroborar o facto de se tornarem sobremaneira bons os homens que são bem formados; **644 b** além disso, não se verifica qualquer motivo para se subestimar a educação: é ela, com efeito, aquele embrião gerador dos maiores bens, aí se formando todos aqueles que justamente são os melhores homens. Na eventualidade de nunca ela nos transviar, é, por conseguinte, nosso dever nunca dela nos afastarmos: nisto reside aquele dever supremo que todo o homem sempre deverá tentar – conforme lhe for possível – por fazer cumprir durante a sua vida inteira.

Clínias – Exactamente. Nisso estamos em pleno acordo contigo.

Ateniense – Mas, logo desde o início, estabelecemos o acordo de serem bons todos aqueles que são capazes de se autodominar, enquanto que maus, aqueles outros absolutamente incapazes de o fazer.

Clínias – Isso é perfeitamente exacto.

644 c *Ateniense* – Voltemos, então, e com uma clareza ainda maior, ao que por isso entendemos. Permiti-me, portanto, questionar se porventura de algum modo o poderei fazer, demonstrando-o por intermédio do recurso a certas imagens.

Clínias – Fala, então.

Ateniense – Eis a seguinte questão: deveremos nós olhar-nos individualmente como constituindo um todo?

Clínias – Sim, sem dúvida.

LEIS

Ateniense – Então, como nos será possível assim fazê-lo, quando incluímos em nós mesmos dois conselheiros opostos, os quais tanto se antagonizam, chamando nós a cada um dor e prazer ([82])?

Clínias – Constitui isso realmente um facto.

Ateniense – Para além destes dois sentimentos, várias opiniões relativas ao futuro, implicando, aliás, todas elas o nome comum de espera, redundam no nome de medo, se porventura se trata de uma espera relativa à dor; **644 d** ou, pelo contrário, redundam no nome de confiança, na eventualidade de a espera dizer respeito ao oposto. Por conseguinte, subjacente a tudo isso encontra-se um julgamento acerca da bondade ou acerca da perversidade suscitadas por estes sentimentos. Quando este mesmo julgamento assume o carácter de uma crença pública inerente à cidade, toma ele o nome de lei ([83]).

Clínias – Contudo, eu próprio tenho alguma dificuldade em te acompanhar. Continua, no entanto, com o teu desenvolvimento tal qual me fosse possível seguir-te satisfatoriamente.

Megilo – Também eu me encontro na mesma situação.

([82]) Desde 633 d que Platão encetou a refutação dos prazeres. Cf. *Timeu*, 69 d, acerca da temeridade e do medo, tema este retomado neste preciso passo do diálogo.

([83]) Cf. *Minos*, 314 b-c, *Poroi* (= *Definições*), 415 b. Não deixa de ser interessante que entre os sofistas – sendo pertinente, neste caso, lembrar a circunstância de não constituirem eles propriamente uma escola filosófica – lei possuía uma significação muito característica, mais no sentido de "acordo, contrato", vide Antifonte, DK 87 B 44 A, 1. 27-9, cf. Xenofonte, *Memoráveis*, 1.2.42, e 4.4.13, acerca do sofista Hípias de Élis; vide ainda Demóstenes, XXV, 16, Aristóteles, *Política*, III.9, 1280 b 10-12, finalmente Pseudo-Aristóteles, *Retórica a Alexandre* (tradicionalmente atribuída a Anaxímenes), 1420 a 25-27, cf. *ibid.*, 1422 a 2-4. Em Platão lei supõe uma forma política (*i.e.*, intrinsecamente relativa à *polis*) que é regulamentada por um conjunto de normas que devem ser escrupulosamente cumpridas.

LIVRO I

Ateniense – Nesse caso, que possamos, então, tecer essas mesmas considerações agora, todavia, do seguinte modo: representemo-nos, perante nós mesmos, como aqueles seres vivos que realmente somos. Que, nesse caso nos seja possível comparar-nos àquelas marionetas forjadas pelos deuses ([84]); na verdade, o facto de consistir isso porventura numa espécie de brincadeira ou, antes, numa tarefa do mais sério carácter não nos é possível saber realmente. **644 e** Aquilo que apenas sabemos é que estas afecções, essas que em nós próprios se verificam e que tanto se assemelham a movimentos de tendões ou de fibras (já que se encontram uns em oposição às outras), induzem-nos no sentido contrário, precisamente naquela direcção que se situa entre o vício e a virtude. Por conseguinte, seguindo o nosso raciocínio, será necessário que cada um sempre obedeça apenas a um destes tipos de tracção, sem dele nunca desertar, resistindo por este modo ao poder de tracção

---

([84]) Èsta metáfora dos homens-marionetas será em parte retomada no Livro VIII 803 c na imagem do homem como "joguete" dos deuses. O termo *to paignion*, neutro formado a partir do verbo *paizô*, é altamente sugestivo: o seu significado de "brinquedo" (neste caso "marioneta") implica serem os homens realmente brinquedos para com eles se jogar à maneira das crianças (sentido de *paizô*). Não deixa de ser interessante a circunstância de esta concepção do homem-marioneta corresponder a um *topos* antigo: a comparação, por um lado, do mundo com um palco e, por outro, do homem com um actor ou uma marioneta, cujo grande iniciador é Platão neste preciso passo. Assim sendo, bem se poderá compreender neste sentido a expressão consagrada "teatro" ou "palco do mundo". Esta imagem será posteriormente cultivada tanto por Cínicos como por Cépticos: Bíon de Borístenes considera ser a Sorte a manipular os homens enquanto que, pelo contrário, Anaxarco e Mónimo afirmam ser a Realidade, ela própria, a grande manipuladora, sendo a nossa experiência nesse palco do mundo uma quimera que logo se despedaça. Com os Estóicos, especialmente a partir de Crisipo (vide *Stoicorum Veterum Fragmenta*, ed. Von Arnim, II. 1181), esta imagem faz dos homens meros peões, vide Séneca, *Epístolas a Lucílio*, 77.20, Epicteto, *Manual*, 1.29.39-43 8 ideia que será posteriormente retomada por Clemente de Alexandria, *Stromata*, 7.11.65). Todavia, o sentido verdadeiramente cósmico e universal do homem-actor-marioneta, ele que é peão e representa um sonho, surge tão claramente delineado em Marco Aurélio, *Pensamentos*, 7.3, cf. 2.17.1.Vide E. R. Dodds, *The Greeks and the Irrational* (Berkeley-L.A. 1951), pp. 214 *et sq.*, especialmente 229, e ainda *id.*, *Pagan and Christian in an Age of Anxiety* (Cambridge 1965), pp. 8 *et sq.*

LEIS

desencadeado pelos outros nervos. **645 a** Nisso consiste precisamente aquele comando de ouro adornado, o comando divino da razão: aquilo que é dito ser a lei comum para toda a cidade, a qual – enquanto que os outros movimentos são de um tipo diferente e, por isso, rígidos como ferro – é inversamente subtil e leve em virtude de ser de ouro ([85]).

Devemos, neste caso, cooperar sempre com essa sublime tracção que pela lei é justamente exercida: é que a razão encaminha para ela toda a beleza, nunca a sua doçura ([86]) dimanando de uma maneira demasiado confrangedora, tendo o seu poder de tracção sempre necessidade de auxiliares, a fim de que em nós a raça de ouro possa triunfar sobre todas as outras.

645 b Daí que aquele mito da virtude, o qual nos compara com marionetas, revela-se realmente ser bem apropriado; além disso, a expressão que diz "ser superior ou inferior a si mesmo" adquire consequentemente um sentido mais claro: podemos assim ver como a cidade e o indivíduo devem sempre, quanto a cada um, possuir em si a ideia justa das tradições e segundo isso mesmo regular a sua própria vida e, quanto à cidade, poder conceber, por seu lado, a ideia de lei segundo aquela concepção directamente inspirada nos deuses ou concebida por um homem esclarecido, consoante a índole que lhe é intrínseca e segundo as relações a manter com as outras cidades. **645 c** Desta maneira poderemos estabelecer a distinção entre virtude e vício com uma nitidez muito maior. Além disso, uma vez elucidada esta questão, será possível também ver com clareza a questão relativa à educação, bem como os problemas relativos a outras práticas; sendo isso particularmente evidente

---

([85]) A oposição entre o ouro e o ferro é um lugar comum na literatura grega. Hesíodo, *Trabalhos e os Dias*, 109 *et sq.*, versa sobre este tema; do mesmo modo o encontramos referido na *República*, no Livro III, 415 a, inserindo-o na discussão acerca das raças: a de ferro e a de ouro, correspondendo estas, por seu lado, às idades de ouro e do ferro.

([86]) Este aspecto da doçura parece ter tido grande importância na história do pensamento grego, tornando-se a sua associação com a lei um tópico fundamental, vide J. de Romilly, *La douceur dans la pensée grecque* (Paris 1979), pp.97-196, especialmente pp. 176 *et sq*. Nas *Leis* Platão voltará à questão da doçura no Livro IX, 863 a-871 a. Assim sendo, não é de estranhar que Platão, ao contrário do conceito de *Dura lex sed lex*, oponha uma certa ideia de "doçura da lei".

LIVRO I

naquilo que concerne à questão do tempo estipulado para os banquetes (tema, aliás, que consideramos, dada a natureza da matéria, ter sido já suficientemente tratado, ainda que o seu carácter trivial não tenha obstado à enorme abundância de argumentos que provavelmente merecerá).

Clínias – Falaste com propriedade. Prossigamos, então, com esta discussão acerca do que realmente vale a pena.

645 d *Ateniense* – Então responde-me: se porventura accionarmos os nervos desta marioneta, qual o efeito que nela poderemos produzir?

Clínias – Qual será, por conseguinte, a tua finalidade quando colocas esta questão?

Ateniense – Nenhuma por enquanto. Mas, falando de um modo geral, assim que passasse a se encontrar nesse estado, em que se haveria de tornar? Tenho a intenção de pelo menos tentar formular, com a maior clareza que me for possível, aquilo que pretendo. A minha questão é, pois, a seguinte: por acaso deverá a bebida constituir para alguém um excitante, tornando os prazeres ainda mais vivos, assim como também o sofrimento, a cólera ou o amor?

Clínias – Certamente e, além disso, num grau ainda muito mais elevado.

645 e *Ateniense* – E, no que diz respeito às sensações, às reminiscências e às opiniões, às ideias, porventura não as tornará ela mesma ainda mais vivas? Ou, pelo contrário, não é verdade que todas elas hão-de logo abandonar aquele que transborda de embriaguez?

Clínias – Sim, de facto desertarão completamente.

Ateniense – Assim sendo, naquilo que ao estado da sua alma concerne, quando era ela ainda criança, confluímos todos no mesmo ponto – não é verdade?

113

LEIS

Clínias – Sem dúvida.

Ateniense – Por conseguinte, encontrar-se-ia num estado em que ele próprio menos posse teria de si mesmo.

646 a *Clínias* – O menos possível.

Ateniense – E, além disso, um tal estado não será para qualquer homem, segundo dizem, o pior de todos?

Clínias – Sim, deles todos o pior.

Ateniense – Então, não será apenas, conforme parece, aquele velho a poder duas vezes ser criança mas também o homem embriagado?

Clínias – De facto, caro estrangeiro, eis uma excelente observação.

Ateniense – Que discurso poderá alguma vez existir de modo a ser ele capaz de nos persuadir do facto de ser preferível ser necessário gostar desta prática a se ter de dispor de todos os meios para a evitar?

Clínias – Parece que, de facto, existe um: esta tua pretensão. Pelo menos até há pouco estavas tentado a segui-la [87].

646 b *Ateniense* – Na verdade, para ti essa tua memória é realmente bastante fácil. Além disso, encontro-me disposto a encetar esse caminho convosco, já que vós ambos haveis declarado estar prontos a escutar-me.

Clínias – Como nos seria possível nessa circunstância deixar de te escutar? Não é verdade que foi precisamente devido a esse

---

[87] Mais uma vez se retoma a discussão acerca do uso do vinho.

114

LIVRO I

extraordinário paradoxo([88]) que um homem tanto deseja, por sua própria conta e iniciativa, se lançar no meio da maior miséria?

Ateniense – No seio da maior miséria moral, queres tu certamente dizer, não é verdade?

Clínias – Sim.

Ateniense – E quanto ao mal físico, caro amigo, **646 c** quanto à magreza, ao desfiguramento, à gordura ou à enfermidade: não ficaríamos nós possivelmente tão espantados com o facto de a isso ser ele levado de livre vontade?

Clínias – Evidentemente.

Ateniense – Como seria tal possível? E aqueles outros que desejam ir até ao hospital([89]) e aí tomar remédios, ignoram porventura eles próprios, conforme assim julgamos, num tal estado haver de ter durante muitos dias o seu corpo, de tal modo que, se eventualmente tivessem de nele permanecer, nunca aceitariam assim viver? E ainda aqueles que tanto se esforçam nos exercícios no ginásio([90]), porventura não conhecemos bem em que estado de debilidade física por causa disso degeneram?

([88]) O extraordinário paradoxo reside no facto de ser o vinho também considerado um medicamento, consequentemente funcionando como um remédio para o mal físico, circunstância paradoxal em virtude de o vinho, por outro lado, ser também causa de mal-estar físico.

([89]) Este hospital é a *iatreia*, esta instituição mais se assemelhava a um dispensário actual, cf. *República*, Livro III, 405 a. Esta analogia relativa ao tratamento médico é realmente importante já que, perante a circunstância referida de ser o vinho ministrado como medicamento, existe consequentemente a necessidade, preconizada, aliás, pelo Ateniense, de ser estabelecida uma regulamentação apropriada em relação à utilização do vinho, conforme será feito adiante no Livro II, 674 a *et sq.*

([90]) Os exercícios no ginásio constituíam uma espécie de terapia adoptada em várias escolas médicas na época, principalmente por Heródico de Selímbria, a ele se referindo Sócrates na *República*, Livro III, 406 a.

LEIS

Clínias – Mas nós já sabemos tudo isso.

Ateniense – E que, além do mais, é realmente um facto irem eles até esses lugares devido à vantagem que daí lhes poderá advir?

646 d *Clínias* – Absolutamente.

Ateniense – E, por outro lado, não será também necessário fazer o mesmo raciocínio acerca das outras ocupações?

Clínias – Com toda a certeza.

Ateniense – Será, então, naturalmente necessário pensar o mesmo acerca da bebida, caso seja legítimo inclui-la nesta categoria.

Clínias – Naturalmente.

Ateniense – Por conseguinte, na eventualidade de o tempo que dispendemos com tudo isso se revelar tão vantajoso como aquele que dedicamos ao treino corporal, teríamos necessariamente, desde o início, de admitir que existe uma vantagem em relação aos exercícios físicos, particularmente nesse domínio, já que, ao contrário daqueles, não comporta dor.

646 e *Clínias* – Tens realmente razão. No entanto, muito me surpreenderia o facto de nesta situação ser possível vislumbrar algum benefício que daí possa advir.

Ateniense – É precisamente isso que urge agora tentar pelo menos elucidar. Nesse caso, responde-me: poderemos nós conceber a existência de dois tipos de medo ([91]) absolutamente opostos?

Clínias – Quais são eles?

([91]) Situação paralela àquela outra relativa à coragem e à temperança: aqui introduz o Ateniense a discussão acerca da vergonha e do medo, sendo a primeira uma modalidade do segundo.

116

LIVRO I

Ateniense – Os seguintes: podemos temer os males, segundo julgo, no momento em que os avistamos.

Clínias – Sim.

Ateniense – E, além disso, frequentemente tememos a opinião dos outros acerca de nós ([92]), **647 a** sempre que consideramos que nos possam julgar perversos ao fazermos ou dizermos algo que não é belo; este receio é, segundo penso, por toda a gente denominado "vergonha" ([93]).

Clínias – Certamente.

Ateniense – Eis, então, finalmente delineados, conforme pretendia, os dois tipos de medo. O segundo tenderá a evitar não só sofrimento mas também tudo aquilo que nos possa causar preocupação; o mesmo se verificando em relação tanto aos prazeres mais importantes como à maior parte destes.

Clínias – O que dizes é absolutamente correcto.

Ateniense – Não é verdade que um legislador, bem como aquele indivíduo digno deste nome, considera ser especialmente relevante este género de medo, ao qual dá o nome de "pudor"; todavia, outorga à audácia, à qual aquele se opõe, a denominação de "impudência" ([94]), **647 b** considerando esta última como o pior de todos os medos, tanto na vida pública como na privada?

([92]) Aqui é *doxa*, "opinião" (enquanto significando um determinado juízo de valor decorrente da acção concreta ou da postura intelectual, *i.e.*: emissão de um outro juízo). O seu sentido foi alargado para um âmbito mais vasto passou a significar a opinião que os outros têm acerca de determinada pessoa, sendo assim elemento formativo da reputação, crédito dessa mesma pessoa ("reputação" significa "opinião dos outros acerca de nós") condição prévia da sua honra e glória. Equivalerá, por conseguinte, *doxa* à noção de *existimatio* em latim.

([93]) No grego é *askhyne*, "vergonha, desonra, desgraça", possui essencialmente um valor moral, sendo este directamente decorrente do acto, causa de uma situação de desgraça e de perda da honra (sentido ético e cívico).

([94]) Outras significações para "pudor" e "impudência" seriam respectivamente "modéstia" e "insolência".

117

LEIS

Clínias – Assim é.

Ateniense – Ora, este tipo de medo preserva-nos geralmente de um número considerável de grandes males; para além dele, nada podendo mais nos garantir a vitória na guerra ou a salvação da nossa própria vida: na verdade, são duas as fontes geradoras da vitória – a valentia perante o inimigo e, por outro lado, o medo perante o grande mal que constitui a vergonha perante os nossos amigos.

Clínias – Isso precisamente.

Ateniense – Cada um de nós deverá, portanto, tornar-se tanto escravo do medo como dele totalmente desprovido, consoante as diversas situações **647 c** que já tivemos a oportunidade de enunciar.

Clínias – Com efeito, assim foi,

Ateniense – Mas, quando desejamos pôr à prova um certo indivíduo perante os vários tipos de medo, apenas poderemos fazê-lo expondo-o ao próprio medo, embora de uma maneira que se encontre consignada pela lei, constituindo, aliás, o único modo de o tornar completamente desprovido de medo ([95]).

Clínias – Aparentemente assim é.

Ateniense – E, além disso, o que acontecerá quando tentamos inspirar-lhe um medo que dimana da própria justiça? Não o colocaremos nós logo em confronto com a impudência, sendo-lhe possível sustentar nesse momento uma luta contra aquela, vendo-se constrangido a vencê-la no seu conflito com as paixões? Ou, naquilo que se relaciona com a cobardia que ele possa engendrar em si mesmo, não seria por intermédio da luta contra aquela **647 d** que ele, alcançando assim a vitória, se tornaria então num homem per-

---

([95]) Cf. *infra* 648 b e também *República*, Livro III, 413 d.

LIVRO I

feito e bafejado pela coragem; enquanto que, no caso de nunca ter esperimentado ou superado este combate, aquele outro, ainda que melhor dotado, apenas poderia realizar metade das suas aptidões naturais no seu caminho para a virtude? E, contudo, não é verdade que o mesmo valerá para a temperança absoluta, somente podendo ela ser alcançada pela luta e vitória sobre os incontáveis prazeres e desejos, eles que tanto nos empurram para a impudência e para a prática da injustiça, quer por intermédio do exercício efectivo da razão ou do corpo, quer pela sua participação nos jogos? Como poderá ele permanecer ignorante de tudo isto?

Clínias – Dificilmente poderia fazê-lo.

647 e *Ateniense* – Bem! Será que existe um deus que tenha, ele próprio, concedido aos homens uma determinada poção para produzir o medo, de tal modo que, quanto mais se beber, mais se poderá ver o quanto de infelicidade em cada dose o há-de inundar? Não há-de temer tanto o que realmente lhe sucede como o que apenas lhe poderá eventualmemnte suceder, até ao ponto de **648 a** aquele que é o mais corajoso de todos os homens ficar mergulhado no mais completo terror? E, naquele momento em que acorda do seu torpor e se liberta da bebida, não voltará ele logo ao seu estado normal?

Clínias – Mas, qual é, ó estrangeiro, essa bebida, a produzir tal efeito, que tão dificilmente poderíamos encontrar?

Ateniense – Nenhuma. Admitamos, nesse caso, ter alguém encontrado uma bebida num certo lugar; porventura poderia um legislador dela fazer uso para promover a coragem? Mais: poderíamos nós, por exemplo, atribuir-lhe legitimamente uma linguagem como esta: "Vejamos, então, ó legislador de Creta ou de um país qualquer, onde te seja possível verdadeiramente legislar, **648 b** se é verdade que desejas tanto um meio que te possibilite pôr à prova os cidadãos em matéria de coragem e de cobardia"?

119

LEIS

Clínias – Suponho que qualquer um responderia favoravelmente.

Ateniense – "Bem! Desejas tu uma prova segura e sem grandes perigos ou, antes, uma de natureza contrária"?

Clínias – Também, em relação a esta cláusula "segura e sem grandes perigos", toda a gente estará de acordo em a subscrever.

Ateniense – "E – questionemos – não é verdade que a isso haverias de recorrer, expondo assim as pessoas a situações de medo e colocando, por outro lado, à prova as suas próprias reacções, a fim de, por intermédio do encorajamento, obrigá-las a nada temer; **648 c** para além de prestares honras a uns, ou de evidenciares noutros pelo contrário a vergonha, caso estes não se tenham mostrado suficientemente dóceis em todas as situações requeridas? E, na eventualidade de alguém ter seguido esta mesma preparação com toda a seriedade, coragem e virilidade, não a tornarias impune e, no caso de tal não se ter verificado, não lhe infligirias um castigo? Ou, simplesmente de nada te servirias, limitando-te apenas a fazer acusações à bebida"?

Clínias – E como poderia ele, ó estrangeiro, recusar assim proceder?

Ateniense – Contudo, meu caro amigo, seria a prática daí decorrente de uma facilidade espantosa, quando comparada com os métodos actuais, no que diz respeito ao desejo de praticar exercício individualmente em privado, com algumas pessoas ou com um razoável grupo de pessoas ([96]). Além disso, **648 d** se para combater os males apenas se recorre ao pensamento – cobrindo-o, tal como se faz com o corpo, com o manto do respeito humano, que não

---

([96]) Teógnis, vv. 479 *et sq.*, assim como Crítias, DK 88 B 6, 9-10, são testemunhos de uma tradição registada pela literatura relativa à circunstância de poder revelar o estado de embriaguez o verdadeiro carácter do indivíduo.

120

LIVRO I

será conveniente mostrar antes de estar devidamente vestido – nessa circunstância ter-se-ia então algum motivo para se conceder esta poção, de preferência a ter de o fazer em relação a mil e uma outras coisas. Por conseguinte, não haveria necessidade, por essa mesma razão (e também na eventualidade de nos considerarmos para isso bem preparados, quer pela própria natureza quer devido ao estudo), em se hesitar tal exercer em público e na companhia de inúmeros convivas; **648 e** superando e dominando esse envolvimento tão implicitamente gerado pela bebida; ao ponto de se conseguir evitar qualquer falta de decoro, para isso contribuindo a coragem, absolutamente necessária para manter o nosso autodomínio; isto, na condição de nos retirarmos antes da última taça, quando o medo da derrota – que a bebida tão caracteristicamente incute em todos os homens – se afigura próximo.

Clínias – Sem dúvida, estrangeiro, que um tal homem seria um sábio ao agir desse modo.

Ateniense – Dirijamo-nos, pois, ao nosso legislador e falemos assim: **649 a** "Pois bem! Sem dúvida, ó legislador, que, para gerar o medo, jamais deus algum terá podido conceder aos homens uma tal poção, tão pouco terá sido inventada por estes outra semelhante. (Na verdade, não se encontra feiticeiro algum entre os nossos convivas). Todavia, a fim de se poder alcançar a completa ausência de medo e de, por outro lado, se incutir a autoconfiança, quando se pretende estabelecer o carácter inoportuno tanto do momento como da atitude a tomar, existirá alguma bebida a isso destinada? Por outro lado, qual é realmente a razão por que assim falamos"([97])?

Clínias – Provavelmente teremos nós outra intenção sempre que nos referimos ao vinho.

([97]) Refere-se este passo aos convivas no banquete que com discursos tecem panegíricos em honra uns dos outros, cf. situação semelhante em *Timeu*, 17 a-b, *Lísis*, 211 c-d, *Sofista*, 251 b, *Fedro*, 236 e.

LEIS

Ateniense – E não se passará o contrário, relativamente àquilo que acabámos de dizer? Aquele indivíduo que o terá bebido, **649 b** imediatamente tornar-se-á ainda mais viciado do que antes, apreciando-o cada vez mais, enchendo-se cada vez mais de esperança, cada vez mais crescendo o vinho na sua imaginação. Finalmente, este nosso homem, persuadido pela sua sabedoria, consegue libertar-se do seu próprio jugo, torna-se num homem livre, isento de qualquer medo, chegando ao ponto de afirmar coisas ou, então, de fazer tudo aquilo que deseja, sem nisso reflectir. Nesta circunstância, todos nos concederão o seu acordo certamente.

Clínias – Evidentemente.

Ateniense – Recordemos ainda de termos falado há pouco acerca daquelas duas tendências na nossa alma, essas que são justamente desenvolvidas: uma torna-nos mais destemidos, a outra, pelo contrário, **649 c** nos seres mais temerosos deste mundo.

Clínias – Precisamente aquilo que tu atribuías ao pudor, conforme nos parece.

Ateniense – Tens, na verdade, boa memória. Todavia, em virtude de ser no seio de tantos perigos que se deve exercer a nossa bravura, sem receio algum perante o perigo, será, pois, necessário verificar se a situação contrária não poderá também ser cultivada em instâncias da mesma natureza.

Clínias – Pelo menos, assim parece.

Ateniense – Assim sendo, é, portanto, naqueles momentos em que nos mostramos, de uma maneira natural, excepcionalmente confiantes e até destemidos, embora com um certo exagero, que será necessário – conforme, aliás, justamente parece – tentarmos evitar com todas as nossas forças **649 d** a impudência e a audácia, com a possibilidade de nos tornarmos receosos em todas as ocasiões, chegando ao ponto de nos abstermos totalmente de dizer, de sofrer e sobretudo de fazer coisa alguma que seja vergonhosa.

LIVRO I

Clínias – Assim parece.

Ateniense – Ora, essas situações, em que tais sentimentos nos tomam por completo, não serão as que passo agora a enunciar: a cólera, o amor, a desmesura, a ignorância, a ganância, a cobardia; e, ainda, mais estes: a riqueza, a beleza, o vigor, assim como tudo aquilo que redundar em torna insensatez pelo seu enraizamento no prazer? A fim de se poder traçar um quadro desses mesmos sentimentos, que seja simples e, por isso, de modo nenhum exaustivo (afim de nos ser possível exercitarmo-nos nele), **649 e** não teremos nós a oportunidade de referir um prazer, que seja menos alvo de debates do que aquele outro que experimentamos quando bebemos vinho para nos divertir, na condição de tudo se passar em conformidade com a ordem e respectivas precauções? Na realidade, é um dever reflectirmos sobre isso: para se ter a noção do que seja um carácter difícil ou até selvagem, capaz de criar uma infinidade de injustiças, haverá porventura algum perigo maior, quando se firma um determinado acordo com ele, havendo a necessidade de enfrentar respectivos riscos, ou sempre que se celebra na sua companhia as festas em honra de Dioniso? **650 a** Ou, então, na circunstância de o espírito de um indivíduo se deixar dominar pela voluptuosidade sexual, será legítimo entregar ao seu cuidado as nossas filhas, os nossos filhos ou a nossa mulher, por este modo expondo aquilo que de mais precioso se tem, pelo insignificante desejo de se poder assim sondar com maior profundidade o verdadeiro carácter da sua alma? Todavia, nada haveria a ganhar com isso, bastando citar os inúmeros exemplos, todos eles relativos à superioridade deste "exame do jogo", o qual é em si mesmo totalmente inócuo e, por isso, sem quaisquer resultados relevantes. No que especificamente diz respeito a este domínio, tal qual foi ele assim delineado, não se verificará certamente a instância de entrarmos em desacordo com os Cretenses ou outro povo qualquer, na eventualidade de contestarem esta questão; já que **650 b** constitui a maneira mais conveniente de intercâmbio entre as várias experiências de cada um de nós, sem dúvida a mais segura, a menos dispendiosa e a mais sólida.

LEIS

Clínias – Isso é certamente verdadeiro.

Ateniense – Constituiria, portanto, procedimente entre os mais úteis o escrutínio da natureza e disposição da alma, pelo recurso àquela técnica que melhor interessa à definição do seu carácter intrínseco. Essa técnica é "a arte de governar", isto é, a política. Não te parece que assim seja?

Clínias – Sem dúvida.

LIVRO II

(652 a *et sq.*)

Introdução

652 a *Ateniense* – Parece que, quanto à questão relativa à bebida, será necessário agora verificar se por acaso poderá ainda implicar outra vantagem, para além de pôr a nu a nossa natureza; e, também, ver se porventura a utilidade deste tipo de irmandade dedicada ao culto da bebida possuirá outra vantagem relevante, merecendo, por isso, a nossa atenção. Que haverá para dizer ainda? Na realidade, tem isto uma certa utilidade que bem poderá implicar uma vantagem, cuja demonstração o próprio exercício da razão assim há-de requerer. Todavia, quanto à forma e ao modo respectivos, tal é precisamente a questão, em relação à qual é absolutamente necessário prestar toda a nossa atenção, **652 b** se o próprio exercício da razão não nos trair.

Clínias – Pois bem! Fala, então.

Ateniense – Pretendo, desde já, recordar aquilo que, conforme anteriormente acordámos, definíamos como boa educação. **653 a** De facto, pelo menos conforme agora me é dado observar, é para isso justamente que a prática corrente deste tipo de banquetes poderá contribuir, na condição de serem eles correctamente organizados.

Clínias – A tua pretensão é efectivamente legítima.

LEIS

Ateniense – Defendo eu que, para as crianças, o prazer e a dor são as duas primeiras sensações características da sua idade; sendo, além disso, sob esta forma que consequentemente se originam na alma tanto a noção de virtude como a de vício. (Realmente, é uma oportunidade única poder o homem, ainda que já na velhice, formular de uma maneira inteligente opiniões sólidas e verdadeiras; atingindo a perfeição aquele que puder fazê-lo e usufruir os benefícios que daí poderão advir). **653 b** Entendo, portanto, por educação aquele primeiro momento em que a criança se encaminha para a virtude ([98]). Na circunstância de o prazer, a amizade, a dor e o ódio aí terem a sua origem – segundo aquele processo que habitualmente se verifica nas almas, mesmo antes que a razão possa despertar – e de, além disso, entrarem os sentimentos numa espécie de acordo com esse mesmo processo, sublinhando a circunstância de terem na verdade aqueles sido bem formados, devido à prática de hábitos apropriados, deverá certamente esse acordo corresponder à virtude total. Não obstante, aquela parte que nos enforma de modo a nos tornarmos aptos a fazer correcto uso tanto do prazer como da dor – **653 c** e que, além disso, nos faz odiar aquilo que é necessário seja odiado ou, então, nos faz amar aquilo que merece ser absolutamente amado – é o que a razão há-de isolar e justamente denominar "educação", uma denominação que, conforme julgo, é correcta ([99]).

([98]) Cícero retomará esta ideia acerca da educação como propedêutica da virtude, embora inserindo-a num contexto relativo à permanência da sabedoria na velhice, em *De finibus bonorum et malorum*, 5.21: *"praeclare enim Plato: beatum cui etiam in senectute cotigerit ut sapientiam uerasque opiniones assequi posset"*, equivalendo em português à seguinte tradução. "Assim terá dito Platão de um maneira modelar: «feliz aquele que, mesmo na velhice, tiver a sorte de seguir a sabedoria e as opiniões verdadeiras»".

([99]) Platão, nas *Leis*, defende "a educação pelo belo" em vários passos: Livro II, 653 b-c, 654 c-d, 656 b e 660 a; no Livro III, 689 a; no Livro VI, 751 d, 752 c; sendo evidente em todos a oposição absoluta e inconciliável entre posturas expressas pelos termos *stergein, khairein, aspazesthai* e aqueles expressas pelos termos *amisein ou dyskherainein*. Esta questão tinha já sido aflora na *República*, Livro II, 366 c, na intervenção de Adimanto em defesa do injusto, e no Livro III, 401 c-402 a, na discussão acerca da "educação pelo belo".

LIVRO II

Clínias – Caro estrangeiro, parece-nos correcto tanto aquilo que antes disseste acerca da educação como o que agora sobre ela acabaste de dizer.

Ateniense – Bem! Tal como os prazeres e as dores correctamente formadas constituem o próprio cerne da educação, esta, por seu lado, dilui-se e perde-se em certos aspectos da vida humana. **653 d** No entanto, os deuses, na sua piedade desvelada pela nossa raça, ela que é tão naturalmente devota do sofrimento, decidiram instituir a alternância das festas celebradas em sua honra, à maneira de interlúdios entre os trabalhos; além disso, concederam-nos as Musas, Apolo Musageta ([100]) e Dioniso, para celebrá-las connosco, definindo a sua respectiva regulamentação. A este respeito, é necessário ver se porventura essas regras – por nós agora seguidas – se fundamentam na natureza ou noutra coisa qualquer; de acordo com aquilo que nelas se encontra estipulado, todos os seres jovens – ou quase todos – são incapazes de conservar os seus corpos em repouso, o mesmo se verificando com a voz: **653 e** procuram continuamente falar e exercitar o corpo, movendo-se uns com rapidez e saltando à maneira de um jogo ou de uma dança, enquanto que outros com a sua voz podem emitir qualquer cambiante de som. Ora, os outros animais não possuem o sentido da ordem nos seus movimentos (nem aquela noção contrária referente à desordem), aquilo que precisamente denominamos ritmo e harmonia. **654 a** Todavia os deuses, eles que, conforme afirmámos, nos terão concedido o privilégio de com eles podermos partilhar as suas celebrações, outorgaram-nos o sentido do ritmo e da harmonia acompanhado de certo modo com o prazer. Por seu intermédio decidem eles – e à maneira de coregas ([101]) – dispor-nos encadeados e entrelaçados

---

([100]) Apolo era o deus patrono das Musas, sendo por direito o deus que, qual pedagogo, "conduz" as Musas e dirige o seu coro. Vide Hesíodo, *Teogonia*, vv. 1-115.

([101]) A coreguia, *koregia*, consiste numa das principais liturgias – espécie de serviço público obrigatoriamente desempenhado pelas classes mais abastadas em Atenas – que aos ricos eram impostas. Sabemos que grande parte da produção de ditirambos, tragédias e comédias nos festivais de Dioniso em Atenas era da responsabilidade de cidadãos que a título privado custeavam essas produções.

LEIS

em movimentos determinados, com danças e cânticos, chamando a isto "coro", em virtude de tal se gerar naturalmente no seio daquela alegria que sentimos nessa ocasião. Por conseguinte, deveremos nós aceitar imediatamente este princípio, o que também torna implícito o nosso acordo com o facto de constituir a educação apanágio das Musas e de Apolo? Ou, por outro lado, não o deveremos fazer?

Clínias – De facto, assim é.

Ateniense – Por conseguinte, para nós "sem educação" poderá significar "sem prática alguma nos coros", **654 b** por este modo podendo reconhecer como é bem educado aquele que neles adquiriu um treino absolutamente satisfatório ([102])?

Clínias – Evidentemente.

Ateniense – Pelo termo "coreia" entendemos nós o conjunto formado pela dança e pelo canto ([103]).

No que diz respeito ao ditirambo os coregas eram escolhidos de acordo com as dez tribos, vide *schol.* Demóstenes, *Meidias*, cf. Aristófanes, *Aves*, 1403-4. Em relação à produção tanto das tragédias como das comédias, pertencia ao arconte--epónimo a função de indicar o corega, durante o festival das Dionísias; contudo, no caso do festival das Leneias, essa tarefa era da responsabilidade do arconte-rei, vide Aristóteles, *Constituição de Atenas*, 56.7. No caso das Grandes Dionísias, sabemos ter a instituição da coreguia da tragédia sido pelo primeira vez estabelecida c. 500 a.C.; em relação à coreguia da comédia, podemos estabelecer com razoável segurança o ano de 486. Um corega era responsável pela contratação dos actores e pela formação dos coros nas representações dramáticas, bem como a resolução de todos os assuntos com isso relacionados. Sabemos que Péricles foi corega da representação da tragédia *Persas* de Ésquilo em 472.

([102]) O passo sugere uma imagem cinegética. Cf. *República*, IV, 432 b, *Parménides*, 128 c. Platão parece ter sido imitado por Díon Crisóstomo, vide *Euboico*, 129. Finalmente cf. *Leis*, 627 c supra.

([103]) Na verdade, aquilo que denominamos *khoreia*, ou "arte coral", corresponde, neste caso particular, à educação no seu conjunto. Próximo do fim do Livro II, especialmente 672 e – 672 e, procede-se à sua respectiva divisão em dois domínios: o domínio vocal propriamente dito, incluindo a voz, o ritmo e a harmonia (os elementos constituintes da música), e o domínio da expressão corporal (correspondendo à execução física dos vários movimentos), incluindo tanto a dança como a ginástica.

128

LIVRO II

Clínias – Necessariamente.

Ateniense – Se assim é, aquele que se considera ter sido bem educado será, por isso, capaz de cantar e de dançar de uma maneira bela.

Clínias – É evidente.

Ateniense – Vejamos, nesse caso, o que pretendemos significar com aquilo que até agora temos estado a dizer.

Clínias – E que é?

Ateniense – O seguinte: quando afirmamos "ele canta bem" ou "ele dança bem", **654 c** deveremos acrescentar "ele canta belas canções" ou "ele dança belas danças", ou não?

Clínias – Acrescentemos isso.

Ateniense – E, além disso, o que sucederá na circunstância de ele proceder em conformidade com este nosso julgamento, considerando ser belo aquilo que é belo e feio aquilo que é feio? Segundo a nossa posição, um indivíduo como estes melhor assim se formará na arte dos coros e da música, preferindo nós certamente aquele cujo corpo, ou cuja voz, melhor exprimir em qualquer momento o seu ideal, tal qual ele foi concebido; mas, por outro lado, será ele, em relação ao belo, desprovido do sentimento da felicidade total, sem que lhe seja permitido sequer nutrir o sentimento de ódio pela felicidade? Ou então: será aquele primeiramente citado **654 d** cujo corpo e cuja voz são absolutamente incapazes de alcançar ou de conceber o belo, e que, no entanto, pode nutrir um sentimento realmente justo perante o prazer ou a dor, quando na sua mente tem a intuição de certas coisas que são verdadeiramente belas, o mesmo se verificando quando recusa outras que não o são?

Clínias – Referes-te, estrangeiro, ao cerne da educação.

129

LEIS

Ateniense – Por conseguinte, na eventualidade de agora versarmos acerca do belo, enquanto relacionado com a dança e o canto, poderemos, por isso, reconhecer correctamente aquele indivíduo que é bem educado, o mesmo nos sendo possível fazer em relação àquele outro que não o é. Ao ignorarmos, por outro lado, tudo isso, nunca nos seria possível descortinar, no que diz respeito à educação, salvaguarda alguma nem tão pouco ver onde se situa. 654 e Não é verdade que assim é?

Clínias – Sem dúvida.

Ateniense – Eis, pois, aquilo que todos nós, à maneira de cães de caça ([104]), deveremos justamente procurar: a beleza das atitudes, das árias, dos cantos e da dança. Mas, se esta beleza nos escapa e se desvanece, a nossa futura discussão sobre a boa educação – seja ela grega ou bárbara ([105]) – estará totalmente condenada ao fracasso.

Clínias – Absolutamente de acordo.

655 a *Ateniense* – Bem! Todavia, quando, e em que situação, será realmente necessário indicar em que consiste a beleza de determinada atitude ou de determinada ária? Vejamos, por conseguinte, se aquele que é corajoso, ou aquele outro que inversamente é cobarde, será capaz de se submeter a tão grandes fadigas como estas: serão porventura as suas atitudes e as suas palavras sempre as mesmas?

Clínias – E como poderiam sê-lo, quando até as cores o não são?

([104]) Trata-se, mais uma vez, de uma comparação cinegética, tão ao gosto de Platão, cf. *sup*. 627 c.

([105]) Parece que Platão, em virtude de as colocar na mesma circunstância, não descrimina entre educação grega e educação bárbara. Na verdade, esta breve observação bem poderá reflectir aquele "filobarbarismo" tão característico da *Ciropedia* de Xenofonte, acerca da educação de Ciro da Pérsia. Pelo menos, quanto a este domínio, parece ter existido polémica entre os dois, conforme sugere Ateneu, *Deipnosophistae*, 11.504

130

LIVRO II

Ateniense – Bela resposta, caro companheiro. Não obstante, assim é aquilo que a música tem de especificamente figurativo e de relativo às modulações ([106]): com efeito, é ela feita de ritmo e de harmonia, de tal modo que nos é perfeitamente possível exprimir da maneira mais correcta uma ária ou uma atitude regulados por aqueles princípios; já não sendo, contudo, possível fazê-lo quando dizemos que possuem uma bela cor, em conformidade com aquelas expressões tão características dos mestres dos coros. **655 b** É bem possível, tanto para o cobarde como para o corajoso, que sejam as suas respectivas posturas ou atitudes dessa natureza, sendo, além disso, correcto chamar belas às atitudes e poses dos corajosos enquanto que vergonhosas às dos cobardes. Para que não nos dispersemos com discursos ([107]) sobre temas demasiado diversos, podemos resumir tudo isso ao facto de todas as atitudes e posturas – tanto da alma como do corpo (em ambos os casos condicionadas pelas respectivas formas de expressão) – serem belas, conquanto estejam directamente relacionadas com a virtude, tornando-se no seu oposto absoluto, sempre que se relacionem com o vício ([108]).

Clínias – A tua exposição é realmente correcta, pelo menos até agora.

Ateniense – Eis, pois, mais uma questão: **655 c** as danças agradar-nos-ão todas do mesmo modo ou, pelo contrário, algo mais poderá existir para além desse modo?

([106]) No original temos a seguinte frase: *en gar mousikêi kai skhêmata men kai melê enestin*. Mais adiante temos a mesma associação *melos kai skêma*. Em relação ao primeiro vocábulo, poder-se-á dizer que Platão o emprega no sentido de "canção", "ária", alargando a sua significação para "poesia lírica" ou "canções corais", por oposição ao diálogo. No que diz respeito a *skêma*, Platão visa com o seu emprego a conotação da comédia, por isso deverá ser entendida a palavra segundo o aspecto "figurativo" no sentido de "gestos de pantomima".

([107]) No grego temos a tão sugestiva expressão *hina dê tê makrologia pollê tis gignetai*; sendo o emprego de *makrologia*, "discurso longo" atestado por Platão, cf. *supra* 632 d-e; cf. ainda *Górgias*, 449 c, e *Protágoras*, 335 b (neste último caso registando-se *makrologos*).

([108]) Cf. *República*, Livro III, 398 d *et sq.*

Clínias – Existe certamente algo mais.

Ateniense – E, todavia, qual será a causa deste nosso erro? Por acaso as mesmas coisas não serão belas para todos nós ou, inversamente, na realidade o são, mas sem parecerem que são as mesmas? Com efeito, ninguém poderá dizer, conforme suponho, que aquelas danças viciosas sejam mais belas do que aquelas outras virtuosas, nem tão pouco será possível alguém se deleitar com figuras perversas, enquanto que outros, na sua devoção, adoram uma Musa que é sua inimiga. Assim sendo, pretende a maior parte das pessoas **655 d** fazer consistir a própria justeza da música naquela faculdade de inquirir o prazer da alma. Mas, é absolutamente inaceitável e ímpio sustentar uma opinião como esta, residindo no que se segue a causa provável de toda a nossa admiração.

Clínias – Qual será ela, então?

Ateniense – Em virtude de consistir a coreografia ([109]) numa arte destinada a imitar os caracteres por intermédio da representação, incluindo esta as diversas acções bem como todas as circunstâncias a estas inerentes, nela deverão os respectivos executantes, por isso, representar os seus próprios hábitos e capacidades de imitação. Aqueles, por outro lado, cujas palavras, as melodias e as danças, sejam elas dos mais variados géneros, tanto sublinham o carácter que lhes é intrínseco – segundo a sua respectiva natureza ou, então, em conformidade com o hábito de cada um, **655 e** por

---

([109]) Traduziu-se assim *tê khoreia*, que surge associada à noção de *ta mimêmata tropôn*, no sentido de "imitação dos caracteres", cf. *República*, 395 d. A noção de *choreia* deve ser esclarecida do seguinte modo: o termo exprime o conceito de dança enquanto desempenho figurativo de uma música, especialmente da música coral. Daqui a sua relação com *ta mimêmata*, de *mimêma*, neutro abstracto a significar tudo aquilo que é imitado, no sentido de "cópia representada". A partir desta última significação será perfeitamente aceitável a equivalência "arte da dança" / "coreografia", já que esta supõe a concepção de uma dança enquanto representação, com a consequente determinação das respectivas atitudes e poses; simultaneamente visando os modos ou os caracteres que são supostos ser imitados (aqui sendo particularmente pertinente a noção de *tropos*).

LIVRO II

este modo necessariamente proporcionando aquele tão merecido deleite com a própria representação – devem justamente louvá--los quando afirmam serem aquelas belas. Aqueles outros, pelo contrário, cuja natureza, o próprio carácter ou qualquer outro costume lhes são adversos, nunca serão consequentemente capazes de sentir nisso prazer algum, sendo também incapazes de elogiar as suas próprias representações, as quais unicamente merecem o nome de vergonhosas. Por agora, aqueles cuja natureza é benigna, mas os hábitos não, podem tecer, eles mesmos, os seus próprios panegíricos, todavia, no sentido inverso àquele respeitante aos prazeres. **656 a** Proclamam eles ser cada uma destas representações agradável ou perversa e, na presença das outras pessoas, a quem reconhecem capacidade de julgar sobre as suas próprias representações, esforçam-se por assim proceder recorrendo a todos os meios, a fim de obrigar os seus próprios corpos a desempenhar os movimentos correspondentes; esforçam-se também por conseguir a todo custo cantar as árias, de tal modo que possam eles assim parecer elogiar solenemente a beleza, sem, no entanto, serem capazes de nisso encontrar prazer algum, para sua enorme tristeza.

Clínias – E isso será certamente a coisa mais justa que lhes poderá suceder!

Ateniense – Perante esta situação, é bem possível que daí possa advir alguma desvantagem, particularmente para quem tanto se deleita com aquelas atitudes ou poses perversas. Caso isso não se verifique, qual será, então, a vantagem para todos aqueles que, pelo contrário, encontram prazer no oposto?

Clínias – Parece-me isso ser bem provável.

656 b *Ateniense* – Provável: apenas isso? Não é verdade que aquele indivíduo, que, no momento em que entra em contacto com os maus costumes da gente depravada, os louva em vez de os censurar, ainda que os critique de um modo ambíguo, assim procederá, concebendo, à maneira de um jogo e tal como nos sonhos, a perversidade como a única conduta possível? Por conseguinte, será certamente fatal que, ao sentir prazer em tal coisa, nos tornemos, quanto a esse aspecto, semelhantes à própria causa deste prazer, não obstante tanto nos esforçarmos por fazer o seu elogio. Logo, o que poderá trazer-nos tudo isso: algo de bom ou algo de mau, para além de tudo aquilo que possa tal atitude implicar?

Clínias – Penso que nada daí poderá advir.

656 c *Ateniense* – Se realmente assim é, sempre que verificarmos a existência presente ou futura de leis estabelecidas no seio da comunidade – sejam elas relativas à educação, à música ou aos jogos – não deverão os compositores, que se considerarem dignos e afáveis, ser sempre capazes de encontrar nas suas próprias composições algo de agradável, especialmente naquilo que respeita ao ritmo, à postura e às palavras? Não serão ainda eles capazes de assim também proceder para com os coros daqueles jogos destinados aos jovens – os quais são justamente organizados por cidadãos honestos – independentemente da sua própria atitude em relação à virtude ou ao vício?

Clínias – Isso é pouco comum. Como poderia isso ser possível?

656 d *Ateniense* – Na verdade, é isso precisamente que é permitido – como, aliás, bem posso confirmar – em todas as cidades do Egipto ([110]).

Clínias – No Egipto? Qual deverá ser, então, a legislação relativa a este domínio segundo tua opinião?

Ateniense – Com efeito, é realmente surpreendente aquilo que irão ouvir. Julgo que, desde há muito, conseguiram eles alcançar a essência desta verdade que agora passamos a formular: são as

---

([110]) A imagem de Platão do Egipto não difere daquela apresentada no *Timeu*, 20 e e 22 b, não diferindo esta da descrição que Heródoto nos legou no Livro II das *Histórias* (tendo, talvez, sido a fonte de Platão).

LIVRO II

formas belas e as melodias belas que a juventude deve acima de tudo cultivar. Puderam eles, neste preciso domínio – ao expor os modelos nos seus templos – um determinado consenso com a natureza ([111]). **656 e** Em relação a estes modelos, a ninguém tinha sido antes permitido representar atitude de espécie alguma, tal se verificando com os pintores e artesãos. Com efeito, a ninguém tinha sido permitido, por outro lado, negligenciar este mesmo aspecto, especialmente com o intuito de alterar as regras vigentes no seu meio ou de tentar implantar outras. Na verdade, é isso que vigora actualmente, tanto no domínio da arte como no da música. Quando se procede a uma análise detalhada desta questão, poderás verificar que as esculturas e as pinturas remontam neste país a milhares de anos (e quando digo "milhares" não pretendo significar ser tal uma simples forma de expressão mas, antes, referir-me à pura realidade), **657 a** não sendo elas mais belas ou mais vergonhosas do que aquelas outras da nossa época, para além de terem sido também executadas segundo a mesma técnica ([112]).

Clínias – Realmente isso é extraordinário.

Ateniense – Não necessariamente extraordinário! Todavia, poderemos dizer que de facto assim é, em completo acordo com as leis e a sublinhar uma certa intenção política. Poderás certamente aqui encontrar alguns pontos cuja discussão deveria ser retomada, nomeadamente todo o conjunto de regulamentações relativas à música, que merece por si só especial ênfase. Por conseguinte, em tal matéria, será possível promulgar uma legislação específica,

---

([111]) No Egipto existiam também formas estereotipadas de canção e de dança, as quais mereciam dos antigos Egípcios profundada veneração, sendo a sua preservação garantida por uma tradição de ensino que logo era administrada às crianças, daqui a sua importância no domínio da educação. Cf. *infra* 657 a e 799a.

([112]) Se compararmos este passo com o Livro III, 700 a-b, ou ainda com a *República*, Livro III, 396 a-397 a, verificamos quão grande era a admiração de Platão pelo Egipto, considerado nessa época como a mais venerável civilização do mundo. Nas *Leis*, Livro VII, dedica Platão um elogio ao calendário egípcio, que é regulado pelas festas dos deuses, 799 a-b, 819 b-c.

sendo ainda absolutamente necessário que as leis sejam promulgadas em conformidade com estas mesmas formas, elas próprias estabelecidas segundo regras determinadas. Seria isto obra de um deus, ou de qualquer outra divindade, tal como afirmamos serem essas melodias, que por aí pairam, obra da deusa Ísis [113]. **657 b** Por essa razão – repito-o –, se porventura nunca será possível conseguir ser aferido aquilo que é justo e que precisamente o merece ser no domínio da música, então será forçosamente necessário formular uma lei e delinear uma regra: é que provavelmente a tendência natural dos nossos prazeres, ou das nossas dores, de se exprimirem sempre por intermédio de uma nova forma de música, nunca possuirá aquela pujança tão necessária para que, de algum modo, se consiga acabar com aqueles coros que, embora consagrados pelo tempo, se encontram já antiquados. Pelo menos, conforme parece, nunca foi possível acabar com eles, verificando-se, antes, o caso contrário.

657 c *Clínias* – Eventualmente assim teria sido, pelo menos tal parece decorrer daquilo que acabaste de afirmar.

Ateniense – Nessa circunstância, poderemos dizer sem qualquer receio que o recurso à música e às festas com danças corais é legítimo, especialmente nas condições enunciadas? Na verdade, alegramo-nos sempre que cremos viver no meio da maior prosperidade ou quando simplesmente nos deleitamos com a nossa própria alegria, sem haver a necessidade de nos encontrarmos na prosperidade – não é verdade que assim é?

---

[113] A deusa egípcia Ísis adquire na religião especial importância, especialmente naquilo que diz respeito às crenças da vida no além, protegendo os mortos dos espíritos maléficos e dos espíritos dos inimigos em vida. Os seus poderes alargavam-se à medicina, sendo a sua invocação particularmente eficaz na cura de mordeduras de escorpiões e de serpentes. O seu culto terá chegado a Atenas no século IV, adquirindo na Ática especial relevância como divindade protectora dos marinheiros. A associação entre Ísis com a música parece constituir uma circunstância de sincretismo religioso de origem oriental, sendo, no entanto, de difícil explicação, já que o seu culto no panteão helénico é em parte absorvido pelo culto de Deméter.

LIVRO II

Clínias – Absolutamente.

Ateniense – Ora, de acordo com esse sentimento de alegria, nunca nos será permitido permanecer em repouso.

Clínias – É um facto.

657 d *Ateniense* – E não será verdade também que, se por um lado os nossos jovens encontram-se sempre dispostos para a dança, nós, os velhos, podemos, por outro, sempre encontrar um passatempo conveniente no espectáculo desses tais desempenhos, alegrando-nos com os seus jogos e as suas festas, embora aquela nossa ligeireza física de outrora nos tenha abandonado? É precisamente isso que tantas vezes lamentamos, especialmente naquele momento em que decidimos instituir os concursos, destinados estes àqueles que melhor nos fazem esquecer este torpor, simultaneamente fazendo com que nos recordemos dos tempos de juventude.

Clínias – Isso é realmente verdade.

Ateniense – Por conseguinte, se de facto assim é, poderemos nós considerar totalmente vã aquela opinião **657 e** actualmente seguida pela multidão, que defende a necessidade de nos concursos se considerar o mais hábil de todos aquele indivíduo que, tendo sido por essa mesma razão declarado vencedor, nos proporcionar maior prazer e contentamento? Na realidade, já que nos é permitido usufruir alguma distracção com estes espectáculos, aquele que conseguir proporcionar prazer a um maior número de pessoas deverá, por esse motivo, merecer o maior número de honras e ganhar, conforme há pouco afirmava, o prémio. **658 a** Não será verdade que é isto precisamente aquilo que com toda a justeza devemos dizer, para além do facto de procedermos correctamente na eventualidade de assim termos agido?

Clínias – Talvez.

Ateniense – Ah! Não estaremos nós, meu bem-aventurado amigo, a lidar com a questão de um modo demasiadamente precipitado? Procedamos, nesse caso, à sua respectiva sistematização, dividindo este assunto em partes determinadas, para o examinarmos da seguinte maneira: diz-me, em primeiro lugar, o que poderia suceder na circunstância de ter alguém instituído um concurso, sem qualquer formalidade a determinar o seu carácter específico: gímnico, musical ou hípico [114]; reunindo ele ainda toda a cidade para anunciar o prémio e logo dirigir o convite a todos aqueles que tivessem desejado competir no evento, particularmente num concurso como este, que poderia proporcionar a vitória àquele que mais agradasse aos espectadores, proporcionando-lhes o maior prazer? **658 b** Por outro lado, não existindo regra alguma especificamente determinada relativa ao modo como tal concurso deveria decorrer, necessitando o vencedor de apenas alcançar a vitória sobre os outros competidores e merecer ser, por isso, considerado de todos o mais encantador; qual seria, então, o resultado decorrente desta proclamação de vitória de acordo com a nossa postura de pensamento?

Clínias – A que aspecto te referes?

Ateniense – Refiro-me à circunstância de haver, segundo creio, um competidor a tentar executar à maneira de Homero uma composição épica – uma rapsódia – enquanto que outro poderá preferir uma composição lírica para cítara, outro, uma tragédia, enquanto aquele outro, uma comédia. Nada, conforme digo, me causará grande surpresa sempre que aquele indivíduo que é um especialista em marionetas puder, ele próprio, acreditar ser o mais apto de todos para vencer [115]. **658 c** No momento em que estes concor-

---

[114] Ainda que a cidadania fosse condição prévia *sine qua non* de todas estas competições, os concursos equestres eram uma espécie de apanágio dos estratos sociais mais elevados.

[115] Aqui as referências à poesia épica, à lírica, à tragédia e à comédia, imediatamente seguidas pela hipótese de um artista de marionetas poder vencer a competição, poderão ser encaradas como uma crítica à organização dos concursos sem qualquer definição prévia de critério, apenas se fundamentando no espírito agónico.

LIVRO II

rentes se encontrarem assim todos reunidos, ser-nos-á porventura possível logo indicar aquele que poderá alcançar a vitória?

Clínias – A tua questão é realmente estranha. Quem poderia, na verdade, a isso responder com conhecimento de causa, antes de ter assistido a cada uma dessas representações e ouvido o veredicto final?

Ateniense – Bem! Porventura será vosso desejo que, por essa razão, vos coloque esta estranha questão?

Clínias – Sem dúvida, fá-la então.

Ateniense – Assim sendo, se os juízes fossem todos pequenas crianças, não é verdade que haveriam eles de julgar a favor do jogador de marionetas?

658 d *Clínias* – Seguramente.

Ateniense – Então, na eventualidade de serem estas mesmas crianças homens já feitos, o vencedor seria certamente um actor cómico, enquanto que, pelo contrário, teria o actor trágico as mulheres cultas a seu favor[116], bem como, segundo julgo, os jovens e a generalidade do público possivelmente.

Clínias – Provavelmente, sim.

Ateniense – Todavia, na eventualidade de um rapsodo recitar a *Ilíada* de acordo com os respectivos preceitos, a *Odisseia* ou qualquer um dos poemas compostos por Hesíodo compostos[117];

---

[116] Este passo é referido habitualmente como evidência de poderem as mulheres no tempo de Platão assistir às representções dramáticas no teatro, incluindo a tragédia, sendo esta tradicionalmente reservada a uma audiência estritamente masculina. Encontramos a mesma observação nas *Leis*, em 817 c, e no *Górgias*, 502 d.

[117] Este passo ilustra o facto de Platão não ser verdadeiramente hostil para com os poetas, nem tão pouco desaconselhar o seu ensino nos programas de estudos, embora nunca tenha reconhecido o seu valor como excepcional.

LEIS

nós, que somos já velhos, bem poderíamos declará-lo vencedor absoluto, tendo esta decisão sido motivada pelo facto de ter a nossa audição sido tão agradável. Ora bem! Qual seria aquele a merecer triunfar com toda a justiça? Não será, na realidade, esta a questão que imediatamente se segue?

Clínias – Sim.

658 e *Ateniense* – Aliás, será bem evidente que tanto tu, caro Clínias, como eu próprio, nunca poderemos nessa eventualidade declarar vencedor senão aquele que terá assim sido justamente declarado por todos os homens da nossa idade: é que realmente para nós, e em conformidade com os costumes ([118]) seguidos nas muitas cidades do mundo inteiro, parece ser esta a decisão mais excelente de todas.

Clínias – Sem qualquer dúvida.

Ateniense – Eu próprio tomarei a decisão de fazer uma cedência ao vulgo: a música deverá ser avaliada em função do prazer proporcionado, e não segundo o resultado imediato das primeiras impressões. Na minha opinião, a música é a arte mais bela: deleita os melhores homens, aqueles que gozam de sólida formação, **659 a** sobretudo quando tanto apraz um cidadão ilustre que, pela sua virtude e educação, se distingue de todos os outros. Além disso, no que diz respeito aos juízes que tomam a decisão final nesse âmbito, no caso de considerarmos que é necessário que a virtude se encontre sempre presente neste tipo de concursos, isso significará

Cf. *República*, Livro X, 595 b-c e 607 c-d, em que é evidente a condenação dos poetas na cidade ideal. Nesta cidade, no entanto, a questão será bem diferente: o papel dos poetas, como Homero e Hesíodo, não é fundamental no sistema educativo.

([118]) Neste passo *ethos* opõe-se a *physis*. Além disso devemos notar que o segundo termo é geralmente usado sempre que se pretende referir o carácter ou a disposição mental de um indivíduo (neste caso poderá corresponder ao conceito latino de *ingenium*). No primeiro caso, *ethos*, o sentido é evidente: "uso, hábito, costume"; por conseguinte, aqui a oposição a *physis* é já inegável.

LIVRO II

deverem aqueles ser justamente dotados de uma certa sabedoria e de uma certa coragem. Na realidade, não é no teatro que o verdadeiro juiz – naquele momento em que é perturbado por uma assistência tumultuosa ou se deixa perturbar pelo seu clamor, devido à sua própria inexperiência ([119]) – deverá julgar; de modo nenhum poderá ele fazê-lo quando, sempre que formula o seu julgamento, ceder perante a pusilanimidade ou a cobardia; nem tão-pouco o fará, por aquela mesma boca que os deuses invoca antes de assumir as funções de juiz, **659 b** ao proclamar com espírito pusilânime uma sentença com espírito de má-fé. Na verdade, nunca será como discípulo mas, antes, como mestre da audiência que o juiz, sempre que se trate de um caso de justiça, desempenhará o seu cargo, tendo por missão opor-se àqueles que buscam no público o seu quinhão de prazer, à revelia de todo o procedimento correcto e de toda a conveniência (sendo isto unicamente possível devido àquela lei ancestral dos Gregos). Por este modo essa lei vigente na Sicília e na Itália ([120]) – a qual remete a escolha do vencedor para a assistência, em função do número de votos, que corresponde afinal ao resultado da soma das mãos levantadas – enganou até os próprios poetas: **659 c** com efeito, trabalharam eles com vista ao prazer dissoluto dos seus juízes, quando, pelo contrário, são realmente os espectadores os responsáveis pela formação destes últimos. Iludiram também eles os prazeres do teatro: deveria o público, nestas audições, ser sempre superior ao seu próprio gosto, sempre empenhado na busca de um prazer ainda maior e, no entanto, verifica-se, devido a isso mesmo, precisamente o contrário. Em virtude de

---

([119]) Parece que haveria a possibilidade de o juiz se deixar influenciar pela audiência, daí a preocupação expressa pelo Ateniense. Cf. D. M. MacDowell, *Aristophanes and Athens* (Oxford 1995) p. 12, n. 22.

([120]) Nada se sabe acerca desta lei, exceptuando-se a informação de Platão. Se assim é, não será totalmente ilegítimo afirmar que uma lei vigente na Sicília e na Itália (provavelmente nas regiões sob colonização grega) determinava a vitória do vencedor nos certames pelo maior número de aplausos, sendo Platão, *Leis*, Livro II, 659 e, a única fonte sobre esta circunstância. O facto de ter esta lei então provocado enorme polémica é confirmado pelo "grande desconforto entre os autores". Outra questão diz respeito ao valor de *nomos*: pelo contexto pode considerar-se não um costume mas, antes, um critério.

LEIS

ter a nossa discussão chegado a um ponto fundamental, é altura de vermos qual a sua real dimensão; ou, não será verdade que seria isso que justamente agora deverámos dizer?

Clínias – Como assim?

Ateniense – Pela terceira ou pela quarta vez ([121]), parece-me que a discussão voltou, à maneira de um círculo, ao seu ponto de partida: **659 d** a educação, conforme dizíamos, consiste em criar e formar a criança segundo um princípio que a lei considera justo, sendo esse mesmo princípio de justiça o principal fim das pessoas mais virtuosas e também das mais idosas (destas últimas em virtude da sua experiência). Por conseguinte, para que as almas das crianças, longe de tanto se acostumar a alegrias e a tristezas contrárias, segundo o próprio julgamento da lei ou de acordo com aquilo a que a lei persuade, possam, elas próprias, se conformar com esse tal julgamento, deverão logo se alegrar ou se afligir com aquelas coisas, com as quais os velhos assim também procedem, **659 e** com vista a esse mesmo fim. Por conseguinte, aquilo a que demos o nome de "o canto" não poderá em nenhuma outra coisa consistir senão naquelas verdadeiras cintilações e encantos da alma ([122]), concebidas segundo aquele acordo por nós referido previamente ([123]). Todavia, como as almas não podem suportar o trabalho, fale-se, então, de jogos ou de cânticos, tal como se faz com os doentes ou com aqueles que têm uma saúde débil: **660 a** as pessoas encarregadas de os alimentar ministram-lhes aquilo que é considerado

---

([121]) Trata-se de um artifício empregado pelo Ateniense para fazer voltar a discussão ao tema da educação.

([122]) São as cintilações encantatórias (adoptou-se uma perífrase na tradução) que purificam o corpo e a alma de todo o mal, cf. *Cármides*, 155 e-157 c. A palavra *epodai* sublinha aquele encantamento contínuo e envolvente produzido pelo canto, originando uma espécie de sublime concórdia entre razão e emoção.

([123]) Com efeito, eram os "encantamentos" empregados para curar enfermidades, conforme nos informa a *Odisseia*, 14.457. Sabemos que Orfeu, Pitágoras e Epiménides terão recorrido a este processo de cura. No entanto, em Platão o termo é fundamentalmente empregado em relação à sua influência na alma, vide *Fédon*, 77 e, 114 d, *Cármides*, 157 a, *Teeteto*, 157 c, *Ménon*, 80 a e *Eutidemo*, 289 c.

LIVRO II

bom para a sua saúde, servindo pratos seleccionados e bebidas agradáveis; também lhes servem aquilo que é nocivo, sob a aparência da repulsa, e isto para os habituar a bem distinguir a atracção dessa mesma repulsa. Por essa razão, recomendam os autores que o bom legislador deverá tentar persuadir aqueles a propor-se, eles próprios a si mesmos, aquele fim, para seu louvor e em conformidade com a respectiva linguagem. Além disso, se porventura a persuasão não for suficiente, deverá então ele obrigá-los a incutir nos seus ritmos aquelas figuras e nas suas melodias aquelas modulações tão próprias dos homens sábios, que são corajosos e bons em todas as coisas, conforme assim for seu desejo de compor correctamente.

660 b *Clínias* – Por Zeus! Não te parecerá agora ser precisamente assim que se compõe nas outras cidades? Com efeito, segundo o meu ponto de vista, e de acordo com aquilo que me foi dado verificar, não vejo – excepto entre nós e em Esparta – que aquilo acerca de que falas se encontre realmente concretizado na prática: na verdade, nunca cessam os homens de inventar coisas novas em matéria de dança, bem como em todos os outros domínios relativos à música; além disso, não são as leis que exigem esta mudança mas, pelo contrário, aquelas paixões desregradas, as quais, **660 c** completamente fora de si e à revelia da própria natureza (como, aliás, referes quando falas acerca do Egipto), já não são aquilo que anteriormente eram.

Ateniense – Disseste, de facto, uma grande verdade, ó Clínias. Se te dei a impressão de apresentar a regra, da qual fazes menção, como tendo realmente sido aplicada, será, nesse caso, provável que a minha falta de clareza, ao expressar o meu pensamento, seja a causa dessa tua impressão de ter eu cometido um erro. O ideal da música, cuja realização defendo com tão grande empenho, deveria ter sido por mim formulado de modo a teres, tu próprio, conseguido, a partir disso mesmo, formular a mesma ideia. Com efeito, o facto de se invectivar um determinado estado de coisas, que se venha a revelar incorrigível, nele sendo o erro intrínseco tão grande, não constitui uma tarefa muito agradável, ainda que seja de certo modo necessário. **660 d** Mas, já que partilhas comigo a mesma opinião, podemos prosseguir. Porventura pretenderás afirmar que tanto entre vós como entre os compatriotas deste nosso amigo – e nisso, aliás, muito mais do que entre todos os outros Gregos – as coisas se passam absolutamente da mesma maneira?

Clínias – Como assim?

Ateniense – Mais: se entre os outros também essas mesmas coisas se passassem do mesmo modo, poderíamos nós afirmar melhor estarem as coisas do que no momento presente?

Clínias – Constituiria isso evidentemente um grande progresso, na eventualidade de serem como realmente são quer entre nós, na Lacedemónia, quer entre vós, em Creta, muito mais podendo vir a ser, seguindo esse tal ideal a que te referias há pouco.

A união da justiça com a felicidade

Ateniense – Pois bem! Ponhamo-nos, então, logo de acordo. Não é verdade que entre vós, em tudo aquilo que é relativo à educação musical, o tema central é o seguinte: **660 e** obrigais os poetas a proclamar que todo o homem de bem, aquele que é sábio e justo, é digno de ser próspero e de merecer a felicidade, seja ele grande e forte ou pequeno e fraco ou, ainda, rico ou pobre? Além disso, ainda que tivesse sido "mais rico do que Ciniras ou Midas ([124])", se por acaso fosse injusto, seria ele infeliz e levaria uma vida miserável. Com efeito, diz o vosso poeta: "Jamais mencionarei – assim se exprime ele com tanta correcção – um homem" ([125]) que venha

---

([124]) Midas, rei da Frígia, e Ciniras, rei de Chipre, eram famosos pela sua lendária riqueza. O primeiro é referido na *República*, Livro III, 408 b. Contudo, na aulodia do *Papyrus. Oxyrhynchus*. XV. 1765 Ciniras é considerado três vezes mais rico do que Midas: "Midas era um homem afortunado, Ciniras era três vezes mais afortunado". Este passo parafraseia Tirteu, frg. 9.6 Diehl (=12.6 Bergk=9.6 Gentili-Prato=12.6 West).

([125]) Platão volta a citar Tirteu, frg. 9 Diehl (cf. Livro I, 629 a-b, *cit. supra*).

LIVRO II

a adquirir ou alcançar qualquer coisa mas que, no entanto, seja absolutamente desprovido de espírito de justiça. Tudo isso que se diz serem coisas belas e outras tantas afirma ele acerca dessa precisa situação: "atacarei o inimigo cercando-o de perto". **661 a** Todavia, se é ele porventura injusto, que nunca lhe seja então permitido coisa alguma conseguir "perante o espectáculo sangrento da chacina", nem possa ele triunfar na grande corrida com "Bóreas da Trácia" ([126]) e que, além disso, nunca consiga obter aquilo a que se chama "bens". Com efeito, aquilo a que o vulgo normalmente chama "bens" dificilmente será aquilo que o próprio nome significa: realmente diz-se que o maior deles é a saúde, a beleza, o segundo, o terceiro, a riqueza; falando-se, logo a seguir, de uma infinidade de outros bens, como, por exemplo, o facto de se ter a vista ou o ouvido apurados, **661 b** conseguindo estes sentidos captar as suas impressões mais ténues; aquela outra circunstância relativa à situação de se ser um tirano, habituado a fazer tudo aquilo que se deseja; ou aquele momento sublime de se possuir todas essas coisas sobreditas, que constitui o próprio ápice da bem-aventurança; finalmente, aquele momento que, segundo dizem, nos proporciona a possibilidade de nos tornarmos num ser imortal antes que todos os outros o possam fazer. Tanto eu como vós, conforme suponho, alegamos, pelo contrário, que todos estes dons enunciados, tão excelentes para aqueles homens justos e piedosos, se transformam em autênticos dardos punidores dos maus, logo a começar pela saúde. **661 c** Do mesmo modo, a vista, o ouvido, as sensações e, de uma maneira geral, a própria existência transformam-se geralmente nas piores calamidades, sobretudo quando, com o suceder dos tempos, se pretende alcançar a imortalidade – mesmo na eventualidade de se possuir todos aqueles bens almejados – embora completamente desprovido de qualquer espírito de justiça ou de virtude. Para um tal homem será um mal menor conseguir assim subsistir durante o tempo menos longo possível. Este tipo de lingua-

---

([126]) Trata-se do vento frio do NE que soprava da Trácia, região inóspita, a norte da Macedónia, para além do Danúbio. Bóreas era o rei dos ventos, o mais rápido e cruelmente avassalador.

LEIS

gem, por mim empregado, espero bem terdes comprendido e com ele anuido, desejando que havereis de aconselhá-lo aos poetas das vossas cidades, coagindo-os a a empregá-lo com maior frequência, adaptando-o aos ritmos e melodias para isso mais convenientes, por este modo se tornando possível formar a vossa juventude. Constituirá isto um bem? Vejamos o seguinte: **661 d** aceito plenamente serem os referidos males bens para aqueles homens injustos e, por outro lado, serem os bens dignos daqueles outros que são verdadeiramente bons; e, no entanto, males para os maus – volto, portanto, à minha questão que agora torno a referir: estaremos todos nós de acordo sobre isto ou não?

Clínias – Parece estarmos de acordo em alguns pontos mas, relativamente a outras questões, de modo nenhum.

Ateniense – Porventura não concordais comigo quanto ao facto de aquele que possui saúde, riqueza e poder outorgado pela tirania ([127]) (juntando eu neste momento, e para vos fazer ainda mais concordar comigo, **661 e** uma força e uma coragem verdadeiramente superiores, aliadas como são da imortalidade), para além daquele que é imune a esses males referidos, nele apenas existindo, todavia, a injustiça e a insolência, jamais lhe ser possível alcançar a vida feliz,e, pelo contrário, torná-lo essa vida ao sabor da fortuna num infeliz miserável ([128])?

Clínias – Com efeito, dizes uma grande verdade.

([127]) Frequentemente as noções de riqueza, *plôutos*, e de tirania, *tyrannis*, apareciam associadas: uma facultava o domínio económico para se alcançar o poder pela força geralmente "comprada", a outra garantia a eficiência da primeira. Platão e Aristóteles jamais ignoraram constituir a tirania (e podemos dizer também toda e qualquer forma de despotismo) um regime político solidamente robustecido por uma forte economia.

([128]) Cf. situação semelhante em *Górgias*, 494 e-495 a; no entanto, Clínias encontra-se perante uma das principais teses do socratismo: praticar a injustiça é pior do que sofrer com ela.

LIVRO II

Ateniense – Bem! Que deveremos agora dizer? Se um homem corajoso, robusto, belo, rico, que consegue sempre realizar todos os seus desejos durante a vida, **662 a** se revelasse ser realmente injusto e torpe, porventura não acharíeis levar ele uma vida vergonhosa ([129])? Se assim não fosse, não haveríeis vós de pelo menos convir no facto de ser ele vergonhoso?

Clínias – Certamente.

Ateniense – E ainda de ser mau?

Clínias – Quanto a isso, já será menos fácil.

Ateniense – Mais: que isso não é somente desagradável como nunca porporcionará ao indivíduo vantagem alguma. Não será assim?

Clínias – Será possível conceder-te ainda isso?

Ateniense – Como? Aparentemente seria necessário, meus caros amigos, que um deus pudesse nos ter outorgado este mesmo acordo: **662 b** é que, no que diz respeito a este ponto, encontram-se as nossas vozes em clara dissonância. Quanto a mim, parece-me ser isso tão necessário, meu caro Clínias, e simultaneamente tão pouco claro como o facto de ser Creta "realmente" uma ilha. Além do mais, na eventualidade de ter sido eu o legislador, neste preciso sentido haveria eu de obrigar os poetas a exprimirem-se como poetas, bem como todos os cidadãos, infligindo o mais violento castigo sempre que alguém, **662 c** neste mesmo país, ousasse declarar existirem em certas ocasiões homens perversos vivendo agradavelmente ou, então, que certas coisas são não só vantajosas

---

([129]) No original grego *hybristês* e *aiskhrós*, qualidades negativas que tornam a vida do homem vil e desprezível, arredam o espírito de justiça e constituem o epítome do mal tanto no indivíduo como na cidade. Cf. semelhante discussão em *Górgias*, 474 e, *República*, 392 b. Por conseguinte, temos uma gradação entre *aiskhros, athlios, aniaros* e finalmente *kakos*.

147

LEIS

como também lucrativas enquanto que, pelo contrário, outras são simplesmente justas. No que diz respeito a outros tantos tópicos – em detrimento, aliás, das actuais aspirações tanto de Cretenses como de Lacedemónios, conforme se torna evidente que assim seja – bem como em relação a todos os outros homens, deverei, nessa instância, tentar persuadir os meus concidadãos a declarar o oposto. Por Zeus e por Apolo! ([130]) Vejamos, ó homens tão excelentes, o que aconteceria caso perguntássemos a estes mesmos deuses, eles que concederam as vossas próprias leis([131]), o seguinte: **662 d** "Será a vida por isso mais justa ou, antes, existirão dois tipos de vida: um, o mais agradável, e o outro, o mais justo ([132])?" Se por acaso eles tivessem respondido que existem dois, teríamos eventualmente – a fim de nos ser possível prosseguir com as nossas questões de uma maneira razoável – de perguntar ainda: "Que género de homem será necessário considerar como o mais bafejado pelos deuses: aquele que teve a vida mais justa ou, pelo contrário, aquele outro que se pautou por um género de vida mais agradável?" Na circunstância de nos responderem "aqueles que tiveram a vida mais agradável", tal constituiria uma resposta algo estranha, especialmente quando vinda da sua parte. **662 e** Todavia, não desejo envolver os deuses em questões como esta. Atribua-se isso, antes, aos pais e aos legisladores. Sim! Suponhamos, então, que as questões precedentes tinham sido colocadas a um determinado pai, ou, então, a um legislador, e que ele, por sua vez, tinha respondido ser mais feliz aquele que leva uma vida mais agradável, logo eu lhe redarguindo: "Pai, não desejarás tu para mim uma existência que seja a mais abençoada pelos deuses? E, se assim é, porventura cessarás tu de me exortar a viver da maneira mais justa possível?" Por conseguinte, tanto o pai como o legislador, tivessem eles próprios se pronunciado neste sentido, sentir-se-iam, conforme julgo,

---

([130]) Tanto Zeus como Apolo aparecem citados a representar os seus respectivos oráculos, Dodona e Delfos.

([131]) Cf. Livro I, 633 a e 634 a.

([132]) Aqui *eudaimôn* introduz uma noção nova. Este termo não significa somente "feliz" (se assim fosse, aproximar-se-ia da noção de *hêdys*); o termo significa fundamentalmente "abençoado pelo céu", *i.e.*, "abençoado pelos deuses".

LIVRO II

estranhamente impotentes sempre que tentassem permanecer de acordo consigo mesmos. Por outro lado, na eventualidade de um deles declarar ser a vida mais justa precisamente aquela que é a mais repleta de coisas abençoadas pelos deuses, **663 a** creio que qualquer um, que isto pudesse ouvir, logo indagaria acerca do bem e do belo, superiores ao próprio prazer, que a lei claramente necessita de encontrar na vida justa de cada um de nós, a fim de tecer o seu merecido elogio. E, com efeito, qual será esse bem que o homem justo deverá almejar, na condição de ele próprio não se deixar contaminar pelo prazer? Pelo nome dos deuses e do homem! Serão, nesse caso, a glória e os formosos encómios que são bons, ainda que desagradáveis, verificando-se, quanto à notariedade, o oposto, com especial ênfase para a ignomínia? "De modo nenhum, caro legislador": responderemos nós. Mais: não fazer mal a uma pessoa, não ser vítima de injustiça alguma será belo e bom mas desagradável; sendo o contrário inversamente agradável mas mau e vergonhoso?

Clínias – Isso é completamente impossível.

Ateniense – Por conseguinte, aquele raciocínio que não consegue distinguir aquilo que é agradável daquilo que é justo, assim como **663 b** daquilo que é o bem ou daquilo que é o belo dos seus e dos seus opostos, possui – para resumir tudo isso numa só coisa – a virtude persuasiva de conseguir pelo menos atrair adeptos para aquela modalidade de vida que é abençoada e justa, de modo a ser, do ponto de vista do legislador, o mais vergonhoso de todos os raciocínios, sendo o pior de todos os inimigos esse tal que defende precisamente o contrário. Na verdade, ninguém aceitará docilmente adoptar o partido que nunca será capaz de proporcionar alegria alguma para além do sofrimento. Podemos mesmo afirmar que aquilo que avistamos ao longe nos provoca vertigens, tal se verificando especialmente com as crianças. O legislador, porém, terá a tarefa de corrigir esta perversão inerente a este julgamento pela supressão desse carácter obscuro, **663 c** tentando, com esse intuito, persuadir as pessoas, por intermédio de certos hábitos e de deter-

LEIS

minados exercícios de raciocínio, particularmente acerca da circunstância de se encontrarem o justo e o injusto numa situação falaciosa devido a certos sombreados, que dão uma ilusão de perspectiva. Esta situação verifica-se em virtude de o injusto, enquanto em oposição ao justo, parecer ser agradável a quem o considera do ponto de vista do eu que é mau e injusto enquanto que, pelo contrário, a justiça será sobretudo agradável quando encarada do ponto de vista do eu que é justo; em todo o caso, em ambas as situações o indivíduo poderá julgar o inverso.

Clínias – Assim parece.

Ateniense – Todavia, em relação e estes dois referidos pontos de vista, na sua respectiva relação com a verdade ([133]), qual deles consideraremos nós o melhor fundamentado: aquele correspondente à alma menos boa ou aquele outro relativo à alma melhor?

663 d *Clínias* – Necessariamente aquele relativo à alma melhor.

Ateniense – Por conseguinte, a vida injusta não será automaticamente apenas mais vergonhosa ou, então, mais penosa do que a vida justa e bem-aventurada mas também do que esta muito menos agradável.

Clínias – Parece-me, meu caro amigo, que devemos por agora prosseguir com este nosso raciocínio, cuja conclusão acabámos de formular ([134]).

([133]) Em relação ao termo *alêtheia*, devemos sublinhar que ela está dependente de *kriseôs* (em genitivo), daqui resultando a circunstância de a verdade tornar implícito "um juízo de verdade". Por conseguinte o sentido implícito e subentendido será o seguinte: *que julgamente relativo à verdade gozará de maior autoridade*.

([134]) Este longo passo, 663 d-e, evidencia o desejo de Clínias de Creta em ir mais longe na discussão, a qual é superiormente conduzida pelo Ateniense, reforçando este último o seu argumento com alguns expedientes, entre os quais deverá ser salientado o recurso a um discurso hipotético baseado numa postura conjectural.

150

LIVRO II

Ateniense – Mas, um legislador – ainda que indigno desse nome, para além da contingência de não ser acerca destas coisas, a isso relativas, que o julgamento teria obviamente de ser por ele assim demonstrado – não teria ele porventura agido de maneira tão vergonhosa mas, antes, mais útil (e desta vez ainda muito mais do que em qualquer outra situação), ao ter tido a audácia de mentir aos jovens no interesse do seu próprio bem, **663 e** constituindo este mesmo procedimento o modo mais eficaz para conseguir que todos possam, por isso, compreender aquilo que é realmente justo, pelo recurso a um processo que não revele ser compulsivo mas, antes, livre ([135])?

Clínias – Isso é uma grande e bela verdade, ó estrangeiro. Contudo, não me parece que seja ela imediatamente evidente.

Ateniense – De modo nenhum o é. Logo, aquela fábula chamada do Sidoniense ([136]), ainda que pouco credível, merece todo o nosso crédito, o mesmo se aplicando a outras tantas estórias.

([135]) Cf. *República*, Livro II, 382 c-d, III, 389 b, 414 b-c. Este passo é fundamental para se entender o famoso argumento da "mentira útil ou proveitosa" em Platão, constituinto um dos motivos por que desfere K. Popper o seu ataque visceral a Platão, vide *The Open Society and its Enemies. I. The Spell of Plato*, 6th ed. (London 1966). Com efeito este passo é referido por Popper como evidência da posição de Platão – aliás, bastante controversa – de aconselhar, sempre que se trate do bem da cidade, de utilizar a mentira, constituindo este aspecto aquilo que é denominado por aquele como "*lying propaganda*", uma forma da classe dominante predominar, sendo este estratagema, por sua vez, uma forma de racismo, o tão discutido "*racialism*" de Popper (que não é senão o modo de a classe dominante – a qual é fundamentalmente uma casta – governar "eugenicamente" a cidade), vide *op. cit sup.*, pp.142-3, 183-4 331 e336 *et sq*. Esta crítica de Popper mereceu a resposta de R.B. Levinson, *In Defense of Plato* (Cambridge Mass. 1953), vide esp. pp. 434 *et sq*. O passo em grego é o seguinte: *eiper ti kai allo etolmêsen an ep´agathôi pseudesthai pros tous veous*, *i.e.*, "no interesse da juventude e em prol do bem será aconselhével e até conveniente mentir" – uma postura que se torna para Platão, e até para Sócrates, altamente comprometedora; agravando-se a questão ainda mais com a impossibilidade de se interpretar *pseudesthai* no sentido de "omitir a verdade".

([136]) A fábula do Sidoniense é a lenda da fundação de Tebas por Cadmo, já anteriormente referida, vide Livro I, 641 c, sendo na *República*, Livro III, 414 c,

LEIS

Clínias – Tantas, como assim?

Ateniense – Essa tal história de terem os dentes aí se encontrado já semeados, deles tendo posteriormente nascido a raça dos hoplitas. Constitui esta fábula um exemplo magnífico a confirmar o poder que pode ser eventualmente exercido pelo legislador, **664 a** quando tenta incutir nos jovens o desejo de fazer aquilo que ele próprio antes decidira fosse futuramente realizado, de tal modo que a única coisa, para ele destinada a ser procurada e a ser alcançada, será precisamente saber aquilo em que a cidade inteira acreditaria, *i.e.*, vir ele a ser para ela o mais útil de todos. Descortina--se, então, um método – seja ele específico ou não, isso não importa – para garantir que uma comunidade ([137]) como esta nunca deixe de expressar a sua opinião acerca deste propósito, consoante tal lhe for possível, na via de se formar uma única opinião, durante toda a sua existência enquanto tal: nos seus cânticos, nas suas lendas, nos seus discursos. Por outro lado, se subscreveis um ponto de vista diferente, nada vos impedirá de exprimir as vossas dúvidas.

664 b *Clínias* – Não creio que algum de nós, ao levantar certas dúvidas, possa contrariar este princípio enunciado.

Os três géneros de coro

Ateniense – Por conseguinte, deverei imediatamente prosseguir com a minha exposição. Pretendo eu que todos os coros, os quais

---

considerada uma lenda pertencente à tradição fenícia. Acrescente-se, aliás, que o grego poderá ser um pouco equívoco, levando a uma interpretação incorrecta deste passo: Platão não terá certamente falado acerca desta "estória", *i.e.*, fábula (e não história), tal qual teria ela sido contada por um Sidoniense ou por um tal Sidónio. Confrontando este passo com *República*, 414 c, imediatamente o sentido *to Sydónion mythologêma* se torna claro: consiste apenas numa outra forma, à maneira de provérbio, do *pseudos* ou *pseusma Phoinikikon* (vide Fócio, *Biblioteca*, *s.v. Phoinikon*).

([137]) Aqui é *synoikia*, que substitui o termo *polis*; sendo particularmente evidente que a frase é de certo modo uma paráfrase de *polis*. Por conseguinte, aquela "voz universal" da cidade será aquilo que denominamos "opinião pública".

LIVRO II

são de três géneros, devam dirigir as suas preces àquelas almas das crianças de tão tenra idade e tão ternas, para além de considerar os outros discursos de grande beleza – tanto aqueles por nós apresentados anteriormente como aqueles outros que ainda apresentaremos – sublinhando, contudo, o seguinte ponto essencial: no julgamento dos deuses – questão na qual tornaremos a insistir – o género de vida mais agradável corresponde sempre àquele que é o melhor, **664 c** por isso a verdade mais sublime será também a melhor. Por essa razão, deveremos nós tentar persuadir todos aqueles que acerca disso se deixem de livre vontade por nós persuadir (preferindo nós sobretudo nos exprimir desta maneira).

Clínias – Que, então, se subscreva aquilo que afirmas.

Ateniense – E primeiro lugar, o coro formado pelas crianças e consagrado às Musas bem poderá ser o primeiro no louvor público que a cidade presta aos deuses, sempre celebrado com a maior solenidade. Seguidamente, vem aquele outro, formado pelos indivíduos com menos de trinta anos, com a incumbência de invocar o deus Apolo Péan ([138]): deverá tomar a verdade por testemunha destes princípios e reclamar para os jovens o favor do deus e o poder de persuasão. **664 d** Será ainda necessário que, em terceiro lugar, os homens com idade entre os trinta e os sessenta anos formem o seu próprio coro para entoar cânticos. Por fim, aqueles com mais de sessenta anos, não sendo consequentemente já capazes de suportar o esforço suplementar de cantar, ficarão responsáveis

---

([138]) Cf. *Crítias*, 108 c. O péan era o cântico em honra de Apolo, por essa razão tomava este o epíteto Péan, *i.e.:* "deus da cura". Na verdade Péan era um epíteto ritual de Apolo; apesar de na *Ilíada*, 5.401, *ibid.*, 898 e 900 com o escólio respectivo, e de na *Odisseia*, esp. 4.231 e 232 com escólio respectivo, aparecer uma divindade autónoma de nome Péan, cf. Hesíodo, frg. 139 West-Merkelbach, Sólon, frg. 3 Diehl. Esta divindade trata dos feridos, curando-os com plantas medicinais. Talvez na época arcaica tenha o seu culto sido absorvido pelo culto de Apolo Pítio em Delfos; sendo simultaneamente suplantado pelo culto de Asclépio. Além disso, acrescente-se ainda a cirunstância de Ian Rutherford, *Pindar's Paeans* (Oxford 2001), p. 63, chamar a atenção para o facto de neste passo Platão contextualizar a ideia de *paian* numa conjuntura nitidamente social.

LEIS

por contar as velhas fábulas inspiradas na virtude ancestral dos antepassados.

Clínias – Mas, o que entendes tu, ó estrangeiro amigo, por este terceiro tipo de coro? Com efeito, não consigo entender claramente aquilo que com isso pretendes dizer.

Ateniense – E, no entanto, foi precisamente sobre isso que versou grande parte da discussão precedente.

664 e *Clínias* – Ainda não nos encontramos esclarecidos acerca desse ponto. Trata, pois, de nos falar com maior clareza.

Ateniense – Com certeza que vos recordareis de termos dito serem todos os jovens ardentes e naturalmente incapazes de manter o corpo ou a voz em repouso, apreciando, pelo contrário, gritar e mover-se continuamente aos saltos, tudo isto sem ordem alguma. Além disso, este sentido da ordem escapa por completo à totalidade dos outros seres vivos, sendo a espécie humana a única a possuir esta faculdade. Esta ordem relativa ao movimento chama-se ritmo **665 a** enquanto que aquela outra relativa à voz, harmonia, com especial referência àqueles momentos em que os cambiantes de som grave e os de som agudo se misturam, tomando o nome de coro. Os deuses, conforme afirmámos, na sua piedade para connosco, concederam-nos isso precisamente, em especial Apolo e as Musas, para que nos fosse possível partilhar e dirigir os coros, para além de, em terceiro lugar, ter Dioniso[139] sido enviado para nos assistir, conforme estais bem lembrados[140].

Clínias – Como poderemos esquecê-lo?

---

[139] O deus Dioniso concede aos homens de idade um estímulo fulgurante de energia e de actividade, que funcionam como uma espécie de suplemento ideal para o exercício do corpo e do espírito. Este coro será denominado *Coro de Dioniso*.

[140] Cf. *supra* 664 e e ainda o início do Livro II, 653 d-654 a.

LIVRO II

665 b *Ateniense* – O coro consagrado a Apolo, assim como o das Musas, foram já mencionados, restando-nos apenas o terceiro coro, o qual urge obviamente consagrar a Dioniso.

O coro dos homens de idade

Clínias – Como assim? Será melhor que te expliques, já que, ao te ouvir sem preparação alguma, consiste este facto, de um coro assim consagrado a Dioniso ser formado por homens de certa idade, em algo deveras estranho, a isso se acrescente ainda a eventualidade de estes mesmos homens serem de idade superior a trinta anos, ou mesmo superior a cinquenta, indo pelo menos até aos sessenta, e de formarem, portanto, um coro em honra deste deus.

Ateniense – De facto, tens toda a razão. Penso, por isso, ser pertinente apresentar alguma justificação a fim de ser esta exposição plenamente aceite.

Clínias – Como?

Ateniense – Estaremos todos de acordo acerca dos pontos precedentemente discutidos?

665 c *Clínias* – A que pontos te referes e em quê?

Ateniense – Sobre o dever – que a todos se impõe: a adultos, a crianças, a homens livres, a escravos, a homens e a mulheres, numa palavra: a toda a cidade – de a cidade, ela própria, sempre se deleitar consigo mesma naqueles princípios por nós há pouco enunciados ([141]); diversificando-os por todos os meios à sua disposição, de uma maneira constante e com a finalidade de assim se gerar uma grande diversidade, justamente proporcionada por ela mesma, sendo de tal modo abundante que os cantores, tão supremamente ciosos dos seus livros, possam nisso encontrar prazer.

([141]) Cf. *supra* 659 e 664 b.

Clínias – Poderemos vez alguma discordar desse procedimento?

665 d *Ateniense* – E, todavia, poderá este escol formado pela cidade, cuja idade e sabedoria tornam os concidadãos ainda mais persuasivos, indicar-nos aquilo que de mais belo nisso existe, de modo a poder um bem ainda maior ser alcançado? Se assim não for, não incorreremos nós na loucura negligente, ao permitir que nos escapem aqueles que entoam os cânticos mais belos e que, por isso, nos são mais úteis?

Clínias – Atendendo àquilo que acabámos de concluir, nunca nos será possível a isso renunciar.

Ateniense – Qual será, então, o método mais conveniente? Vejamos, pois, este que agora segue.

Clínias – Qual?

665 e *Ateniense* – Segundo julgo, quem é assolado ao cantar pela dúvida inquietante, quando começa a envelhecer, nisso encontrando menos prazer, para além da circunstância de se ver a isso forçado, teria provavelmente o direito de protestar, sendo esse protesto mais ou menos veemente consoante a idade mais ou menos avançada e o carácter mais ou menos reservado. Não é verdade que assim seria?

Clínias – Absolutamente de acordo.

Ateniense – E, além disso, se fosse necessário também cantar no teatro, perante indivíduos dos géneros mais diversos, ali permanecendo de pé, porventura não protestaria ele ainda mais? Claramente muito mais, na eventualidade de se verem estes homens constrangidos nesta idade a cantar numa situação como esta, à maneira daqueles coros que disputam a vitória entre si, extenuados devido ao jejum e aos exercícios de vocalização. Enfim, cantar

LIVRO II

assim não corresponderia por acaso à pior humilhação ([142]), tão desagradável e levando a nisso totalmente exaurir o seu entusiasmo?

666 a *Clínias* – Sim, aquilo que dizes é absolutamente correcto.

Ateniense – Por conseguinte, como poderemos nós encorajá--los a evidenciar algum entusiasmo pelo canto? Não será verdade que a primeira lei, a ser por nós logo promulgada, seria justamente aquela relativa à total abstenção de vinho nas crianças até aos dezoito anos, ensinando-lhes que de modo nenhum é necessário, tanto em relação ao corpo como à alma, tomar o fogo pelo fogo, antes que tenham podido iniciar-se naqueles trabalhos, para além de deverem proteger-se das paixões violentas, tão características da sua juventude? Seguidamente, aconselharemos a que se tome moderadamente o vinho, pelo menos até aos trinta, **666 b** devendo, contudo, os jovens completamente se abster de cometer excessos e a evitar o estado de embriaguez. Depois de completar os quarenta anos, tomará o indivíduo parte nas celebrações e nas refeições em comum ([143]); nelas sendo os deuses invocados, particularmente Dioniso ([144]), naquilo que é considerado o mistério e a recreação da idade. O vinho consagrado foi outorgado aos homens para socorrer, e de algum modo remediar, a decrepitude da velhice, podendo nós consequentemente tornar a viver a nossa própria juventude e a nossa alma, outrora endurecida, esquecer aquela tristeza tão sua **666 c**, à maneira do ferro que, quando passa pelo fogo, se torna mais maleável e muito mais dúctil. Nestas circunstâncias, não é

([142]) Esta noção de "humilhação" é desenvolvida pelo Ateniense; tendo sido já referida no passo imediatamente precedente, por intermédio de um emprego em *crescendo* dos termos *aiskhynê* e seus cognatos, reforçado pelo emprego conjunto de *anankê* e derivados, indicando uma sugestiva relação, a qual gradualmente se aprofunda, entre "necessidade" e "vergonha"; a tudo isto se juntando a noção de *prothymia*, a qual poder-se-á definir como um "entusiasmo ridiculamente asténico".

([143]) Referência às sissitias, banquetes públicos em comum, vide Livro I, 625 e.

([144]) Dioniso era o deus "convidado de honra" nestes banquetes, por essa razão sendo sempre efusivamente saudado com ritos propiciatórios, sentido este expressado pelo verbo *parakalein*. Cf. *Epinomis*, 992 e.

LEIS

verdade que cada um logo concordará, com um empenho ainda maior e certamente menos embaraço perante a vergonha, em interpretar as suas próprias canções de encantar ([145]), tanto perante uma numerosa audiência como perante um número restrito de pessoas, especialmente quando estas são os seus amigos mais íntimos; sempre procedendo deste modo, de preferência a ter de actuar perante estrangeiros, conforme frisámos tantas vezes?

Clínias – Realmente fa-lo-á ele muito mais facilmente.

Ateniense – Então, se assim é, e para que sejam levados a nos apresentar os seus cânticos, **666 d** não deverá este método ser preterido?

Clínias – Sem qualquer dúvida.

Ateniense – Não obstante, qual o aspecto e qual o tipo de música que deverão esses homens nos fazer ouvir? Não será necessário que ele corresponda rigorosamente ao seu carácter peculiar?

Clínias – Como poderia deixar de o ser?

Ateniense – Qual será, por conseguinte, esse género que melhor convirá àqueles homens que são divinos? Não será aquele género justamente executado pelos coros?

Clínias – Em todo o caso, caro estrangeiro, o único cântico que somos, tanto nós como eles, capazes de cantar é precisamente aquele que aprendemos quando nos habituámos a cantar nos coros.

Ateniense – Naturalmente que assim é: na realidade, ainda não chegaste tu àquele **666 e** canto que é o mais belo de todos. A questão reside na situação de preferirdes vos governar à maneira de um exército estacionado em campanha, absolutamente in-

---

([145]) Cf. *supra* 659 e, 664 b, 665 c.

LIVRO II

compatível com aquela maneira de viver daqueles que habitam as cidades. De acordo com isso, os vossos jovens soldados são mantidos como uma pequena manada de potros a pastar nos campos verdejantes([146]). Quanto a vós, nenhum presta atenção àquele que lhe pertence, mas, logo o procura entre os companheiros, ainda que se rebele e mostre alguma resistência. Confia, depois, a sua guarda a um palafreneiro particular e educa-o, então, recorrendo à ameaça de castigos ou ao engodo da recompensa. Por fim, esta educação assim ministrada deverá providenciar-lhe a **667 a** capacidade almejada para se tornar bom soldado e administrador competente da comunidade política em que vive. Um jovem assim formado, conforme já dissemos no início desta discussão, será certamente o melhor guerreiro de todos aqueles que foram por Tirteu tão célebrados, porque honra a coragem como quarta possessão da virtude, como é realmente – e não como primeira – tal valendo tanto para o indivíduo particular como para a cidade inteira.

Clínias – Se não estou enganado, caro amigo, estás novamente a ser demasiado severo com os nossos legisladores([147]).

Ateniense – Se porventura estou a sê-lo, não é intencional. Todavia, de acordo com a nossa discussão, deveremos tomar este rumo agora delineado, caso seja do vosso agrado. Na eventualidade([148]) de realmente dispormos de uma modalidade de música **667 b** muito mais bela do que aquela dos coros ou aquela das representações públicas no teatro, tentemos concedê-la àqueles que cremos tanto se envergonharem com esta última, ainda que procurem o benefício de partilhar a mais bela de todas.

Clínias – Sem dúvida.

([146]) Tata-se de uma imagem de natureza militar, seguindo-se uma outra de natureza cinegética, a qual é tomada a Píndaro, frg. 152 Snell. É geralmente considerada um *hapax* platónico.

([147]) Cf. *supra* Livro I, 630 c-d.

([148]) O texto permitiria a tradução "na hipótese de ...", contudo, tal forma de expressão é própria do discurso aristotélico.

LEIS

Prazer e rectidão

Ateniense – O ponto mais importante consiste na circunstância de tudo aquilo, que possui uma certa qualidade atractiva, a qual lhe é inerente, deverá consistir no seguinte: esta atracção ou será essencialmente, ela própria em si mesma, o fundamento ou, então, apenas consistirá numa determinada rectidão ou, finalmente, coincidirá ela, em si mesma, com a própria utilidade. Isto torna-se evidente quando afirmo, por exemplo, que o acto de comer, de beber ou, de uma maneira geral, todo o acto de se alimentar é geralmente acompanhado por uma sensação agradável (que é, afinal, essa qualidade atractiva) que podemos denominar prazer. **667 c** Por outro lado, naquilo que diz respeito à rectidão ou à utilidade, todas as vezes que assim nos expressamos ao referirmo-nos à alimentação salutar e agradável, consistirá isso precisamente naquilo que apenas denominamos rectidão ([149]).

Clínias – Absolutamente.

Ateniense – Ora, o estudo tem também como finalidade a atracção e o prazer. Todavia, em relação à rectidão e à utilidade que lhes são inerentes, tudo aquilo que de bom e de belo lhe advém, e nela passa a existir, tem a sua fonte na verdade.

Clínias – Isso precisamente.

Ateniense – E quanto à função específica de produzir a semelhança, isto é, relativamente às artes da imitação: não é verdade que, **667 d** na eventualidade de atingirem esta mesma finalidade, será apropriado dizer que o prazer daí resultante é alcançado por compensação e que, se realmente aí existe algum, mais há-de merecer nestas artes o nome de atracção?

([149]) No grego *to orthotaton*, forma neutra substantivada de superlativo absoluto sintético do adjectivo *orthos,-ê,-on*, correspondente do adjectivo, em latim, *rectus*. O significado é neste caso metafórico: rectidão no sentido moral enquanto sinónimo de "qualidade daquilo que é conforme à equidade", correspondendo ao conceito latino tardio de *rectitudo*.

Clínias – Sim, certamente.

Ateniense – Aquela rectidão, porém, tão peculiar a estas artes provirá, conforme suponho o seja de uma maneira geral, daquela correspondência exacta, que se verifica na relação existente entre a quantidade e a qualidade, e não daquela que directamente dimana do prazer.

Clínias – Perfeitamente.

Ateniense – Por conseguinte, o prazer nunca poderá constituir o critério legítimo de coisa alguma, a não ser daquilo **667 e** que tanto dispensa a utilidade como ignora a própria verdade, sem se preocupar com a semelhança alguma, tal podendo constituir um prazer de modo nenhum prejudicial. Por outro lado, já que não existe qualquer outra justificação para o seu carácter, que normalmente se adapta aos outros, poderemos designar a atracção pelo nome de prazer, sempre que não se misture com nenhum dos outros elementos, não é verdade?

Clínias – Por conseguinte, apenas te referes àquele prazer que é inofensivo.

Ateniense – Sim, sem dúvida. Além disso, também o concebo à maneira de um jogo, na condição de não implicar quaisquer inconvenientes ou vantagens, sublinhando, contudo, ainda a necessidade de que se fale seriamente acerca destes.

Clínias – Realmente, dizes uma grande verdade.

Ateniense – Portanto, será possível afirmar, a partir do que concluímos, que jamais imitação alguma poderá **668 a** ser julgada em função do critério do prazer, ou segundo a falsa opinião; o mesmo valendo para a representação da igualdade. Com efeito, não será devido ao facto de se aprovar uma coisa ou de uma coisa agradar que o igual poderá permanecer igual a si mesmo, valendo

LEIS

a mesma observação para aquilo que é proporcionado em relação a si mesmo. Não será, por conseguinte, o verdadeiro a fundamentar o critério na sua própria acuidade e não outra coisa qualquer?

Clínias – Assim parece efectivamente.

Ateniense – Ora, não dizíamos nós que toda a música é representação e imitação ([150])?

Clínias – Sim.

Ateniense – Na circunstância de se pretender que a música seja sempre avaliada segundo o critério do prazer, este mesmo por ela justamente proporcionado, de modo algum será necessária uma asserção como esta nem a afirmação de possuir a música, por outro lado, **668 b** um carácter sério determinado, na eventualidade de não existir qualquer outro género alternativo (se porventua alguma vez existiu); apenas havendo a sublinhar a circunstância de ter ela atingido o nível de similitude com o seu modelo, o belo.

Clínias – Absolutamente.

Ateniense – Além disso, todos aqueles que buscam o cântico mais belo, deverão também procurar, conforme se nos afigura, não a música que é agradável mas, antes, aquela que é correcta – é que aquilo que era fonte de rectidão na imitação, conforme dizíamos, consistia realmente em algo de original justamente produzido segundo a forma e o carácter específico do modelo.

Clínias – Sem dúvida alguma.

Ateniense – Ora, quando se trata de música, todas as pessoas concordarão com o facto de a totalidade das composições musicais

---

([150]) Na verdade, temos aqui dois conceitos fundamentais em Platão, que importa distinguir e precisar: em primeiro lugar, a noção de "representação", *eikasia* (correspondendo a uma postura *in abstracto*), e, em segundo, a noção de "imitação", *mimêsis* (correspondendo, neste caso, a uma postura *in concreto*).

668 c serem imitações ou representações. Não é verdade que isso poderá fazer vingar o acordo unânime de todos os compositores, de todos os actores e de todos os auditores, de maneira mais satisfatória?

Clínias – Certamente.

A essência, a rectidão e a beleza moral

Ateniense – Por conseguinte, naquilo que a cada uma destas composições ([151]) diz respeito, parece ser necessário que se veja em que consiste cada uma, caso nós próprios desejemos evitar algum equívoco acerca dessa questão. Realmente, se porventura não é conhecida a essência de cada uma, aquilo que ela exprime, que bem pode ser o modelo original daquilo que reproduz através da imagem, ainda menos nos será possível discernir, não havendo a certeza de a obra alcançar realmente o seu fim almejado ou, pelo contrário, o falhar.

Clínias – Naturalmente, nenhum.

668 d *Ateniense* – Além disso, na eventualidade de esta mesma rectidão ser ignorada, não é verdade que se nos tornará impossível julgar acerca daquela qualidade moral intrínseca à própria obra que é boa ou à aquela outra que, por outro lado, é má? Todavia, isto não é absolutamente claro; no entanto, talvez se torne, caso me exprima nestes termos.

Clínias – Como assim?

Ateniense – Pretendo dizer: a nossa vista depara-se, conforme julgo, com uma infinidade de representações.

([151]) A tradução "composições" (no original grego temos o vocábulo *poemata* em genitivo plural) é empregada no sentido de "composições musicais", já que entre os Gregos antigos poesia e música eram indissociáveis.

LEIS

Clínias – Concordo contigo.

Ateniense – Que poderá acontecer – e, aliás, com isso mesmo ainda estando isto relacionado – na circunstância de igualmente se ignorar a essência de cada um dos objectos representados por intermédio da imitação? Será que poderíamos vez alguma conhecer aquilo que neles se encontra correctamente concebido? **668 e** Com isto pretendo, por exemplo, dizer o seguinte: na eventualidade de aí se verificar não apenas a projecção do corpo como ainda a das suas diferentes partes, quais serão, por conseguinte, as proporções e a disposição dessas partes componentes numa relação de mútua adjacência, de modo a poderem receber o lugar mais conveniente? Além disso, também pretendo colocar uma outra questão relativa à real existência das cores, às atitudes pretendidas ou, por outro lado, à possibilidade de tudo isso não passar de uma miscelânea caótica: qual delas te parece ter a capacidade do discernimento mais conveniente, quando, ao invés, ignora completamente a própria essência desse ser que é pela arte imitado?

Clínias – E como poderia deixar assim de o ser?

Ateniense – E, na eventualidade de se reconhecer, que a figura, pintada ou esculpida, é afinal um ser humano, tendo a arte assimilado e representado todas as partes componentes, bem como todas as cores e posturas ([152]); **669 a** como poderá, quem aceita isto como um dado adquirido, imediatamente reconhecer – seguindo a ordem acima referida – se porventura a obra é bela ou se, pelo contrário, é imperfeita, algo escapando à própria beleza nesta circunstância?

Clínias – Nesse caso, caro estrangeiro, poderíamos todos ser juízes de toda a beleza representada.

([152]) Cf. *Filebo*, 38 c-d e ainda 65 a: uma estátua de um pastor parece ser, ao longe, um ser humano numa postura de descanso. A figura pintada ou esculpida é analisada em relação à beleza, à justa proporção e ao critério de verdade: o homem real, enquanto ser humano, encontra-se assim perante o ideal. Aquele que é representado pelo retrato ou representado pela estátua, não passam de exemplos de "representação por imitação".

164

LIVRO II

Ateniense – Tens toda a razão. Não é verdade – naquilo que, de uma maneira geral, diz respeito a cada uma destas representações em pintura, em música ou, enfim, em qualquer outro género – que aquele que deseja ser um juiz sensato deverá, por conseguinte, satisfazer os três requisitos seguintes: **669 b** imediatamente conhecer a natureza do objecto em questão; tentar, depois, saber em que medida é correcta a imitação referida; em terceiro lugar, ver qual o valor de excelência inerente às imagens([153]), reproduzidas por meio de palavras, através de uma melodia ou segundo um ritmo determinado?

Clínias – À primeira vista, assim parece.

Ateniense – Então, nesse caso, nunca deveremos nós renunciar a enfrentar aquela dificuldade que a música justamente nos coloca: em virtude de falar tanto acerca de si mesma – muito mais isto se verificando em relação a ela do que com qualquer outra forma de arte de imitação – situar-se-á ela, então, entre aquelas coisas que, por esse mesmo motivo, suscitam maior circunspecção. Com efeito, nesse domínio seria o erro sobretudo funesto, **669 c** originando uma disposição malévola, consequentemente tornando-se mais difícil de ser captada, já que os nossos compositores, quanto à arte de compor, se encontram bem longe de poder rivalizar com as Musas. Na verdade, de modo algum poderiam eles cometer a oudadia de conceder às palavras dos homens o matiz e a melodia que mais às mulheres haveriam de convir; ou, por outro lado, poderiam ainda adoptar, nas suas composições melódicas ou até nos jogos de cena – compostos, aliás, por homens livres – aqueles ritmos próprios de escravos ou aqueles outros tão característicos de gente desprovida

---

([153]) Estão assim formulados os três requisitos fundamentais: em primeiro lugar, a essência (equivalendo em grego à expressão *ho te esti gignôskein*), com a delimitação do domínio da gnoseologia; em segundo, a rectidão (equivalendo à expressão *epeita hôs orthôs*), que corresponde ao domínio da estética; finalmente, em terceiro lugar, o valor moral da sua beleza (nesta última instância temos a expressão *epeith´ôs eu ...hêtisoun*), dando lugar ao campo da ética. Por conseguinte, Platão mais uma vez estabelece os três grandes domínios: a gnoseologia, a estética e a ética.

LEIS

de espírito de liberdade; ou, finalmente, poderiam apresentar, assumindo o ritmo e a postura coreográfica do homem livre, um texto ou uma melodia contrários ao que é habitual. **669 d** Acrescente-se, também, o facto de não irem eles juntar numa mesma obra os urros das feras com as vozes humanas ou, ainda, os sons dos instrumentos com aqueles outras tonalidades mescladas, independentemente do seu tipo: é que realmente tudo isso só poderá redundar na execução de uma única coisa ([154]). No entanto, as vozes humanas dos compositores, ao entoar em coro todos estes elementos, fundindo-os numa composição compósita, certamente suscitariam o riso daqueles acerca de quem diz Orfeu ([155]): "o seu gosto do belo encontra-se na Primavera" ([156]). Na realidade, existe uma total confusão e, para cúmulo, decidem os compositores separar o ritmo e as posturas da melodia, inserindo em verso palavras sem

([154]) Cf. *República*, Livro III, 399 c, em que Platão tece uma crítica violenta deste novo tipo de música. Podemos encontrar atitude semelhante em Aristófanes, *Rãs*, 1309 *et sq.*, a propósito da tragédia de Eurípides, *Orestes*, particularmente em relação ao passo da monódia do Frígio.

([155]) Foi Orfeu, *Orpheus*, poeta mítico e rapsodo épico, o músico mais notável de toda a Grécia. Era natural da Trácia, sendo filho de Éagro e da Musa Calíope ou Polímnia. Recebeu das mãos de Apolo a lira consagrada como instrumento divino. Os poetas trágicos enalteceram os poderes mágicos do seu canto, o qual era capaz de encantar as feras, as árvores e as próprias pedras. Acompanhou Orfeu os Argonautas na sua viagem à Cólquida em busca do Velo de Ouro, exortando-os a vencer os perigos com o seu canto inspirado. A ele se atribui a fundação dos Mistérios Órficos; acrescentando, por outro lado, Apolodoro, *Biblioteca*, 1.3.2, que este poeta terá fundado os Mistérios de Dioniso. Segundo a lenda, Orfeu terá sido devorado pelas Ménades, mulheres da Trácia ao serviço de Dioniso, tendo o seu corpo sido reduzido a pedaços e lançado no mar com a lira, que também foi destruída; posteriormente estes despojos deram à costa da ilha de Lesbos, em Antissa, aí tendo sido Orfeu sepultado. Acrescente-se ainda que a famosa lenda de Orfeu e de Eurídice, com a descida ao Hades, representa de certa maneira a crença dos Gregos nos extraordinários poderes da sua música.

([156]) Cf. *Filebo*, 66c, e também *Górgias*, 474 a, *Teêteto*, 166a. Este verso de Orfeu era tradicionalmente conhecido como um aforismo do poeta. Platão insere este verso num contexto profundamente jocoso, sublinhando o seu carácter ridículo. Esta referência a Orfeu (vide Otto Kern, *Orphicorum Fragmenta*, Berlin 1922, frg. 11) neste passo não deverá ser entendida como uma depreciação; devendo a observação de Platão ser entendida no sentido de uma crítica feita a uma prática

LIVRO II

qualquer tipo de acompanhamento; **669 e** produzindo por este modo melodias ritmadas sem palavras, especialmente na arte de tocar a cítara e a flauta. Em tudo isto é muito difícil discernir (pelo menos quanto à questão relativa à circunstância de realmente o exprimirem ou não) acerca do ritmo ou da harmonia, as quais não correspondem necessariamente a um texto; o mesmo acontece com o modelo que pretendem imitar, que é apenas um entre os demais dignos desse nome. Então, será necessário que se conclua estar este género de arte impregnado de temperamento rústico, sendo concebido apressadamente ao tentar atingir um certo virtuosismo, quando emprega em simultâneo gritos de animais; chegando ao ponto de, para isso, se ter de recorrer à flauta e à cítara ([157]) **670 a** em momentos que nada têm a ver com as situações nomeadas, em que habitualmente surgem com a dança e o canto. Por conseguinte, o emprego destes dois instrumentos numa composição de extrema vulgaridade será certamente a marca daquele indivíduo

---

comum contemporânea de certos autores, que, ao se declararem seguidores de Orfeu, deficientemente compreendiam a real significação destas palavras: na Primavera da nossa vida não deve haver lugar para quaisquer "composições compósitas" mas, antes, para a simplicidade. A Primavera era a estação por excelência do mundo antigo, coincidindo com o início do ano – que inaugurava o novo ciclo. À Primavera opunha-se o Inverno.

([157]) O áulos, *aulos*, e a cítara, *kithara*, eram os dois instrumentos mais importantes. Em relação ao primeiro, pode dizer-se ser ele o mais importante instrumento de sopro, geralmente tocado a acompanhar a cítara. Era um instrumento usado em muitas cerimónias, especialmente nos ritos do culto de Dioniso e também nos banquetes. Além disso, ao som do áulos eram executadas diversas danças, tanto sagradas como profanas, e, noutro âmbito, os remadores ritmavam as suas remadas e os guerreiros em linha de batalha avançavam ao encontro do inimigo. Apolo e Mársias disputavam o primado da sua criação. No que diz respeito à cítara, era ela um instrumento de cordas muito mais evoluído do que a lira, diferindo desta na concepção, na constução e no som produzido; sendo um maior instrumento, o som era muito mais amplo. Se a lira poderia ser considerada um instrumento *des amateurs*, a cítara, pelo contrário, era exclusiva dos profissionais; facto corroborado por Aristóteles, que na *Política*, no Livro VIII, 1341 a, afirma tratar-se a cítara de um "instrumento profissional", *organon tekhnikos*. No século VII a.C. o poeta Terpandro, natural de Lesbos e depois Espartano por adopção, ficou famoso pelas suas composições poéticas ao som da cítara. A tradição atribui a este poeta a própria criação "histórica" deste instrumento.

LEIS

que tenta vender banha de cobra ou daquele outro que não passa de um bruto. É este, pois, o nosso julgamento sobre a questão em epígrafe. Todavia, ainda não examinámos que tipo de música deverão aqueles com trinta anos evitar, assim como aqueles outros que já ultrapassaram os cinquenta: aquilo que fizemos apenas consistiu em referir o género de música a ser cultivado por todos eles. Ora, a partir de tudo isto, creio que podemos tirar a seguinte conclusão: **670 b** aqueles que têm cinquenta anos, e estão devidamente preparados para cantar, deverão receber neste domínio melhor formação do que aquela relativa à música coral; por conseguinte, terão necessariamente de possuir um conhecimento e uma percepção mais aguda dos ritmos e das harmonias. Sem isso, como seria possível saber distinguir os sons correctamente executados daqueles que o não são (aos quais poderá o modo dórico [158] mais convir), bem como aqueles outros ritmos que o próprio compositor impregnou; para além de ter de saber se determinado som se encontra, ou não, em conformidade com a regra?

Clínias – Naturalmente, tal é impossível.

---

[158] O modo dórico era o preferido de Platão, cf. *República*, III, 399 a (neste passo apenas são considerados os modos dórico e frígio: o primeiro é usado para representar caracteres corajosos enquanto que, pelo contrário, o segundo, para representar caracteres mais temperados e avisados), e *Laques*, 188 d. Em primeiro lugar, será pertinente elucidar acerca da noção de "modo" em música grega: trata-se fundamentalmente de uma concepção abstracta a referir as relações recíprocas entre os diversos sons ou tonalidades em sucessão numa gama determinada, do som mais agudo – o qual pode ser considerado o ponto de partida – ao som mais grave. Convirá acrescentar que a concepção do modo dórico (em grego dado pela expressão técnica *dôrios he dôristi harmonia* e formado por oito cambiantes tonais) era considerada por Platão no Laques, *loc. cit. supra*, o verdadeiro modo, o qual deverá justamente pautar toda a vida daquele que se considera um músico genuíno. A mais natural consequência será o facto de constituir este modo o modo grego por excelência, sobrepondo-se em importância aos outros dois: o jónico e o frígio. Segundo a opinião de Heraclito do Ponto, *De musica*, segundo informação de Ateneu, 14. 624 D, este modo exprimia de maneira sublime a masculinidade majestosa do *êthos*; tendo o termo, nesta particular circunstância, a conotação habitual de "carácter moral", agora aplicada à linguagem musical, indicando o carácter moral que a música insufla na alma.

LIVRO II

Ateniense – Além disso, esses indivíduos, que constituem aquilo que habitualmente denominamos grande público, tornam-se ridículos ao pretenderem ser capazes de distinguir aquilo que é harmonioso e se encontra de acordo com o ritmo daquilo que não o é; especialmente quando invocam o contrário, com o argumento de terem sido educados e assim acostumados a cantar com acompanhamento de flauta ou, então, a se movimentar segundo uma determinada cadência. **670 c** O seu procedimento deplorável radica na sua total ignorância daqueles cambiantes mais subtis. Realmente, deverá ser considerada bela toda aquela ária ([159]) que possui todos os seus elementos devidos de uma maneira correcta enquanto que, pelo contrário, deficiente aquela outra que os tem de uma maneira imprópria.

Clínias – Assim será efectivamente.

Ateniense – Por conseguinte, que poderá fazer aquele indivíduo que é justamente incapaz de distinguir os elementos próprios? Poderá ele, segundo o que acabámos de concluir, julgar acerca daquele aspecto que, em determinada circunstância, se relaciona com o carácter generoso de uma ária?

Clínias – E qual será o meio para o fazer?

Ateniense – Neste momento, conforme parece, conseguimos chegar à seguinte conclusão preliminar: os cantores, que habitualmente são por nós convidados e, de um certo modo, **670 d** obrigados a cantar, têm certamente o dever de levar a sua formação nesse âmbito até ao grau de apuramento exigido; tornando-se cada um assim capaz de seguir os ritmos, de anotar cada nota relativa às árias, executá-las com as respectivas medidas, para poder conhecer

---

([159]) Em grego encontramos o termo *melos* a significar tanto "canção" como ainda "tom" ou ainda "ária", "lírica coral" ou simplesmente "melodia". O *melos* era composto por três elementos fundamentais: os sons, o ritmo e as palavras. Platão, no Livro III da *República*, 398 d, define estas partes constituintes ou elementos como "palavras, melodia e ritmo", *i.e.*, *logos, harmonia, rhythmos*.

LEIS

todo o conjunto de melodias e de ritmos. Poderá ele então escolher as melodias e os ritmos mais apropriados, geralmente aqueles que os homens da sua idade e postura costumam compor e cantar com decência. Desta maneira se consegue o usufruto dos prazeres considerados inofensivos, **670 e** ensinando-se, sempre com o mesmo método, os mais jovens a nutrir uma louvável admiração pelos costumes verdadeiramente virtuosos. Quando atingirem esse nível de formação almejado, começarão eles por se tornar mentores de uma cultura que, em si mesma, é mais vigorosa e superior àquela outra, que é deleite da multidão, e preferível à formação específica dos compositores. Em relação à terceira questão, não será realmente necessário que o compositor deva formular o seu juízo; se assim não for, independentemente de ser a imitação bela ou não, e sempre que se tratar de melodia e de ritmo, nunca será possível evitar que assim possa suceder. Os velhos, pelo que lhes toca, devem proceder ao exame destes três elementos a fim de poderem distinguir o primeiro estádio de excelência, vindo o segundo logo a seguir, na contingência os cantores já não serem capazes de encaminhar os jovens na via da virtude. **671 a** Assim sendo, a necessidade de demonstrar – por nós defendida no início deste debate – que a assistência prestada ao culto de Dioniso era plenamente justificada, ficou delineada com o maior rigor. Vejamos, no entanto, se conseguimos alcançar esse objectivo anteriormente enunciado e sublinhemos a circunstância de uma assembleia se tornar inevitavelmente tumultuosa, consoante se prolongue demasiado a ingestão de bebidas ([160]); um facto por nós assinalado no começo da discussão, que, aliás, considerámos ser o natural desenlace deste tipo de reuniões, **671 b** tal como hoje acontece.

Ainda a questão das reuniões públicas
para se beber em conjunto

Clínias – De facto, é fatal que assim seja.

([160]) Este será o tema a encerrar o Livro II. A prática da ginástica voltará a ser posteriormente discutida no Livro VII, 796 e.

LIVRO II

Ateniense – Por outro lado, cada um sentir-se-á mais descontraído, mais alegre e entusiasmado; as palavras tornam-se mais fáceis e abundantes, deixa de prestar atenção ao vizinho; acredita, então, que se transformou em alguém perfeitamente capaz de tanto se autogovernar como de governar os outros.

Clínias – Como assim?

Ateniense – Não é verdade que afirmávamos nessa ocasião referida que as almas daqueles que bebem, qual ferro ao ser submetido à incandescência, adquirem uma leveza e uma juventude de tal modo renovadas **671 c** que, como aquele, se tornam totalmente maleáveis, em especial quando se encontram à mercê do indivíduo que é capaz de as moldar e sabe como formá-las, conduzindo-as à maneira do procedimento adoptado durante a sua juventude ([161])? Além disso, não é verdade que também acrescentámos ser o modelador destas almas o mesmo dos seus tempos de juventude, sendo ele o legislador honesto e bom, que concede ao festim aquelas leis tão específicas do acto de beber, mantendo totalmente controlado o espírito de exaltação e de ousadia, que se torna ainda mais impudente, chegando mesmo suplantar a própria razão? Mais: já não desejando a alma submeter-se a ordem alguma e procedendo de um modo absolutamente contrário, não é verdade que ela recusa calar-se, perde a noção do momento oportuno de falar e logo se entrega à bebida e ao canto? E finalmente: sempre que esta má conduta se verifica, **671 d** a lei, em obediência absoluta ao princípio da justiça, atinge-a imediatamente e forma contra ela uma oposição temerosa, chamando nós a esse temor divino incutido honra e respeito de si mesmo ([162])?

([161]) Esta metáfora deve ser entendida do seguinte modo: a alma daquele que bebe torna-se ferro em brasa, incandescente (cf. *supra* 666 b-c), enquanto que, pelo contrário, a alma daquele que é completamente dominado pelos prazeres, tornando--se escravo da volúpia, assemelha-se à cera que logo liquesce (cf. Livro I, 633 d).

([162]) Cf. Livro I, 647 a *et sq.* Trata-se de uma "fórmula de recorrência" muito empregada por Platão. A fórmula de recorrência pode ser definida como o retorno,

Clínias – Isso precisamente.

Ateniense – Além disso, na qualidade de guardiães, cooperando sempre de acordo com as leis, existem estrategos realmente sábios e tranquilos (em comparação com aqueles outros que se encontram num estado de embriaguez), sem cuja ajuda será muito mais difícil combater essa mesma embriaguez, muito mais do que combater, por exemplo, contra aqueles chefes a quem falta o sangue-frio. Todo aquele que for incapaz de tomar a decisão de se submeter voluntariamente à autoridade desses tais estrategos, ou ainda à dos chefes de Dioniso – **671 e** estes, os homens com idade superior a sessenta anos – cairá na maior desonra, sendo ela tão grande como a daquele que desobedeceu aos chefes de Ares [163], senão mesmo superior.

Clínias – Assim é de facto.

Ateniense – Bem! Na eventualidade de um estado de embriaguez como este, ou na circunstância de se participar em determinado jogo com semelhantes características, não teriam os convivas mais a lucrar (especialmente numa situação desta natureza) com a amizade, a qual, naquele momento e de uma maneira tão clara, se sobrepõe àquilo que provavelmente antes os desunia, **672 a** e, sem aquela hostilidade que agora se verifica, em virtude de realizarem essas reuniões em completa observância das leis e de lhes prestarem a devida obediência, tendo os mais sóbrios o dever de o fazer sentir àqueles que não se encontram nesse estado?

Clínias – Exactamente, mas apenas na condição de ser essa reunião tal qual descreveste.

---

após um intervalo mais ou menos longo, tanto dos desenvolvimentos, enunciados precedentemente num determinado passo, como de certas locuções ou frases curtas, a fim de garantir a continuidade formal e temática.

[163] Trata-se da pior das desonras: a desonra militar, mancha irreparável para aquele que desobedece às ordens dos seus chefes militares.

LIVRO II

Ateniense – E ainda: será que teremos de logo nos recriminar pelo facto de a dádiva de Dioniso ser demasiado torpe e indigna para que a cidade possa acolhê-la? Com efeito, poderia, nesse caso, enumerar outras tantas vantagens e, no entanto, não é verdade que, no que diz respeito ao maior benefício proporcionado, se evita falar em público, perante a multidão, devido a poderem as pessoas entender isso de maneira incorrecta **672 b** ou, por outro lado, simplesmente porque o reconhecem com grande dificuldade, sempre que é referido?

Clínias – Que pretendes dizer com isso?

Ateniense – Uma certa tradição ([164]) – e certos rumores! – tem insinuado ter este deus tido a sua própria faculdade de julgar subvertida pela sua madrasta, a deusa Hera ([165]), e que, para dela se vingar, enviou aos homens todo esse frenesim e todos esses coros em suprema convulsão; tendo, também, sido nesse estado de espírito e com a mesma intenção que nos terá presenteado com o vinho. Quanto a mim, deixo todas essas considerações para aqueles que julgam mais aconselhável assim falar acerca dos deuses. **672 c** Tudo aquilo que me é dado conhecer pode, então, resumir-se ao facto de jamais ser algum, quando veio ao mundo, ter logo podido possuir todo esse poder da razão de uma maneira absoluta, só lhe sendo possível alcançá-lo quando for adulto. Por outro lado, enquanto não tivermos ainda atingido o estado de ma-

---

([164]) Cf. *supra* Livro I, 648 c.

([165]) Assim o confirma Eurípides, que no prólogo do *Cíclope*, v. 3, coloca no boca de Sileno, ao dirigir-se a Dioniso, as seguintes palavras: "*emmanès Héras hýpo... ôikhou*". Na verdade, e de acordo com a tradição, a deusa Hera, Mãe dos Deuses, terá sonegado a Dioniso, filho de Zeus e de Sémele, o seu juízo, enlouquecendo-o, depois te ter conhecimento ter aquele descoberto a videira e o seu uso, o vinho. O deus terá vagueado pelo Egipto, Síria e Ásia, até que finalmente foi acolhido pela deusa Cíbele na Frígia, tendo esta o purificado e iniciado nos ritos do seu próprio culto. O frenesim báquico constitui uma espécie de vingança infligida aos homens, por intermédio do vinho, exortando-os à participação em danças frenéticas e tumultuosas, num estado de espírito que desafia a ordem dos deuses e do mundo. Cf. ainda Eufório, frg. 14 Powell, Apolodoro, *Biblioteca*, 3.5.1.

LEIS

turidade da inteligência, qualquer um de nós só poderá parecer um louco, ao gritar e saltar inadvertidamente, quando vê que já é capaz de se vestir sozinho. Lembremo-nos de que tais factos, conforme afirmámos, foram realmente a origem da música e da ginástica.

Clínias – Certamente que nos recordamos disso.

672 d *Ateniense* – E, com certeza, que se lembram também de essa origem – como, aliás, também dissemos – ter sido ainda responsável pela implantação, logo no momento, do sentido do ritmo e da harmonia na natureza humana, tendo sido Apolo e as Musas os mentores, para além do próprio Dioniso, não é verdade?

Clínias – Como poderíamos esquecê-lo?

Ateniense – Naquilo que ainda concerne ao vinho, a opinião corrente, segundo nos parece, defende ter sido este concedido aos homens como castigo, a fim de todos desunir. Aquela opinião que, pelo contrário, nós seguimos e sustentamos evidencia o vinho como remédio, concedido à alma para que esta possa, portanto, mais facilmente adquirir aquele sentido do pudor, devendo, devido a isso mesmo, ser o corpo, por seu lado, robustecido pela saúde e pelo vigor.

A música e a ginástica

672 e *Ateniense* – Podemos dizer que o tema da dança se encontra tratado até metade. Quanto à outra metade, segundo o que eventualmente vos possa parecer mais aconselhável, poderá ser concluída ou deixada por discutir.

Clínias – A que parte te referes e como poderás estabelecer uma distinção entre essas duas metades?

Ateniense – Em virtude de corresponder para nós o conjunto da dança coral à totalidade da educação, teria, por essa razão, de existir numa dessas partes o ritmo, a melodia e o elemento vocal.

Clínias – Sim.

Ateniense – Por outro lado, o movimento do corpo possui o seu ritmo tão específico e, simultaneamente, tão em comum com aquele movimento que diz respeito à voz; **673 a** existem, porém, aquelas figurações relativas ao gesto e à postura, directamente relacionadas com aquele, enquanto que, por outro lado, é a melodia a caracterizar o movimento relativo à voz.

Clínias – De facto, é verdade.

Ateniense – Ora bem! Quando a voz sonda os domínios da alma, eis que se dá própria génese da virtude, nenhuma outra coisa sendo senão aquilo que é por nós denominado "música".

Clínias – Assim é.

Ateniense – Quanto aos movimentos do corpo, os quais foram justamente por nós descritos como danças recreativas, na medida em que os regulamos segundo o grau determinado pela própria excelência do corpo, passaremos, nesse caso, a chamar educação racional àquela, sendo o referido resultado denominado "ginástica".

Clínias – Isso é absolutamente verdade.

673 b *Ateniense* – Na música, esta parte da dança coral, acerca da qual temos falado (tendo, aliás, sido a sua discussão levada a bom termo), merecerá, no entanto, que se volte a esclarecer aquilo que por nós foi justamente concluído. Em relação à outra parte, acerca da qual temos intenção de falar, como deveremos proceder?

Clínias – Muito bem! Pretendes, nessa circunstância, então discutir o assunto com os Cretenses e com os Lacedemónios. Depois de ter causado alguma frustração este nosso debate sobre a música, tendo nele sido a ginástica preterida, qual será a resposta que consideras poder cada um dar a tal questão?

Ateniense – Diria, então, que respondeste da maneira mais clara ao formulares a tua pergunta sobre o tema, **673 c** considerando ainda o facto de não ser a tua pergunta já em si apenas uma resposta mas também constitur uma ordem: deverei, por essa razão, prosseguir o nosso debate com o tema da ginástica.

Clínias – A tua suposição é correcta. Prossegue, então.

Ateniense – É necessário que assim proceda, de modo nenhum sendo difícil falar convosco sobre aquilo que, vós os dois, certamente já conheceis, porquanto, relativamente a este tema, tendes muito mais experiência do que em relação a qualquer outro domínio.

Clínias – Sim, é verdade.

673 d *Ateniense* – Pois bem! A origem desta forma de recreação, também ela, residirá por princípio naquele hábito tão natural em qualquer ser vivo quando começar logo a saltar. O homem, conforme dizíamos, adquire imediatamente o sentido do ritmo, o qual origina, por sua vez, a arte da dança; e, além disso, naquele momento em que o canto faz brotar o ritmo, a melodia reaviva na memória a união entre estes dois elementos consumada nas celebrações festivas dos coros e das danças.

Clínias – Isso é absolutamente verdadeiro.

Ateniense – Além disso – ainda de acordo com o que afirmámos – tendo uma parte relativa a esta celebração já sido por nós discutida, resta-nos a outra, acerca da qual dialogaremos proximamente [166].

Clínias – De acordo.

---

[166] Apenas será o tema da ginástica discutido no Livro VII, em 796 e.

LIVRO II

Conclusão relativa ao vinho

Ateniense – Neste momento interessa-nos, se estivermos de acordo,**673** e referir a última questão relativa ao carácter tão atractivo dos banquetes.

Clínias – Qual é, então, essa questão final a que te referes?

Ateniense – Na eventualidade de uma cidade adoptar essa prática, acerca da qual actualmente se discute, aplicando-a em conformidade com a legislação e segundo o espírito da ordem, com a finalidade de poder ela própria se iniciar na prática da temperança, entregando-se simultaneamente a outros prazeres – da mesma maneira e segundo esse mesmo princípio – delineando os meios respectivos para o fazer e, ainda, com o objectivo de nisso se tornar preponderante; então, nessa circunstância, tal atitude corresponde a um método determinado, que será necessário seja aplicado em todos os exercícios do mesmo género [167]. Mas, na instância de a cidade recorrer a isso à maneira de um jogo, deverá ela proceder ao seu respectivo desempenho depois de ter acabado de celebrar aquelas reuniões especificamente dedicadas à bebida, **674 a** sempre do mesmo modo e em conformidade com a decisão tomada pelos concidadãos de comum acordo, na condição de formular ela própria essa mesma intenção. Pelo que me toca, decidi não advogar essas práticas que, segundo julgo, levam à embriaguez da cidade, de um modo geral, e do indivíduo, em particular. No entanto – e muito mais do que esse costume cretense ou do que aquele outro tão próprio dos Lacedemónios – tomarei como ponto de referência a lei vigente em Cartago [168], a qual decreta jamais

---

[167] *I.e.*: "e também à ginástica", cf. Livro VII, 796 e.

[168] Deve ser esta lei posterior a 396, sendo esta data referida por Diodoro Sículo, *Biblioteca Histórica*, 14.63. 3, quando se refere – fundamentando-se possivelmente em Éforo – ao estabelecimento de armazéns de vinho e de cereais (bem como destinados a outras provisões de guerra) por Himílcon, general e comandante dos exércitos de Cartago, por ocasião do cerco por este montado a Siracusa, precisamente durante a tirania de Dionísio I, o Antigo; em virtude de

LEIS

alguém poder tomar no campo uma bebida excitante, apenas sendo permitido as reuniões destinadas à ingestão de água em conjunto durante o tempo estipulado. Por outro lado, na cidade, escravo algum poderá em circunstância alguma tocar em vinho, seja ele homem ou mulher; **674 b** nem tão-pouco o poderão fazer os magistrados durante o período correspondente ao exercício da sua magistratura; o mesmo se verificando com os comandantes navais e com os juízes também durante o período relativo ao desempenho dos seus cargos respectivos: nunca poderão eles tocar em vinho. No mesmo âmbito, jamais alguém na situação de ter sido solicitado a prestar conselho relativo a um assunto, ou a uma deliberação, de considerável importância poderá tocar em vinho, valendo para toda a gente esta interdição durante o dia; constituem, pelo contrário, excepção todos as situações decorrentes da prática da dança ou de um estado de incapacidade física. Finalmente, em relação à noite, não poderão tocar em vinho o homem ou a mulher que desejarem procriar. Poder-se-ia, pois, citar inúmeras ocasiões em que não é autorizada qualquer ingestão de vinho. Além disso, ainda por causa deste princípio enunciado, seria absolutamente desnecessário a gestão do monopólio da produção de vinho pela cidade. **674 c** Neste caso particular, a produção de vinho – bem como com todas as outras culturas – deverá ser gerida de uma maneira correcta, podendo suceder que se torne bastante superior aos limites recomendados

---

esperar que aquele fosse de longa duração. Esta lei também é referida no Livro I, 637 d (neste último caso alguns editores defendem, no entanto, haver contradição com aquilo que é aqui afirmado). Poderemos reconstituir esta lei, a qual parece ser absolutamente genuína: ninguém poderá em circunstância alguma beber vinho, sempre que se encontrar em campanha, sendo somente permitida a ingestão de água. O Ateniense parece interpretar esta lei alargando simultaneamente o seu âmbito para outros domínios: a vida particular, sendo esta interdição extensiva ao lar e aos escravos (tanto a homens como a mulheres); além disso, valerá também essa mesma proibição para a vida pública, por ela ficando os magistrados, no exercício das suas funções, rigorosamente interditados. Por conseguinte, pretende o Ateniense que esta lei adoptada em Cartago o seja também na cidade, abrangendo toda a comunidade cívica. Se assim é, os Catagineses nunca poderiam aprovar uma lei que apenas fosse semiefectiva, tornando absolutamente necessária a sua validade enquanto lei da cidade inteira.

LIVRO II

para uma economia moderada ou restrita. Eis, pois, caros amigos, concluída a parte final da questão, constituindo ela – na condição de terdes concordado comigo – o próprio corolário de toda a nossa discussão acerca do vinho.

Clínias – E merecendo, aliás, toda a aprovação.

LIVRO III

(676 a *et sq.*)

A origem das constituições e o seu esclarecimento à luz da história da humanidade

676 a *Ateniense* – Eis, pois, devidamente regulamentada esta questão. No entanto – e também naquilo que concerne às constituições – qual terá sido a sua origem ([169])? Não é verdade que a questão melhor se colocará sob este prisma, por isso se tornando mais fácil?

Clínias – Sob qual ponto de vista?

([169]) É esta, afinal, a grande questão que motiva o desenvolvimento de todo o Livro III: *politeias d'arkhên tina pote phômen gegonenai;* (cf. Plutarco, *Demóstenes*, 4). Assim sendo, temos o seguinte desenvolvimento: 1) as catástrofes universais e o Dilúvio, 677 a; 2) aqueles que se salvaram são os habitantes das montanhas, homens iletrados e simples, 677 b; 3) as cidades das planícies desapareceram, 677 c-e; 4) o recomeço da civilização inicia-se com os seres mais rudes e a sua vida primitiva, 677 e a 679 e; 5) as leis vigentes são as leis patriarcais, 680 a-e; 6) o período da transição do nomadismo para o sedentarismo, *i.e.*, a passagem para a vida agrícola com o consequente desenvolvimento dos primeiros núcleos habitacionais e primeiras aldeias, com o respectivo, ainda que incipiente, corpo de leis, 681 a-c; 7) o início da política, 681 c-d; 8) a fundação das cidades, 681 d-e; 9) Tróia e o início do denominado "período histórico", 681 e – 682 d; 10) os Dórios, 682 d – 692 c; 11) o conflito com a Pérsia, 692 d – 700 a.

LEIS

Ateniense – Sob aquele ponto de vista que sublinha ser absolutamente necessário que seja a questão examinada sempre que se justifique fazê-lo, visando o encaminhamento progressivo da cidade na via da virtude ou, de acordo com o ponto de vista oposto, o seu encaminhamento para o vício.

Clínias – E a qual deles te pretendes referir?

Ateniense – Deveremos, segundo julgo, prestar sobretudo atenção às diversas mudanças que neste âmbito particular se verificaram, sempre de acordo com uma visão que abranja a sucessão dos acontecimentos no tempo.

676 b *Clínias* – Que queres tu dizer com isso?

Ateniense – Vejamos, pois, o seguinte: desde os tempos mais remotos, quando começaram as cidades a aparecer e, além disso, no momento em que os homens aí começaram a viver como comunidade de cidadãos, poderás tu crer na possibilidade de se prefigurar uma representação da extensão do tempo que continuamente se sucede ([170])?

Clínia – Em todo o caso, isso é deveras difícil.

Ateniense – E, contudo, não seria essa tal extensão infinita e incomensurável ([171])?

Clínias – Sim, absolutamente.

Ateniense – Não é verdade que, durante todo este tempo, milhares e milhares de cidades se sucederam ininterruptamente e

---

([170]) Desde 676 a, Demócrito será provavelmente a fonte desta ideia: a infinidade da extensão temporal, a qual se desenvolve num pocesso contínuo de alterações.

([171]) Cf. *Antologia Palatina*, Livro VII, 472. Leónidas de Tarento neste seu epigrama fala também acerca dos "dois infinitos". Platão retomará esta noção de *en khronou tinos mekesini aletois* em 683 a.

LIVRO III

que, além disso, não menos terão sido aquelas que, segundo a sua ordem de grandeza, terão desaparecido? Porventura não terão elas várias vezes completado o ciclo relativo aos diversos regimes políticos, cada uma em conformidade com a ordem de sucessão? **676 c** Em certas ocasiões pequenas cidades tornaram-se grandes cidades enquanto que, noutras ocasiões, grandes houve que se tornaram pequenas: do melhor surgiu o pior e, do pior, o melhor – não terá sido assim?

Clínias – Necessariamente.

Ateniense – Nesse caso, na circunstância de tal se revelar realmente possível, tratemos de examinar a causa subjacente a esta mudança, já que ela nos pode mostrar claramente quais terão sido a origem e a primeira transformação dos vários regimes.

Clínias – Tens toda a razão. Por conseguinte, será nosso dever esforçarmo-nos por fazer isso: tu, expondo o assunto segundo aquele plano por ti próprio estabelecido e nós, por nosso lado, nunca deixando de te seguir.

677 a *Ateniense* – Parecer-vos-á, nesse caso, guardarem as antigas tradições alguma verdade em relação a isso?

Clínias – A que tradições te referes?

Ateniense – Aquelas que narram ter a humanidade sido várias vezes destruída por dilúvios ([172]), por pestes e por outros tantos

---

([172]) Cf. *supra* 676 a. O Ateniense traça com maior pormenor o plano de discussão, o qual passa a ser o seguinte: 1) apresentação da tese dos cataclismos universais; 2) o Dilúvio como o cataclismo primordial; 3) o sistema de vida patriarcal; 4) o segundo nascimento da cidade pós-diluviana; 5) a cidade de Tróia; 6) os Dórios; 6) as primeiras formas de governo e de legislação; 7) as primeiras formas de governo e de legislação entre os Dórios: Creta e Esparta; 8) as Guerras Médicas; 9) A Pérsia e o seu império: monarquia e despotismo; 10) Atenas: o seu ideal de liberdade; 11) *excursus* sobre a liberdade e a licenciosidade; 12) recapitulação e conclusão.

LEIS

flagelos, a seguir aos quais nada poderia ter restado, para além de alguns exemplares a representar a espécie humana?

Clínias – Tal opinião é realmente para toda a gente digna do maior crédito.

O dilúvio

Ateniense – Imaginemos, nesse caso, qual terá sido o grau de destruição alcançado por uma catástrofe ([173]) como o Dilúvio.

Clínias – Qual será, então, a ideia que deveremos formar acerca disso?

677 b *Ateniense* – Que aqueles que terão escapado a este desastre eram, na verdade, pequenos seres da montanha pertencentes ao género humano que, segundo julgo, se mantiveram como tal devido a terem permanecido no cume dos montes ([174]).

Clínias – Aparentemente, assim terá sido.

([173]) Esta catástrofe, *kataklysmos*, à qual Platão se refere, é provavelmente o "Dilúvio de Deucalião", referido no *Timeu* e no *Crítias*, respectivamente 22 a, 23 d-e, cf. 25 c-d, e 109 d *et sq.,* cf. 112 a, cronologicamente situado nove mil anos antes de Sólon, séc. VI a.C..

([174]) Esta ideia de se salvarem as pastagens, e consequentemente também os pastores e seus animais, nas encostas mais altas dos montes, pertence ao *Timeu*, 22 d, cf. *Crítias*, 109 d. Deve-se ao Padre Festugière, *La révélation d'Hermès Trismégiste* (Paris 1949), II, pp. 99 *et sq.*, a tentativa de um estudo comparativo entre os passos de Platão acerca dos grandes cataclismos cósmicos (vide nota 172) com a chamada *Arqueologia* de Aristóteles, incluída no Livro I do tratado *Da Filosofia*, *Peri Philosophias,* o qual terá sido estudado, reconstituído e possivelmente editado por Sinésio e, depois, por João Filópono, vide Aristóteles, frg. 13 Rose = frg. 8 Walzer. Quanto a Platão, poder-se-á estabelecer uma inter- -relação entre o *Timeu*, o *Crítias* e as *Leis* no que diz respeito às catástrofes cósmicas: assim sendo, temos o seguinte desenvolvimento: em primeiro lugar no *Timeu*, em 22 c-e surge a referência às destruições periódicas da humanidade, tanto pelo fogo (as populações das regiões montanhosas perecem enquanto que, pelo contrário, se salvam as da planície) como pela água (neste caso perecem as populações da planície), e depois, em 23 a-b, o tema do recomeço cíclico de uma era de reconstrução e de renascimento civilizacional depois da catástrofe diluviana

LIVRO III

Ateniense – Por conseguinte, também estas pessoas nunca terão podido ter experiência alguma na prática dos ofícios, de um modo geral, ou das indústrias, no caso específico, as quais eram então exercidas pelos habitantes das cidades, mutuamente se eclipsando, para além de tudo o que pudessem vir a inventar para se prejudicarem umas às outras.

Clínias – Quanto a essa finalidade, tudo isso parece ser verosímil.

677 c *Ateniense* – Além disso, poderemos nós supor que as cidades estabelecidas nas planícies, ou aquelas outras sobranceiras à costa, se encontravam nessa época totalmente em ruínas?

Clínias – Suponhamos, nesse caso, que assim terá acontecido.

Ateniense – Se assim é, admitindo o facto de os utensílios dos géneros mais variados terem desaparecido por completo; admitindo terem as descobertas no domínio da arte, na política ou em qualquer outro campo do saber também soçobrado; admitindo, enfim, tudo isso ter sido totalmente aniquilado; e ainda: se todo este tipo de aquisições pudesse porventura ter subsistido ao longo dos tempos – facto que seria, aliás, muito bom – e tal qual podemos hoje observar segundo a sua ordem actual, qual seria, então, o espaço que poderia restar para qualquer outra descoberta? ([175])

(sublinhando as diferenças entre a efemeridade dos Gregos e a perenidade dos Egípcios). Em segundo lugar, no *Crítias*, 109 d a 110 a, Platão refere-se de novo à questão do recomeço da civilização e evolução respectiva: aqueles que se salvaram ignoram o passado, os habitantes das montanhas vivem num estado cultural incipiente e sem história, por essa razão existe a necessidade de uma reconstrução do passado perdido. Finalmente, nas *Leis*, no Livro III, 676 a *et sq*., Platão apresenta-nos um desenvolvimento muito mais detalhado desde o cataclismo diluviano primordial até à Grécia das Guerras Médicas, no qual são sucessivamente definidos os quatro grupos sociais: o clã ou família (o regime patriarcal), a união dos clãs sob a forma de uma aristocracia ou de uma monarquia, o estado de formação político-social mista e a confederação de vários Estados.

([175]) A maioria dos manuscritos mais importantes das *Leis* atribui esta parte a Clínias, criando consequentemente um grave problema de interpretação.

LEIS

677 d *Clínias* – Fica, então, por considerar o facto de terem estas mesmas invenções aparentemente escapado aos homens primitivos, durante dez mil vezes dez mil anos; além disso, há cerca de mil anos, ou dois mil, foi precisamente uma delas revelada a Dédalo ([176]), outra, a Orfeu ([177]), outra, a Palamedes ([178]). A técnica musical terá sido revelada a Mársias ([179]) e a Olimpo ([180]), a arte da lira, a Anfíon ([181]), para além de tantas outras invenções reveladas a tantos outros; tudo isso tendo acontecido há muitos anos.

([176]) Dédalo, um ateniense de estirpe real e descendente do rei Cécrops, foi o arquitecto construtor do Labirinto, estando ao serviço do rei Minos de Creta. Era considerado o fundador mítico da arquitectura, a ele sendo atribuída a autoria da estatuária arcaica. Platão menciona Dédalo em vários dos seus diálogos, especialmente no *Ménon*, 97 a *et sq.*, e no *Íon*, 121 a, referindo-se-lhe no primeiro como o criador da arte grega arcaica, inventor por excelência das estátuas animadas, insufladas pelos espírito divino que tão bem se manifesta no sorriso das *korai* e dos *kouroi*.

([177]) Cf. *supra* Livro II, 669 d. Orfeu volta a ser referido. Poeta e sacerdote, filho de Éagro, originário da Trácia, foi também cantor e músico exímio, para além de ter sido um magnífico executante da lira e da cítara, da qual parece, segundo a tradição, ter sido o inventor. Orfeu é considerado o criador da poesia. Neste passo temos o fragmento 12 Kern (vide *Orphicorum Fragmenta*).

([178]) Palamedes, um dos três filhos de Náuplio e de Clímene, foi discípulo do centauro Quíron, tendo sido condiscípulo de Aquiles, Ájax e Héracles. A tradição atribui a Palamedes múltiplas invenções tais como alguns caracteres do alfabeto, entre os quais se conta o *y*, criado quando observava o vôo dos grous. As outras invenções foram o cálculo da duração dos meses de acordo com o curso dos astros e os famosos jogos dos dados, da sorte e da astúcia. A ele se refere Platão na *República*, 522 d, no Livro VII.

([179]) Mársias, o Sileno, era natural da Frígia na Ásia Menor. É pela tradição considerado o inventor da flauta de dois tubos. Mársias desafiou Apolo para um certame de lira, tendo este vencido aquele pela astúcia e, como resultado, o castigado pendurando-o num pinheiro e depois supliciando-o por esfolamento – tal foi o castigo da sua *hybris*.

([180]) Olimpo foi um mítico tocador de flauta e pai de Mársias. Outra tradição diz ter Olimpo sido realmente aluno de Mársias.

([181]) Anfíon, filho de Zeus e de Antíope, natural de Elêuteres na Beócia, foi exímio executante da arte da lira, um presente de Hermes, seu familiar. Foi, como Mársias, vítima da vingança de Apolo, que o matou trespassando-o com uma flecha.

LIVRO III

Ateniense – És realmente muito hábil, ó Clínias, ao teres esquecido esse teu amigo que praticamente nasceu ontem, conforme a expressão!

Clínias – Referes-te, neste caso, a Epiménides ([182])?

677 e *Ateniense* – Sem dúvida. Realmente é acerca dele que decidi fazer esta alusão, já que, meu caro amigo, ultrapassou de maneira tão absoluta todos os homens com aquela sua obra-prima ([183]), a qual foi sempre referida por Hesíodo – desde o início! – como de sua autoria ([184]), para além de também o ter sido segundo o vosso próprio julgamento.

Clínias – Com efeito, assim o afirmamos.

Ateniense – Não constituirá nosso dever examinar o estado em que ficou a humanidade inteira depois deste cataclismo e tentar descrevê-lo do seguinte modo: uma solidão imensa e aflitiva; uma multidão de terras de enorme riqueza votadas ao abandono; o desaparecimento de todos os animais, tendo talvez podido sobreviver algumas cabeças de gado, **678 a** (as quais, ainda que em pequeno número, bem teriam podido garantir a subsistência dos seus donos camponeses nessa ocasião)?

([182]) Epiménides é o antepassado de Clínias, cf. *supra* Livro I, 642 d-643 a. Vide Hesíodo, *Trabalhos e Dias*, v. 41. Além disso, a referência a Epiménides não passará de uma simples digressão destinada a conseguir de Clínias uma maior receptividade à argumentação do Ateniense que, logo a seguir, retoma o tema do cataclismo.

([183]) Hesíodo refere, com efeito, que Epiménides terá transformado a malva (planta da família das herbáceas, sendo frequentemente empregada como emoliente) e o asfódelo (planta monocotiledónea da família das liliáceas, também conhecido pelo nome comum de "aipo") em símbolos da virtude suprema, vide *Trabalhos e Dias, v.* 41 cit. *supra* nota anterior.

([184]) O escólio a Hesíodo, *Trabalhos e Dias* (*schol. Ad Hes. Op.*) vv. 40 *et sq.*, bem como Plutarco também, vide *Convívio dos Sete Sábios* (= *Conv. Sept. Sap.*), 157 E, parecem confirmar a circunstância de Platão se referir neste passo ao facto de ter Epiménides sido inspirado pelos versos de Hesíodo acerca da malva e do asfódelo, razão por que se terá dedicado ao estudo das plantas medicinais.

Clínias – Como poderíamos deixar de concordar com o que dizes?

Ateniense – E, no entanto, naquilo que concerne às cidades, às várias constituições e às respectivas legislações, temas estes que constituem o cerne da presente discussão, poderemos nós considerar que de tudo isso – se, pelo menos, assim podemos dizê-lo – apenas terá perdurado a memória?

Clínias – De modo nenhum.

Ateniense – E, todavia, não terá sido ainda a partir destas mesmas condições que terá surgido aquilo que precisamente corresponde à nossa própria situação na actualidade, com as cidades, as constituições, os diversos ofícios e as leis; em tudo isso se verificando igual abundância de vício e de virtude?

Clínias – Que pretendes dizer com isso?

678 b *Ateniense* – O seguinte: será que, nessa época, os homens, naquilo que diz respeito à virtude como naquilo que concerne ao vício, se tornaram exímios cultores, ainda que se encontrassem na completa ignorância ao desconhecer tantas coisas belas, que serviam de ornamento à cidade, ou tantas outras, que lhes eram tão adversas?

Clínias – Belas palavras; compreendemos-te tão bem!

Ateniense – E, contudo, com o passar do tempo, com a proliferação da raça, não é verdade que o mundo se tornou naquilo que hoje é?

Clínias – Exactamente.

Ateniense – Não foi de uma só vez que assim terá sucedido mas, antes, lentamente, a pouco a pouco, de uma maneira natural, tendo este processo correspondido a um considerável espaço de tempo.

LIVRO III

678 c *Clínias* – Com efeito, parece-me ser isso bastante provável.

Ateniense – Na verdade, a própria circunstância de ter essa gente descido daquelas alturas em direcção às planícies, teria certamente, conforme posso imaginar, renovado aquele terror ancestral nessa multidão de seres.

Clínias – E como poderiam eles deixar de o sentir?

Ateniense – Porventura não teria isso constituído uma grande alegria para todos eles, em virtude de serem tão poucos, pelo facto de poderem, ainda que apenas, manter uma vida partilhada em comum? E, todavia, os meios de comunicação, que permitiam a sua ligação recíproca, por terra ou por mar, não teriam desaparecido completamente, à semelhança daquilo que sucedeu com os ofícios, tão necessários para construir aqueles? Por conseguinte, já não lhes seria possível, misturarem-se: **678 d** nesse tempo há muito que o ferro, o cobre e todos os minerais tinham desaparecido da face da terra[185], de tal modo que haveria toda a espécie de dificuldades para conseguir extraí-los de novo, tendo de se recorrer necessariamente à madeira e à respectiva arte da carpintaria. Com efeito, mesmo na eventualidade de os instrumentos de trabalho terem realmente podido subsistir em algum lugar situado nas montanhas, teriam eles desaparecido devido ao desgaste provocado pelo seu uso, já não se fabricando mais, pelo menos até ao momento em que as técnicas relativas à exploração dos minérios e ao trabalho dos metais tornaram a ser cultivadas pelos homens.

Clínias – Como teria isso acontecido; e por que meios?

Ateniense – Quantas gerações terão surgido, conforme poderemos supor, posteriormente a tudo isso?

([185]) *I. e.*, todo o trabalho relacionado com a actividade mineira, operativo desde fins do Neolítico.

678 e *Clínias* – Um razoável número, aparentemente.

Ateniense – E, no entanto, todos aqueles ofícios que requerem o emprego do ferro, do cobre, assim como de todos os demais metais, não teriam – consoante poderemos dizer – nessa altura totalmente desaparecido, e por um período ainda mais longo?

Clínias – Como assim?

Ateniense – Neses tempos a discórdia e a guerra encontrar--se-iam ausentes, já que tinham desaparecido por diversas razões.

Clínias – Como?

Ateniense – Em primeiro lugar, constitui um facto a circunstância de lhes ter sido possível, devido a esse estado de total isolamento, estabelecerem entre si relações amistosas, olharem-se com benevolência, não sentirem a necessidade de disputar a posse dos alimentos. **679 a** Não faltavam as pastagens nem os rebanhos – ainda que, ao princípio, o contrário tenha acontecido em algumas ocasiões – viviam os homens desse tempo do leite e da carne, nunca estes produtos lhes faltando; a caça, por outro lado, fornecia--lhes importantes víveres tanto em quantidade como em qualidade. Assim sendo, o vestuário, as coberturas, as habitações, os utensílios – que eram empregados pelo eventual recurso ao fogo – existiam já em grande abundância. As artes plásticas e as da tecelagem – para as quais, aliás, não existe qualquer necessidade da técnica do ferro – constituem as duas espécies de ofício que a divindade justamente concedeu aos homens, **679 b** por este modo lhes proporcionando os meios de sobrevivência, para que, quando chegasse aquele dia em que já não possuiriam qualquer metal, pudessem, então, procriar e proliferar, especialmente os da nossa raça. Nesta situação, não sendo demasiadamente pobres nem, por isso, levados pela pobreza a entrar em conflito uns com os outros, nunca poderiam tornar-se ricos já que, nesse tempo, não possuíam ainda ouro

LIVRO III

ou prata ([186]). Ora, quando uma comunidade como esta desconhece a riqueza e a pobreza, corresponderá ela certamente àquela sociedade ideal em que hão-de surgir as índoles mais generosas, livres dos excessos da injustiça, **679 c** sem lugar para a inveja ou para a rivalidade. Por conseguinte, eram esses homens indivíduos de bem, homens bons, devido a estas razões enunciadas; além disso, pela sua maneira de ser naturalmente simples, acreditavam em tudo aquilo que ouviam dizer que era bom e feliz, como gente genuína ([187]) que realmente eram. O ser constituía o cerne da própria verdade e nele todos os homens acreditavam enquanto tal absolutamente. Ninguém, com efeito, teria podido conseguir urdir uma intriga à força de tanto saber, como, aliás, actualmente sucede; pelo contrário, considerando verdadeiro tudo aquilo que se lhes dizia ter vindo da parte dos deuses ou dos homens, limitavam-se a viver de de acordo com isso. Eis, pois, como eram os homens nesse tempo: tal qual acabámos de os descrever.

679 d *Clínias* – Em relação a isso estamos, tanto eu como o meu companheiro aqui presente, bem informados.

Ateniense – Não deveremos nós referir, logo em primeiro lugar, o facto de muitas gerações de homens terem vivido segundo este modo de vida, sendo eles muito menos dotados de espírito industrioso do que os homens de antes do dilúvio ou do que aqueles outros do nosso tempo; menos instruídos nos vários domínios das artes, particularmente nas artes da guerra – pelo menos segundo o padrão pelo qual são estas actualmente praticadas tanto em terra como no mar; com deficiente formação no que diz respeito àquelas artes concernentes à vida interna da cidade (sendo, aliás, estas últi-

---

([186]) O ouro e a prata implicam geralmente o desenvolvimento da riqueza ligada à actividade económica de uma sociedade que há muito ultrapassou os limites da pura subsistência. Simbolizam, por isso, a riqueza e o poder, para além de serem os indícios por excelência da degradação moral

([187]) A noção de simplicidade, *euetheía*, mantém aqui o seu significado original, sendo desprovida daquela ironia que lhe dá um sentido tendenciosamente pejorativo; cf. *República*, Livro III, 400 e.

LEIS

mas conhecidas pelo nome de arte da acusação e arte da sedição, **679 e** as quais obviamente conseguiram aí ter enorme implantação, recorrendo a todo o género de meios disponíveis para poder causar dano e malfazer)? Perante isto, poder-se-á, então, afirmar que antes se era mais simples, mais corajoso, mais dado à temperança e mais justo em qualquer circunstância? Além disso, convirá lembrar ter a causa desta situação sido já discutida.

Clínias – Exactamente, conforme dizes.

Ateniense – Coloquemos todas estas explicações e todas estas deduções – bem como todas aquelas que nos seja possível ainda aduzir – **680 a** sob o prisma daquela questão relativa ao uso que estes indivíduos, na situação citada, poderiam legitimamente fazer das suas leis e, por outro lado, tentemos descortinar quem poderia ser o seu legislador.

Clínias – Isso é certamente uma boa observação.

Ateniense – Não será também verdadeiro o facto de não necessitarem eles de quaisquer legisladores, não havendo necessidade alguma de nesse tempo existir semelhante instituição? Com efeito, nesse estádio do ciclo([188]) ainda não existia a escrita, vivendo os homens de então segundo os seus costumes e de acordo com aquelas leis que se regulam pela tradição: as leis ancestrais dos antepassados.

Clínias – Pelo menos, assim parece.

Ateniense – Mas, já existia um determinado regime político, embora incipiente, que tenciono expor de seguida.

Clínias – Qual?

([188]) Ciclo aqui significa "ciclo cósmico" (enquanto parte de uma sistema universal ordenado e coeso), neste caso a expressão no original grego, *en tôi merei tês periodou,* diz respeito ao Dilúvio, a grande catástrofe.

LIVRO III

O sistema patriarcal [189]

680 b *Ateniense* – Parece-me todos estarem de acordo em situar nesse tempo um regime político caracterizado pela autoridade pessoal [190], tendo essa mesma forma de governo conseguido

---

[189] O sistema (sendo o termo empregado enquanto sinónimo de "modo de vida") patriarcal é por natureza autocrático, logo, sinónimo de autocracia, *dynasteía*, sendo considerado pelo Ateniense como um sistema político ainda incipiente, sem qualquer lei escrita, obedecendo os homens segundo o costume da "lei ancestral", constituindo – segundo a expressão – a idade do pré-direito. Demóstenes, *Oração da Coroa*, 67, emprega o termo como significado de "regime de autoridade pessoal", referindo-se a Filipe da Macedónia. Isócrates, *Panegírico*, 39, emprega o termo quando se refere ao domínio dos chefes militares exercido sob os Gregos primitivos, implicando a antiguidade desta forma de governo. O testemunho de Isócrates será o mais importante para a análise do seu emprego: o orador pretende sublinhar as tiranias que foram derrubadas pelos Atenienses. Platão, pelo contrário, envereda por uma concepção totalmente diferente: *dynasteia* consiste naquela realeza que é sempre a mais justa de todas, cf. *infra* 680 e. Todavia, esta divergência será devida à tentativa de aprofundamento conceptual desenvolvida pelo filósofo. No entanto, os resquícios desta primitiva sociedade patriarcal referida por Platão são bem visíveis na evolução da sociedade grega ao longo dos tempos, em especial naquilo que se refere aos direitos de propriedade, baseados num conceito claramente autocrático.

[190] A palavra empregada no original é *dynasteía* (vide nota 189). A tradução "autoridade pessoal" é correcta, implicando a transmissão "hereditária" dessa autoridade de geração para geração. Seria importante citar o estudo de Aristóteles do conceito, especialmente na *Política*, Livro I.2, 1252 b 22 *et sq*, neste passo reproduzindo os mesmos versos da *Odisseia*, IX, 112-115. Todavia, sempre que surge em Aristóteles este termo, não pretende ele significar um regime caracterizado por uma autoridade pessoal mas, antes, significa *dynasteia* o poder concentrado num grupo restrito de chefes. Defende este filósofo que existem certas oligarquias que se caracterizam por um exercício do poder de modo hereditário e, por vezes, arbitrário (vide *ibid.*, Liv. IV.5, 1292 b 5 *et sq.*; 6, 1293 a 31 *et sq.*; e ainda II.10, 1272 b 1 *et sq.*). Não existe, no entanto, qualquer oposição entre as noções de Platão e de Aristóteles: ambos consideram *dynasteia* como um regime de autoridade pessoal, cujo exercício do poder, o qual é por natureza hereditàrio, competirá a um ou mais indivíduos. A grande diferença reside, pelo contrário, na evolução desse regime: Platão, por um lado, estabelece essa concepção em conformidade com a evolução para um estádio mais perfeito; Aristóteles, por outro, analisa segundo a perspectiva oposta – a degenerescência no sentido de um regime despótico e arbitrário, o qual "em si mesmo origina a sua própria destruição", *phthora*.

LEIS

subsistir até à actualidade entre Gregos e Bárbaros. Corresponde, sem dúvida alguma, àquele tipo de regime descrito por Homero quando se refere à vida dos Ciclopes([191]), acerca deles afirmando:

"Esses não têm assembleias deliberativas nem regras, mas habitam eles os cumes das altas montanhas, no coração das cavernas; cada um reina sobre os seus filhos e as suas mulheres([192]), sem que o vizinho o incomode"([193]).

Assim sendo, os dois filósofos situam-se em planos diferentes em relação ao regime ideal: Platão visa esse regime do ponto de vista teórico; Aristóteles visa, pelo contrário, a sua natureza real, sublinhando o ponto de vista prático. Se assim é, não existe razão para se considerar ambíguo o emprego de *dynasteia* por Platão (vide G. Rohr, *Platons Stellung zur Geschichte*, Berlin 1932, pp. 13 *et sq*.); nem tão-pouco são justificadas as considerações de R. Weil, *L'archéologie de Platon* (Paris 1959), *ad loc.*, relativas ao carácter "pouco técnico" de termos como *dynasteia, dynastês* ou *dynasteuó*. Deverão, pelo contrário, ser os referidos termos entendidos no contexto do desenvolvimento dedicado ao tema por Platão: a sua significação é secundária, já que aquele apenas os emprega sem pretender o analisar o seu significado preciso.

([191]) Os Ciclopes constituem apenas um exemplo, cuja fonte principal é Homero, a ser inserido na discussão geral da sociedade patriarcal; de modo nenhum constituindo o tema principal da discussão. Deve-se, aliás, acrescentar o facto de aqui recorrer Platão ao método comparativo, sublinhando R. Weil, (*op. cit. supra, ad loc.*) a circunstância de não ser empregada uma linguagem propriamente técnica.

([192]) Referência à prática natural da poligamia, praticada unicamente em função da procriação, baseia-se fundamentalmente no seguinte juízo: um maior número de cabeças implicaria certamente um maior território e, como consequência directa, o predomínio do Ciclope como "macho dominante" (ideia dada pelo vocábulo grego *alokhou*) neste tipo de sociedade primitiva. Aristóteles, por exemplo, refere-se a este tipo de vida primitiva (*Ética a Nicómaco,* X.10, 1180 a 28) sem, no entanto, o considerar como constituição, tratando-se de um modo de vida incipiente em que cada um trata "animalescamente" a sua mulher (no sentido de "fêmea") e os seus filhos (no sentido de "crias"). Acrescente-se ainda a observação de E.B. England, *The Laws of Plato* (Manchester 1921), *ad loc.*, acerca de uma perigosa identificação do mundo dos Ciclopes com as primitivas sociedades patriarcais. O Ciclope poderá, quanto muito, ser o exemplo de uma degenerescência desse tipo de sociedade, isto é: se as sociedades humanas não tivessem evoluído, certamente só poderiam resultar numa sociedade dominada por Ciclopes.

([193]) *Odisseia*, IX, 112-115. Homero afirma: "cada um governa sobre os seus filhos e as suas mulheres". Neste passo da *Odisseia* narra Odisseu (ou Ulisses) o seu encontro com o Ciclope. Os Ciclopes são seres brutais, gigantescos, com um só olho, de uma força física animalesca: são os monstros habitantes das cavernas,

LIVRO III

680 c *Clínias* – Teve este poeta o mérito de ter sido tão encantador para com a vossa terra. Na verdade, ainda possuímos outros versos de sua autoria, embora em pequeno número, cheios de urbanidade. Com efeito, já não nos dedicamos à prática de recitar poesia estrangeira.

Megilo – Nós, pelo contrário, praticamo-la, sendo, conforme pensamos, este poeta superior a todos os seus émulos. **680 d** Todavia, de modo nenhum se trata da vida típica de Esparta aquilo que descreve mas, antes, oferece-nos um quadro do género de vida próprio da Jónia, que, aliás, parece fazer continuamente. Quanto ao caso presente, julgo ser ele um sério testemunho que secunda a tua tese: a sua mitologia [194] retrata os costumes primitivos dos Ciclopes com elevado grau de selvajaria.

Ateniense – Sim, o seu testemunho é-me realmente favorável, podendo ser considerado uma espécie de documento acerca de regimes como este.

Clínias – Bem! Prossigamos então.

Ateniense – E não seria porventura no seio destes grupos que esses desastres tão catastróficos terão sido responsáveis pela dispersão dos vários núcleos familiares com as suas gerações, **680 e** exercendo aí os mais velhos a autoridade, em virtude de o poder lhes ter sido assim transmitido por um pai e por uma mãe; enquanto que, de modo inverso, os outros indivíduos sob o seu próprio governo,

---

nunca tendo vivido em cidades e desconhecendo a agricultura (não sabem, por exemplo, o que é o vinho); cuidam dos seus rebanhos de carneiros e são antropófagos. A Idade dos Ciclopes corresponde à Pré-História da Grécia, a época do homem do Paleolítico. O mesmo passo é também referido por Aristóteles na *Ética a Nicómaco*, X, 1180 a 28, e na *Política*, I.2, 1252 b 22 *et sq*. Estrabão, *Geografia*, 13.1.24-5, refere este passo das *Leis* de Platão. Cf. Hesíodo, *Teogonia*, 139 *et sq.*, 501 *et sq*.

[194] Homero diz apenas que os Ciclopes possuem uma fé *naïf*. Os Ciclopes são praticamente votados ao esquecimento na narrativa de Platão. Vide nota 193.

qual pássaros, constituíam uma espécie de bando sujeito a uma realeza patriarcal, sendo esta a mais justa de todas as realezas?

Clínias – De facto, assim é.

Ateniense – Depois disso, um maior número de pessoas começou a reunir-se e a formar aglomerados humanos que atingiram dimensões consideráveis; simultaneamente dedicando-se os seus habitantes ao cultivo dos campos, especialmente àquelas culturas que são praticadas nas encostas das montanhas; **681 a** os campos foram rodeados por muros construídos com seixos talhados, a fim de poderem ficar melhor protegidos dos ataques dos animais ferozes, dando assim origem à formação de uma comunidade habitacional mais vasta.

Clínias – Pelo menos, parece verosímil terem as coisas acontecido conforme dizes.

Ateniense – E não será também verosímil o que se segue?

Clínias – Como assim?

Ateniense – O seguinte facto: à medida que estes primeiros habitantes – obviamente de pouca importância no princípio – começaram a se desenvolver, transformando-se naquilo que são hoje, verificava-se a existência de um ancião em cada núcleo familiar, que era o chefe da família ([195]); **681 b** além disso, os costumes

---

([195]) Trata-se da noção de *arkhôn presbytatos*. Quando a cidade primitiva inicia a sua fase de transição para um nível civilizacional mais avançado, caracterizado por uma legislação incipiente, o exercício da autoridade compete ao membro mais velho da comunidade: o *arkhôn presbytatos*, o mais idoso dos anciãos das diversas famílias que formavam a comunidade. Por conseguinte, neste passo desenvolve Platão uma concepção de sociedade etariamente hirarquizada, tornando--se, então, possível entender mais claramente a razão por que Platão estabelece os três tipos de coros, delimitados pela idade e não por um conjunto de competências especificamente estipuladas para cada um. Além disso, esta postura pode ainda ser considerada uma concepção de estrutura social típica das sociedades antigas, nas quais saber e poder são complementares.

LIVRO III

de cada núcleo, que tiveram a sua génese no excessivo isolamento, começaram por se diferenciar nos hábitos em conformidade com a índole dos progenitores e de acordo com a orientação dos educadores, tanto nas relações de carácter religioso como naquelas existentes entre os diversos membros da família. Estes mesmos costumes foram amadurecendo e tornaram-se, por sua vez, mais ou menos sofisticados em consonância com a natureza mais ou menos refinada dos chefes das várias famílias. Do mesmo modo, cada um dos membros dessas células familiares, ao orientar as crianças segundo os seus próprios desígnios (visando não só os filhos mas ainda os filhos dos filhos), terá sentido a necessidade e a obrigação de criar numa comunidade, que se desenvolveu e atingiu uma dimensão considerável – repito-o –, leis específicas para isso particularmente destinadas.

Clínias – Evidentemente.

681 c *Ateniense* – Podemos, além do mais, acrescentar que cada grupo se viu obrigado a estimar e a respeitar as suas próprias leis, certamente preferindo-as às dos outros.

Clínias – Assim é.

Ateniense – No que diz respeito à questão da origem da legislação, parece termos agora encetado a sua discussão.

Clínias – Certamente.

Ateniense – Em todo o caso, esta nova comunidade deveria posteriormente escolher entre os seus membros determinados indivíduos como seus representantes, a fim de por este modo lhe ser possível proceder a um exame mais cuidado e minucioso dos costumes de todos os outros grupos e de, no interesse comum, poderem aqueles apresentar uma exposição clara aos respectivos chefes e governantes – aos reis, por assim dizer, dos diversos povos – **681 d** daquilo que consideravam mais importante, devendo, por essa razão, ser justamente deliberado e aprovado. Estes homens

LEIS

eram os próprios legisladores que, ao instituir os outros chefes da comunidade como magistrados, puderam consignar o poder à sua pessoa numa espécie de aristocracia ou de realeza, tendo sido durante a transição para este regime recentemente formado que, então, se passou a viver.

Clínias – Certamente que as coisas se teriam processado por vários estádios.

Ateniense – Iniciemos, por conseguinte, o nosso estudo a partir de outra forma de regime político, aquele terceiro tipo, no qual se pode encontrar todas as formas de regime, todos os tipos de cidade e toda a espécie de vicissitude.

Clínias – Qual é essa forma?

Tróia: fundação e queda

681 e *Ateniense* – Esse regime que Homero refere imediatamente a seguir àquele segundo, quando afirma que a terceira forma de governo se apresentava do seguinte modo: "fundou ele a Dardânia". Além disso, acrescenta ainda ele:

"É que a sacrossanta Ílion ainda não se elevou no seio das planícies como uma cidade, uma verdadeira cidade humana: os seus homens ainda continuavam a habitar as encostas do Ida das mil nascentes" ([196]).

([196]) *Ilíada*, XXII, 216-218. Neste passo é Eneias quem fala. Na verdade, o Ateniense omite o pincípio da frase que diz: "Zeus, senhor que assim reuniu as nuvens e criou Dárdano...". Não deixa de ser curioso o facto de Homero nunca se refrir à "primeira" cidade, nem tão-pouco Ílion (*i.e.*, Tróia) é considerada a "terceira" cidade. Este passo da *Ilíada* aparece no Livro I do tratado *Da Filosofia* de Aristóteles, o qual nos terá sido transmitido por João Filópono no seu *Comentário do tratado Isagoge de Nicómaco de Gerasa*. Cf. *supra* 677 b. Além disso, convirá mencionar o seguinte: a diferença entre Ílion e Tróia residirá possivelmente na circunstância do primeiro nome ser dado à cidadela enquanto que, por outro lado, Tróia era provavelmente o território adjacente, assim correspondendo ao país habitado pelos Troianos. A Dardânia era uma região situada a norte do território de Tróia, sendo governada pelo pai de Eneias, Anquises.

LIVRO III

682 a Recita ele estes versos, tal como o faz em outras ocasiões, especialmente naqueles versos relativos aos Ciclopes, ousando o mesmo dizer em uníssono acerca da própria divindade e da própria natureza. De facto, estes poetas são eles também uma raça divina, inspirada no seu canto pelos deuses, com a assistência das Graças e das Musas, capazes como são de intuir num instante factos de natureza histórica.

Clínias – E de uma maneira tão excelente.

Ateniense – Prossigamos, então, investigando com profundidade ainda maior. Neste momento, recordo esta fábula, que poderá talvez esclarecer o meu propósito, sendo, por isso, absolutamente necessário que procedamos desta maneira.

682 b *Clínias* – Certamente.

Ateniense – Tróia, conforme dizíamos, foi fundada quando tínhamos abandonado as alturas das montanhas e descido em direcção àquela planície vasta e bela, no sopé de uma cratera e tendo os incontáveis rios como seus vizinhos, que para ela fluíam a partir da sua nascente nos cumes do monte Ida ([197]).

Clínias – Assim dizem, na verdade.

([197]) Trata-se de uma alusão literária. Aqui, Platão não pretende situar os acontecimentos cronológica ou espacialmente (*i.e.*, segundo as noções de *zeit und raum*) na Tróia ancestral, Ílion; mas, antes, dar uma imagem ancestral desta cidade como uma das primeiras povoações fundadas logo depois do Dilúvio, a qual, por sua vez, se cristaliza na própria imagem interior que cada um tem da própria génese da cidade. Assim sendo, a nota de Des Places *ad loc.* é, quanto a este sentido, pertinente: "mieux vaut faire la part, chez Homère, de l'imagination et du paysage intérieur". Daqui se conclui não ter esta alusão mera intenção estilística, sendo, pelo contrário, parte integrante do discurso filosófico que se desenvolve ao longo do diálogo. O monte Ida em Tróia (não devendo ser confundido com o seu homónimo em Creta, onde Zeus passou a sua infância ao cuidado de Ida e de sua irmã Adrasteia, filhas de Melisseu) era o monte mais alto desta região, a Tróade, sendo actualmente chamado Kaz Dag.

LEIS

Ateniense – Não é verdade que este acontecimento é muito posterior ao Dilúvio?

Clínias – Sim, sem qualquer dúvida que terá sucedido muitos anos depois. Poderá alguma dúvida ainda persistir?

Ateniense – Em todo o caso, terá sido necessário que os homens se tivessem, assim de uma maneira tão hedionda, completamente esquecido daquele cataclismo, **682 c** acerca do qual acabámos de falar, expondo assim uma cidade aos diversos rios que correm das alturas, passando a procurar sua própria segurança em colinas que já não eram tão elevadas.

Clínias – Por conseguinte, torna-se evidente que tudo isso acontece muitos anos depois desse tal desastre.

Ateniense – Também outras cidades, conforme poderei imaginar, tinham sido fundadas nas planícies, alcançando elevado número à medida que os homens se multiplicavam.

Clínias – Evidentemente.

Ateniense – E conforme também parece, chegaram os humanos ao ponto de organizar contra Tróia uma expedição, a qual teria sido talvez planeada por mar [198], em virtude de todos eles se encontrarem absolutamente aptos para navegar sem qualquer receio.

682 d *Clínias* – Assim terá sido.

---

[198] Trata-se da expedição dos Gregos contra Tróia sob o comando supremo de Agamémnon, rei de Argos e irmão de Menelau, cuja esposa, Helena, tinha sido levada para Tróia por Páris, filho de Príamo, rei de Ílion. De facto, foi esta expedição realizada por mar, sendo disso testemunho a própria *Ilíada* com a sua famosa descrição das embarcações gregas, o "Catálogo dos Barcos", que formavam a armada dos Gregos, vide *Ilíada*, 2. 484-785.

LIVRO III

Ateniense – E, depois de terem decorrido cerca de dez anos, destruíram os Aqueus a cidade de Tróia (¹⁹⁹).

Clínias – Absolutamente.

Ateniense – Ora, durante este período de dez anos que durou o cerco de Tróia, as diversas nações que sitiavam a cidade viram acontecer-lhes sucessivos e numerosos males, sobretudo causados pela insolência da juventude que, aquando do regresso dos guerreiros às suas cidades e aos seus lares, fez com que aqueles fossem tão injustamente mal recebidos, constituindo a causa directa de tantos assassinatos, de tantos massacres e de incontáveis exílios. **682 e** Esses homens que terão sido banidos adquiriram, mais tarde, um novo nome, voltando assim à sua terra sob o nome de Dórios, em vez de se denominarem Aqueus: com efeito, foram os filhos de Doro que resgataram os exilados nessa altura (²⁰⁰). Na realidade, ó Lacedemónios, estes acontecimentos – bem como todos os poste-

---

(¹⁹⁹) Aqueus é um dos nomes dados nos *Poemas Homéricos* aos Gregos.

(²⁰⁰) Trata-se da invasão dos Dórios, os Heraclidas – assim denominados por serem então considerados "Filhos de Héracles" – e da subsequente conquista do Peloponeso, situando este acontecimento Platão oitenta anos depois da conquista de Tróia, baseando-se certamente em outros relatos, *nóstoi*, para além dos *Poemas Homéricos* ou da tragédia *Agamémnon* de Ésquilo; cf. Tucídides, *Histórias*, 1.12, Heródoto, *Histórias*, 1.56, 8. 73. Com efeito, Héracles e sua esposa Dejanira geraram enorme prole, sendo ela formada por filhos varões e por uma filha, Macária; Hilo teria sido o filho mais velho. A expressão "Regresso dos Heraclidas" significa a invasão dos Dórios, já que este grupo étnico se reclamava descendente de Héracles, tendo o mito sido elaborado do seguinte modo: Hilo, filho mais velho de Héracles, reclamou os seus direitos como herdeiro do trono deTirinto, no Peloponeso, e decidiu consultar o Oráculo em Delfos, tendo obtido a enigmática resposta "espera pelo terceiro fruto". Confundiu Hilo este "terceiro fruto" com a colheita do terceiro ano a partir da data da consulta ao oráculo e ordenou a invasão do Peloponeso três anos depois, tendo sido derrotado e morto em combate sin-gular por Equemo de Tégea na Arcádia. Significava, porém, o "terceiro fruto" a terceira geração: Temenos e os outros Heraclidas, os quais conquistaram finalmente o Peloponeso, dando assim origem ao "Lote de Temenos", ao qual Platão se refere nas *Leis*. Finalmente, a referência neste passo a Doro, *Dorieus*, parece constituir a única informação acerca deste personagem.

riores a esta ocasião – encontram-se relatados com o mais ínfimo pormenor nas vossas lendas e na vossa história.

Megilo – Como assim?

Os Estados dos Dórios

Ateniense – Naquele ponto em que a nossa digressão se terá iniciado, mesmo no começo daquele nosso debate acerca das leis, deparámos com a questão relativa à música e aquela outra relativa ao estado de embriaguez; eis que, uma vez mais e recobrando o fôlego, a ela tornamos novamente, segundo aquilo que nos reserva a providência, chegando mesmo esta discussão (e poderei dizer que ela nos guarda algo de favorável!) a abordar a fundação da Lacedemónia e de Creta, em virtude de as leis tanto de uma como de outra parecerem ser irmãs. **683 a** Ora, neste momento, esta divagação – que tanto interessa a este nosso propósito e que, além disso, nos obriga a percorrer toda a investigação que iniciámos acerca dos regimes políticos e das fundações dos Estados – facultou- -nos uma enorme vantagem, a saber: a possibilidade de podermos devidamente examinar a existência de uma primeira cidade, depois, de uma segunda e, finalmente, de uma terceira, cujas fundações se sucederam, em nossa opinião, numa continuidade temporal infinita. Por outro lado, perante a circunstância de uma quarta cidade poder neste momento emergir (ou, então, se preferirmos empregar o nome de povo), encontrar-se-ia ela ainda num estado incipiente de formação no tempo da sua fundação, **683 b** assumindo posterior- mente determinada forma de regime consoante aquilo que a sua própria constituição determinou. Na eventualidade de nos ser possível, a partir de tudo isso, deduzir o que de bom ou de mau foi nessas constituições incluído, para além de podermos ver quais as leis que garantem a salvaguarda daquelas coisas que verdadeira- mente merecem ser preservadas e, por outro lado, aquelas que decretam a supressão daquelas coisas que verdadeiramente mere- cem ser suprimidas, assim como saber em que medida deverá a

LIVRO III

felicidade [201] de uma cidade ser gerida; nesse caso, caro Megilo e caro Clínias, tudo isso consistirá necessariamente naquilo que deve agora ser de novo discutido, tal como se fizéssemos voltar a discussão ao ponto de partida, contanto não haja qualquer objecção ao percurso por nós delineado.

683 c *Megilo* – Contudo, ó estrangeiro, se por acaso um deus nos tivesse prometido isso mesmo, *i.e.*, que, ao encetar pela segunda vez a investigação relativa à legislação, certamente poderemos deparar-nos com propósitos da mesma natureza e de igual amplitude, como estes que agora versamos, nessa circunstância, aceitaria eu iniciar um longo caminho, logo me parecendo curto este dia, para além de quase nos encontrarmos naquele ponto em que o deus decreta a passagem do Verão para o Inverno [202].

Ateniense – Será, por conseguinte, necessário começarmos de novo a nossa investigação.

Megilo – Absolutamente.

Ateniense – Bem! Imaginemos uma digressão espiritual e recuemos até àquele tempo em que a Lacedemónia, Argos e a Messénia, bem como os seus respectivos territórios [203], se encontravam, caro Megilo, aparentemente submetidas ao poder dos vossos antepassados. **683 d** Seguindo aquilo que nos terá a tradição justamente transmitido, decidiram eles dividir os seus domínios em três cidades: Argos, Messene e Lacedemónia.

---

[201] Trata-se do princípio eudemonístico defendido pelas correntes filosóficas antigas: como alcançar e gerir a felicidade do cidadão em particular e da cidade em geral.

[202] Referência ao solstício de Verão, possivelmente indicando o mês de Junho, quando os dias são mais longos, conforme se pode depreender daquilo que antes é afirmado.

[203] Esses territórios eram os seguintes: a Lacónia, sob o domínio de Esparta, a Argólida, sendo o seu território dominado por Argos, finalmente, a Messénia, a qual tinha o seu centro político em Messene, tendo sido anexada por Esparta e os seus habitantes reduzidos à condição subalterna de hilotas, completamente desprovidos de direitos cívicos e políticos.

LEIS

Megilo – Assim foi realmente.

Ateniense – O rei de Argos foi Temenos [204], o de Messene, Cresfontes [205], sendo os reis de Esparta, Procles e Eurístenes [206].

Megilo – Realmente, assim foi.

Ateniense – Além disso, obtiveram eles o juramento solene das suas populações de que haveriam elas sempre de os assistir, **683 e**, caso se verificasse alguma tentativa de derrubar a realeza.

Megilo – Perfeitamente.

Ateniense – No entanto, no momento em que a realeza é abolida, ou – falando na generalidade – quando uma autoridade o terá sido eventulamente no passado, porventura terá isso sucedido devido à acção de elementos exteriores ou, pelo, contrário devido a algo que lhe é interno? Ou será que, quando há pouco nos deparámos com esta mesma questão, e por essa razão promovemos estes princípios, disso nos tenhamos agora completamente esquecido?

Megilo – Como poderia isso acontecer?

Ateniense – Bom! Teremos, por conseguinte, de consolidar a nossa posição, ao tratarmos deste assunto, já que, quando confrontamos os factos uns com os outros, voltamos sempre ao ponto de partida, o tema da nossa discussão no momento. **684 a** Assim sendo, de modo nenhum nos empenharemos em investigar em abstracto mas, antes, os factos tal qual realmente aconteceram. Ora, esses factos são os seguintes: três realezas firmaram, cada uma, juramentos com as cidades que se encontravam submetidas

---

[204] Chamado Lote de Temenos.

[205] Ficou conhecido como Lote de Cresfontes.

[206] Procles e Eurístenes eram irmãos gémeos, filhos de Aristodemo, que terá chefiado a invasão do Peloponeso pelos Dórios. Foram eles os primeiros reis de Esparta, por este modo dando origem à monarquia colegial dessa cidade-estado da Grécia.

LIVRO III

ao seu poder, em conformidade com as leis estabelecidas por todos em comum, sendo naturalmente destinadas tanto a governantes como a governados. Contudo, uns comprometeram-se a não se impor pela violência ou de uma maneira autoritária, refugiando-se naquele argumento relativo à raça ou ao progresso dos tempos; enquanto que, inversamente, outros, baseando-se na garantia assumida pelos próprios magistrados, comprometeram-se a jamais tentar derrubar a realeza ou tolerar essa tentativa quando vinda do exterior. **684 b** Não obstante, aceitaram que os reis pudessem intervir numa situação de injustiça, assistindo tanto os outros reis como o próprio povo; o mesmo valendo para o povo, devendo este sempre auxiliar os reis e as outras populações em caso de injustiça ([207]). Não terá sido assim?

Megilo – Evidentemente.

Ateniense – E não corresponde isto, afinal, ao princípio fundamental das constituições políticas promulgadas nestas três cidades, independentemente de terem sido elaboradas por reis ou por legisladores?

Megilo – Qual princípio?

Ateniense – O princípio da união de duas comunidades cívicas contra uma terceira, na eventualidade de se verificar numa delas desobediência às leis estabelecidas.

Megilo – Evidentemente.

684 c *Ateniense* – Ora, a maioria atribui aos legisladores a missão de estabelecer uma determinada legislação, a qual as populações e a maioria possam voluntariamente acolher e considerar

---

([207]) De acordo com Xenofonte, *Constituição de Esparta*, 15.7, era estabelecido um juramento mútuo entre os éforos, como representantes do povo, e os reis; tais juramentos visando o cumprimento das leis e o respeito das instituições. Os reis juravam respeitar as leis e, por seu lado, os éforos juravam respeitar e defender a monarquia.

LEIS

justamente suas, tal como acontece com os mestres de ginástica ou com os médicos, quando cuidam e tratam dos corpos que lhes são confiados de uma maneira agradável.

Megilo – Isso precisamente.

Ateniense – Na verdade, poder-se-á dizer que devemos apenas nos alegrar com o simples facto de poder um determinado corpo tornar-se vigoroso e saudável sem dor alguma ([208]).

Megilo – Como assim?

684 d *Ateniense* – É que os homens desse tempo possuíam ainda outra vantagem que realmente facilitava bastante o estabelecimento das leis.

Megilo – Qual?

Ateniense – Os seus legisladoress, no seu esforço para estabelecer a igualdade de propriedade, encontravam-se completamente livres do perigo de cair naquele flagelo maior, em que tinham habitualmente resvalado cidades com um diferente corpo de leis. Baseavam-se eles na seguinte suposição: quando alguém pretende perturbar a natural ocupação da terra ou, então, propor a abolição das dívidas, fá-lo em virtude de se aperceber de que, sem estas medidas, nunca poderá, vez alguma, a igualdade ser devidamente garantida. Nessa situação, todo aquele legislador que tentar estabelecer uma reforma deste género enfrentará inevitavelmente um povo que

---

([208]) Este recurso frequente à comparação com a medicina podemos encontrá-lo no *Górgias*, 521 d-522 a, nas *Leis*, Livros IV, 720 c-d, e VII, 330 d-331 a. Neste caso o Estado, qual corpo, apenas necessita de ser forte e são para permanecer tal qual é, sendo esse o principal objectivo do legislador. Na verdade, parece Platão estar aqui a rejeitar a doutrina isocrática (defendida pelo orador e pedagogo Isócrates, contemporâneo do filósofo), segundo a qual será necessário obter das pessoas uma obediência que seja voluntária; para Platão sendo preferível uma "cura sem dor excessiva".

LIVRO III

684 e, por isso, lhe pede que não mude aquilo que é por natureza imutável, amaldiçoando-o por ter introduzido a redistribuição das terras e a supressão das dívidas, chegando ao ponto de todos os homens se virem reduzidos a uma situação de impotência ([209]). Mas, para os Dórios havia esta vantagem: a de poderem proceder em todos os domínios da melhor maneira e sem qualquer animosidade, sendo a terra distribuída sem qualquer ameaça de disputa e sem estar na iminência de dívidas antigas e avultadas por saldar.

Megilo – Isso é inteiramente verdade.

Ateniense – Excelentes amigos, porque terão tanto a sua fundação como a sua legislação resultado de uma maneira assim tão desastrosa?

685 a *Megilo* – Que pretendes dizer com isso? Que erro pretendes apontar?

Ateniense – O seguinte: destes três Estados em breve dois optaram por derrubar as suas constituições e subverter as suas próprias leis, apenas um permanecendo estável – a vossa cidade ([210]).

Megilo – De facto, a questão não parece ser fácil.

([209]) Referência às reformas de Sólon, responsável pela *seisakhteia*, a abolição das dívidas (vide a obra atribuída a Aristóteles, *Constituição de Atenas = Athenaiôn Poltieia*, VI).

([210]) Referência à crise de regime que se verificou tanto na Messénia como em Argos. Não deixa de ser interessante a circunstância de se acusar Platão de estar meramente interessado em estabelecer um paralelo entre as três grandes cidades dos Dórios no Peloponeso, naquilo que diz respeito ao destino político de cada uma; tudo se resumindo, afinal, a um relato dos acontecimentos abreviado e desprovido de espírito crítico. Em primeiro lugar, Platão não está interessado em fazer análise histórica à maneira de Tucídides ou de Heródoto; em segundo lugar – e de acordo com o que se afirma em 676 c – a grandeza e o domínio das cidades são efémeros; em terceiro lugar, basta este breve resumo para demonstrar que a consistência de um regime – independentemente da sua natureza – decorre da sua coerência interna e não de uma circunstância exterior que possa ser historicamente explicada.

LEIS

Ateniense – Bem! No entanto, será necessário que, na nossa presente investigação, eliminemos qualquer moléstia com um exame minucioso desta questão, jogando avisadamente com as leis, à maneira de velhos que usufruem um jogo agradável. **685 b** Prossigamos, pois, o nosso caminho sem qualquer preocupação, tal qual afirmámos no início da nossa caminhada.

Megilo – Com toda a certeza! Assim deveremos proceder conforme dizes.

Ateniense – Bom! Em matéria de leis, qual seria, então, a investigação mais sublime, que deveríamos iniciar, a fim de podermos estudar aquelas leis que mais honraram as suas cidades? Ou, ainda, quais seriam as maiores e mais ilustres cidades, devendo a fundação de cada uma constituir o objecto da nossa investigação?

Megilo – Não seria fácil mencionar outras para além destas.

Ateniense –Realmente, segundo a maneira de pensar dos homens desse tempo – facto, aliás, tão evidente – todas essas disposições deveriam assegurar a suficiente protecção não só do Peloponeso como ainda de todo o território da Grécia, **685 c** na eventualidade de alguma ameaça perpetrada por um povo bárbaro, tal como se verificou quando os povos da Tróade, demasiado confiantes no poder do reino assírio formado no tempo de Ninos ([211]), provocaram, devido à sua insolência, aquela guerra contra Ílion. Na verdade, aquilo que ainda restava do prestígio daquele império

---

([211]) *I.e.*, o império que tinha como centro político Nínive, na Assíria, a grande cidade cujos monarcas deram origem à grande dinastia que dominou toda a Mesopotâmia, estando, por sua vez, na origem do Império Persa. Este domínio também era conhecido como Império Assírio de Ninos, alusão ao fundador mítico da cidade de Nínive. Cf. Heródoto, *Histórias*, 1.102, refere-se aos Assírios que habitavam Nínive, *Assyriôn toutous hoi Ninon eikhon*, devendo *Ninos* ser interpretado como "Nínive". Dever-se-á mencionar a circunstância de o nome Ninos ser desconhecido na literatura assírio-babilónica, embora tal facto não tenha impedido os escritores gregos de tecerem longas histórias acerca das relações deste com Semíramis.

LIVRO III

constituía algo de considerável e para temer – assim como nós próprios tememos o poder do Grande Rei da Pérsia ([212]) – de tal modo que os homens desse tempo se teriam certamente sentido atemorizados por tal poderio, sustentado como era por uma organização política como aquela. **685 d** Um longo rol de queixas dirigido contra os Gregos terá constituído a causa da segunda destruição da cidade de Tróia: com efeito, esta cidade era parte integrante do império dos Assírios ([213]). Perante este género de perigos, a união das forças que se encontravam anteriormente repartidas por estas três cidades, todas elas submetidas à autoridade dos seus reis, todos irmãos e filhos de Héracles, tinha sido precisamente concebida e regulamentada para isso, conforme se nos afigura, ultrapassando por completo aquele outro exército que fora contra Tróia antes enviado. Realmente, era evidente, em primeiro lugar, que, naquilo que aos chefes dizia respeito, o comando dos Heraclidas era muito superior ao dos Pelópidas ([214]); em segundo lugar, **685 e** parecia ser verdadeiramente superior este exército, para além de ser muito

---

([212]) Com efeito, é assim chamado o Rei da Pérsia, tratando-se evidentemente de uma expressão típica do protocolo dessa época, sublinhando a majestade real, tal como se verifica no famoso cilindro com a inscrição acerca de Ciro, do séc. VI, c. 538 a.C. Outra variante seria *basiléus* apenas, vide *infra* 695 e.

([213]) Em relação a este relato do império da Assíria a fonte não será certamente Heródoto; podendo, por conseguinte, ter sido Ctésias, autor de *Persica*. Poder-se-á, então, aventar a hipótese de estar Tróia integrada no império da Assíria (vide Didodoro Sículo, *Biblioteca Histórica*, 2.2, que, fundamentando-se seguramente em Ctésias, afirma que o império criado por Ninos se estendia até à Troáde; a seguir discorrendo acerca da lenda de um tal Teutamos, descendente de Nínias, filho de Semíramis, que tinha enviado a Príamo um contigente de vinte mil soldados originários da Etiópia e da Susânia, com duzentos carros de combate, sob o comando de Mémon, filho de Títon). A primeira conquista de Tróia por Héracles é mencionada na *Ilíada*, V, a ela se referindo Platão nas *Leis*, I. 640 a *et sq.*, e ainda *supra*, 682 d.

([214]) Vide Apolodoro, *Biblioteca*, II. 177; Eurípides, *Heraclidas*. Os Pelópidas são os filhos de Atreu, filho de Pélops, por essa razão sendo também denominados Atridas. Os Atridas eram Agamémnon, rei de Micenas, comandante supremo da expedição a Tróia, e seu irmão Menelau, rei de Esparta, que tinha casado com Helena, filha de Zeus e de Leda, que o enganara com Páris, filho de Príamo, rei de Tróia.

LEIS

mais corajoso do que aquele outro que, muitos anos antes, tinha chegado até às muralhas de Tróia: eram eles os novos vencedores que aí tinham acabado de chegar enquanto que, pelo contrário, os outros, os Aqueus, tinham sido derrotados pelos Dórios [215]. Por conseguinte, não deveremos nós considerar terem sido estas as disposições e as intenções dos homens dessa época?

Megilo – Sem dúvida alguma.

Ateniense – E também não é provável que deveriam eles ainda acreditar que este estado de coisas se encontrava naturalmente assegurado e que, por essa mesma razão, haveria de durar muito tempo, **686 a** em virtude de terem eles partilhado tantos trabalhos e tantas provações, sendo governados por uma única raça, a raça dos reis, reis estes que eram irmãos e guiados por oráculos, tendo consultado adivinhos tão notáveis como o de Apolo Délfico [216]?

Megilo – Certamente que sim.

Ateniense – Esta expectativa tão promissora desvaneceu-se totalmente, segundo parece, e de uma maneira tão rápida, excepto naquilo que diz respeito a uma pequena parte, **686 b** conforme acabámos de verificar. Essa minoria corresponde à vossa terra, que até hoje jamais cessou de sustentar guerra contra outras. Por conseguinte, se aquele plano primitivo se tivesse efectivamente concretizado e resultado nessa união pretendida, teria isso certamente constituído uma força invencível na guerra.

Megilo – Certamente.

---

[215] Os Aqueus são os Pelópidas-Atridas enquanto que, em oposição, os Dórios são os Heraclidas.

[216] Apolo, deus protector do santuário de Delfos, foi sempre referido por Platão com grande respeito e deferência (devido a ancestrais ligações de família provavelmente?). Mesmo a associação, neste santuário, de Apolo com Dioniso é relegada para segundo plano; o prestígio do primeiro suplanta o do deus do vinho, o mesmo se verificando na cidade das Leis. Vide situação paralela no *Epinomis*. Cf. *supra* I, 624 a.

LIVRO III

Ateniense – Por que razão e como terá tudo isso sido destruído? Não será interessante examinar qual o destino que lhe estava reservado, especialmente quando tomamos em consideração um sistema político tão formidável e de tal importância?

Megilo – Sim. Tomando estes acontecimentos como exemplo, **686 c** teria sido, na verdade, vão tentar encontrar leis e instituições que pudessem alcançar aqueles fins belos e grandiosos a que se propuseram; por outro lado, caso tivessem sido negligenciados, arruiná-los-iam até aos alicerces.

Ateniense – Eis que – pelo menos desta vez – acabámos felizmente por nos empenhar numa investigação de razoável importância.

Megilo – Sem qualquer dúvida.

Ateniense – No entanto, excelente amigo, não é verdade que todos os homens, tal como nós próprios neste preciso momento, de uma maneira geral tanto apreciam – e de um modo que bem poderá tornar-se alvo do desprezo comum – todas as vezes que vêem algo que consideram belo, questionar-se acerca da possibilidade de esse tal objecto, que consideram tão belo, produzir resultados tão maravilhosos, na condição de alguém poder delinear qual o uso mais correcto daí decorrente? **686 d** Neste caso, poderíamos eventualmente, ao sustentar tal ideia, estar errados e proceder contra a natureza, no que diz respeito a esta questão; o mesmo valendo para todas as outras circunstâncias, em que os homens supõem ideias semelhantes.

Megilo – Que pretendes dizer com isso? Qual será, então, o ponto principal das tuas observações?

Ateniense – Meu bom amigo, eu próprio acabo de fazer troça de mim mesmo. É que, quando eu considerava toda esta organização, acerca da qual temos falado, resolvi qualificá-la como a mais esplêndida de todas, constituindo um tesouro maravilhoso, uma dádiva preciosa para os Gregos, caso – repito-o – tivesse alguém disso feito bom uso, como assim deveria ser.

686 e *Megilo* – E não terá sido com mérito e razão que tu falaste e nós anuímos?

Ateniense – Talvez. Todavia, questiono-me se alguém, quando vê uma coisa tão grande, poderosa e munida de uma força tão considerável, passará instintivamente à convicção de – na eventualidade de o possuidor de um engenho de tal natureza e desta dimensão disso souber fazer uso correcto – conseguir produzir maravilhas e, por isso, ser feliz[217].

687 a *Megilo* – Não será essa uma legítima convicção? Que te parece?

Ateniense – Examinemos, por conseguinte, as considerações que tecemos em relação a qualquer objecto, seja ele qual for, as quais também poderão ainda mais legitimar o nosso elogio. Em primeiro lugar, naquilo que diz respeito ao assunto em discussão, na situação daqueles homens responsáveis pelo comando do exército saberem dispor metodicamente as suas forças, como poderiam eles nessa época melhor atingir os fins almejados? Não é verdade que só o conseguiriam através da acção precisa de os consolidar com total firmeza e, depois, pela decisão de os manter sempre incólumes; podendo, devido a isso, permanecer livres e assim assegurar a sua posição social como senhores de todos os outros que os elegeram, para além de **687 b** satisfazer de uma maneira universal – que se estende, aliás, a todos os homens, tanto a Gregos como a bárbaros – não só os seus próprios desejos mas também os dos seus descendentes[218]? Não deveriam eles então merecer toda a nossa admiração e elogio?

Megilo – Certamente.

---

[217] Cf. *supra* 686 c-e, com expressões semelhantes.
[218] Cf. *Alcibíades* I, 105 b.

LIVRO III

Consideração filosófica:
só aquilo que é razoável merece ser elogiado

Ateniense – Do mesmo modo, quando alguém vislumbra a grande riqueza ou, então, aquela honra tão extraordinária da linhagem que tanto distingue uma família – ou qualquer outra coisa parecida – não corresponderia à verdade porventura dizer-se que, ao usar tal discurso laudatório, ele visa especialmente isso em virtude de julgar que só assim lhe será possível alcançar tudo aquilo que pretendia: todas as coisas, quase todas ou, pelo menos, a maior parte delas?

Megilo – Assim parece.

687 c *Ateniense* – Então, no que diz respeito a todos os homens, não é verdade que partilham todos eles esse desejo comum – que a nossa discussão tenta agora discernir – o qual, conforme pensamos, poderá ser definido segundo uma forma de expressão apropriada?

Megilo – Qual é ele?

Ateniense – Aquele voto assumido por todos de deverem os sentimentos sempre obedecer às aspirações da alma: todos eles – na medida do possível – assim deverão proceder, o mesmo valendo para todas as coisas humanas.

Megilo – Com toda a certeza.

Ateniense – E, além disso, em qualquer outra ocasião nunca deveremos nós desejar outra coisa senão apenas isso: todos nós, uns e outros, tanto os homens na maturidade como as crianças ou até os velhos. Por conseguinte, não será inevitável a eventualidade de nunca deixarmos de formular este voto ([219])?

([219]) Existe neste passo uma relação entre *epithymia* e *telos* (conceito posteriormente reelaborado e aprofundado por Aristóteles), a significar "aquilo que se deseja ou a que se aspira" e, por outro lado "aquilo que é o objecto ou a finalidade".

LEIS

Megilo – Exactamente.

687 d *Ateniense* – E, também, quanto aos nossos amigos, conforme posso bem imaginar, não desejaríamos alcançar o mesmo que eles próprios desejam tanto para si?

Megilo – Como poderia deixar de o ser?

Ateniense – Ora, um filho, que é ainda uma criança, não será ele tão caro ao homem que é o seu próprio pai [220]?

Megilo – Assim é realmente.

Ateniense – Logo, entre aqueles votos que a criança, ela própria, formula para si mesma evidenciam-se alguns que o pai certamente suplicaria aos deuses o favor de ignorar.

Megilo – Porventura pretendes referir-te às preces que o filho dirige, quando ainda não possui discernimento próprio e não passa de um jovem?

Ateniense – Sim, isso precisamente; para além daquela outra circunstância de o pai, quando já velho (ou conservando-se ainda jovem [221])), **687 e** dirigir – na mais completa ignorância do direito e da justiça – preces ardentes em absoluta conformidade com aqueles sentimentos que, por exemplo, Teseu manifestou para com seu filho Hipólito, ele que morreu na maior infelicidade [222]. Porventura

---

Esta relação parece ter passado despercebida à grande maioria dos comentadores. Todavia, merece a seguinte elucidação: é comum à natureza humana aquilo que se deseja se venha a tornar na própria finalidade; se assim é, a expressão *dia telous* adquire especial importância enquanto sinónima de "realização completa de alguma coisa", correspondendo ao latim *effectus,* sentido reforçado pela sua conotação religiosa, particularmente evidente neste passo.

[220] Cf. *Lísis,* 207 d.

[221] Cf. situação semelhante *ibid.* Livro I, 646 a.

[222] Teseu, fundador da "cidade histórica" de Atenas, amaldiçoou o filho, Hipólito, nascido da sua relação com a Amazona Hipólita, embora este tenha corajosamente resistido às investidas amorosas da sua madrasta Fedra, aquando

LIVRO III

julgas tu que, caso o filho tenha visto claramente essa situação, juntará ele as suas preces às do seu próprio pai?

Megilo – Compreendo o que pretendes dizer. Parece-me, no entanto, que não será necessário pedir com grande insistência que tudo deva obedecer cegamente aos nossos desejos, quando, por outro lado, esse mesmo desejo de modo nenhum se submete à nossa razão. Mas, aquilo que uma cidade e cada um de nós deve justamente esperar, ao formular os seus votos, deverá ser sempre razoável.

688 a *Ateniense* – Sim, isso torna-se particularmente evidente quando aquele legislador – porque é ele, afinal, um político – define bem os seus objectivos ao estabelecer a ordem, enunciada esta última em conformidade com o próprio conteúdo das leis. Eu próprio me recordo – e torno uma vez mais a lembrar aquilo que dissemos no início da discussão – a circunstância de se ter estabelecido, em conformidade com a vossa tese, que o bom legislador deverá sempre ser responsável pela regulamentação de todas aquelas disposições relativas à guerra. Na minha opinião, preconizo, pelo contrário, que deveria isso antes consistir no acto de legislar em função de uma única virtude entre as demais quatro, por isso sendo obviamente necessário que o legislador possua todas, constituindo esse aspecto a própria finalidade em si mesma. **688 b** Todavia, aquela virtude que é fundamentalmente a primeira de todas – e, por isso, responsável pelo governo do conjunto das virtudes –

---

da viagem de Teseu ao Reino dos Mortos. Fedra, louca de dor e minada pelo ressentimento, cometeu suicídio e deixou uma carta para Teseu, nela acusando Hipólito de ter sido a causa do seu acto tresloucado. Teseu expulsou Hipólito de Atenas e, além disso, recorreu a Posídon, que lhe tinha prometido satisfazer três desejos, para pedir, como castigo, a morte do seu próprio filho. Um monstro enviado pelo deus espantou os cavalos que puxavam o carro de Hipólito, causando a queda e morte deste. Foi Ártemis que contou a verdade a Teseu. A cena encontra-se na tragédia *Hipólito* de Eurípides, vv. 887 *et sq.*; tendo Platão em outros diálogos adaptado os *vv.* 352 *et sq.*, *Alcibíades* I, 113 c, 612, *Banquete*, 199 a, *Teeteto*, 154 d.

corresponde justamente à inter-relação da sabedoria, da inteligência e da opinião, com os desejos e as paixões inerentes mantidas sob o seu controlo [223]. A nossa discussão parece ter voltado neste momento ao ponto de partida, permitindo que eu próprio possa renovar o meu voto inicial – caso seja do vosso agrado (ou, então, à maneira de um jogo, se tal é da vossa preferência!) – que agora assume um carácter mais sério. Julgo que será demasiado arriscado formular votos quando a prudência se encontra ausente, para além de ser aquilo que se alcança absolutamente contrário àquilo que se deseja. **688 c** Se porventura é vossa intenção admitir que eu próprio, neste preciso momento, falo realmente com seriedade, então devereis admitir que assim é realmente. De facto, a minha tentativa incorreria num equívoco na eventualidade de não serdes capazes de compreender – seguindo a argumentação há pouco proposta – que os colapsos das realezas ou de qualquer outra forma de domínio ou de império almejada nunca tiveram, de um modo geral, como causa a cobardia ou a incompetência militar tanto daqueles que comandavam como daqueles que eram comandados. Pelo contrário, esses regimes soçobraram devido a se terem deixado dominar pelos vícios, sendo isso sobretudo evidente na sua total ignorância de quais seriam os interesses fundamentais da humanidade. **688 d** Que as coisas se tenham realmente assim passado nesse tempo, que agora, e mais do que nunca, o mesmo continue a se verificar, que futuramente não deva isso mais acontecer: eis aquilo que eu, com o vosso consentimento, tenciono examinar, seguindo aquela ordem de ideias estabelecida na nossa discussão, comportando-me da maneira mais correcta possível ao dialogar convosco, tal como se procede entre amigos.

Clínias – Ó estrangeiro, no caso de este nosso elogio te causar incómodo, os nossos actos, porém, constituirão o teu melhor encómio. Seguiremos, pois, com entusiasmo a tua exposição e assim poderá o homem livre expressar sempre o seu acordo ou desacordo.

---

[223] Cf. situação semelhante *supra* livro I, 631 b-d; Livro II, 660 d-661 d.

LIVRO III

688 e *Megilo* – Muito bem, caro Clínias. Assim se faça, conforme dizes.

Clínias – Assim seja, se o deus o desejar! Fala, então.

A ignorância deve ser combatida

Ateniense – Afirmamos, por conseguinte – e retomando o fio condutor da discussão – que a maior ignorância é responsável pela perda desse domínio referido, tendo produzido naturalmente o mesmo efeito na nossa época; por esta razão, como de facto assim sucedeu e porque assim também continua a ser, deverá o legislador, consoante lhe seja possível, esforçar-se por sempre facultar a sabedoria à sua cidade, despendendo o necessário esforço para conseguir desenraizar a falta de inteligência [224] (isto na medida em lhe for possível).

Clínias – É evidente.

689 a *Ateniense* – Como deveríamos, então, denominar a maior ignorância de todas? Vede bem se realmente partilhais esta opinião, tal qual a expus.

---

[224] A falta de inteligência, *anoia* (ou *agnoia*), parece neste passo ter a conotação de *amathia*, cuja definição será dada em 689 a. A noção de *anoia* encontra-se muito próxima da de *amathia*, em virtude de o termo significar uma ignorância enraizada, muito mais profunda, sem a possibilidade de se vislumbrar imediatamente o erro. Por outro lado, qualquer tentativa de relacionar *amathia* com um estado de inconsciência será equívoca, a não ser que relacionemos a noção com ignorância, daqui resultando esta outra noção mais elaborada e satisfatória: uma ignorância inconsciente. Por outro lado, não deixa de ser interessante que tanto *anoia* como *amathia* correspondem em latim ao conceito de *ignorantia*. Platão relaciona frequentemente *anoia* com *amathia* em alguns diálogos, particularmente no *Lísis*, 218 a, no *Sofista*, 229 c, no *Teeteto*, 176 c, no *Protágoras*, 360 b, no *Alcibíades I*, 118 a: um suficiente número de ocorrências a justificar uma íntima inter-relação. No entanto, seria incorrecto considerar as duas palavras como sinónimas; pelo contrário, uma, *anoia*, tende a ser um conceito empregado por Platão em oposição à noção de *noûs* enquanto que, de modo diverso, *amathia* se opõe à noção de *phronêsis*.

LEIS

Clínias – Como assim?

Ateniense – Vede bem! Pretendo dizer o seguinte: quando um homem, depois de ter avaliado uma determinada coisa como bela ou boa, odeia essa mesma coisa em vez de a amar enquanto que, pelo contrário, ama e acolhe com alegria tudo aquilo que é mau e injusto, isso só pode acontecer devido ao profundo desacordo entre aquilo que se gera na dor e no prazer e aquilo que habitualmente se denomina opinião razoável, facto que constitui a pior ignorância e que, por isso, consegue afectar grande parte da alma. **689 b** É que aquela parte da alma que sofre e goza equivale àquilo que na cidade constitui o povo comum. Por conseguinte, quando a alma é hostil e logo se opõe à ciência, à opinião e à razão, as quais são naturalmente formadas para o exercício do comando, a isso chamo eu falta de inteligência ou "loucura" ([225]); o mesmo se verificando na cidade, quando nela a multidão se recusa a obedecer aos seus magistrados e age à completa revelia da lei; o mesmo se aplica ao cidadão particular, quando todas essas boas razões, as quais se encontram alojadas na alma, já não são capazes de obter resultado algum; enfim, são precisamente todas estas formas de ignorância que eu seria levado a considerar como a origem mais nefasta da discórdia tanto na cidade como em cada cidadão. **689 c** (De modo nenhum dizendo isto respeito às outras formas de ignorância, especialmente as que são peculiares àqueles que se dedicam aos ofícios; isto, no caso de me terdes correctamente entendido, caros estrangeiros).

Clínias – Não só te compreendemos como ainda, meu caro, totalmente subscrevemos o que afirmas.

Ateniense – Nesse caso, consideremos, pois, aquilo que foi dito como uma tomada de posição agora substancialmente consolidada, entendida, além disso, segundo aquele sentido por nós já mencionado. No que diz respeito àqueles cidadãos que são ignorantes, não será obviamente necessário compartilhar o poder ou

---

([225]) Em oposição à "inteligência razoável".

218

LIVRO III

parte dele, residindo o motivo na circunstância de os tomarmos por ignorantes, ainda que sejam eles possuidores de um raciocínio muito mais exímio, imbuído das maiores subtilezas ou caracterizado pela faculdade da agilidade mental. **689 d** Por outro lado, todos aqueles que eventualmente apresentarem disposições contrárias às precedentes, deveremos tratá-los como sábios, mesmo na situação de realmente não saberem – como se diz – "ler ou nadar" ([226]), confiando-lhes os cargos da governação em virtude de serem considerados sensatos. Na verdade, caros amigos, poderá ainda existir, numa situação como esta, réstia de capacidade de julgamento, se não se regista harmonia alguma? Tal é obviamente impossível. A mais bela e a mais grandiosa de todas as harmonias será, aliás, com toda a justiça, aquela que denominamos "sabedoria suprema", a qual pode partilhar todo o homem livre que vive segundo a lei da razão ([227]); enquanto que, por outro lado, aquele que é responsável pela ruína da sua própria casa e, consequentemente, causador da desgraça da cidade nunca poderá ser um salvador, já que neste domínio evidencia absoluta ignorância. **689 e** Eis, pois, e de acordo com o que acabámos de dizer, aquilo que é justamente necessário se faça a fim de que, por este modo, seja possível proceder segundo aquilo que foi previamente delineado.

Clínias – Que assim fique então estabelecido.

A arte do comando: sete tópicos fundamentais

Ateniense – No entanto, nas cidades deverão necessariamente existir, segundo julgo, aqueles que governam, os governantes, e aqueles que são governados.

([226]) Trata-se de um antigo provérbio conhecido em Atenas, principalmente entre as populações costeiras, que reflecte "o saber do mar": "nadar" supõe trilhá-lo e conhecê-lo. Vide Suda, *ed.* Adler, III.390. 5-7. São, de facto, inúmeras as imagens marítimas na literatura e cultura gregas. Platão não lhes terá sido alheio: a via do conhecimento é, afinal, uma "navegação" (*Fédon*).

([227]) Cf. *supra* situação semelhante no Livro II, 653 b.

LEIS

Clínias – Como poderia deixar de o ser?

690 a *Ateniense* – Bem! Então, quais serão e quantos esses requisitos [228] tão necessários para comandar ou para obedecer, nas cidades ou nas casas particulares, tanto nas grandes como nas pequenas? O primeiro requisito não será aquele que diz respeito ao pai e à mãe? De uma maneira geral, não poderá a situação dos pais constituir um título que, em qualquer parte, sempre merecerá o apanágio inerente à autoridade exercida sobre os descendentes [229]?

Clínias – Absolutamente.

Ateniense – A lei que imediatamente se segue consistirá, por conseguinte, em exercerem os nobres o seu domínio sobre aqueles que são ignóbeis. Uma terceira lei ainda se segue, que colocamos logo a seguir a esta, dizendo respeito à necessidade de se saber se os mais idosos porventura deverão – ou não – exercer o comando enquanto que os mais jovens, por outro lado, deverão apenas obedecer.

Clínias – Evidentemente.

690 b *Ateniense* – Segue-se, então, um quarta lei, esta relativa

---

[228] Inicia aqui Platão a enunciação dos sete requisitos fundamentais para governar: em primeiro lugar, a condição de ser pai (paternidade); em segundo, a nobreza de nascimento (princípio de eugenia); em terceiro, a condição de se ser mais velho (princípio do primado da idade); em quarto lugar, a condição de se ser o senhor (princípio do domínio); em quinto, a condição de se ser o mais forte (princípio da força); em sexto, a condição de se ser o mais sábio (princípio da sabedoria); finalmente, em sétimo, condição de se ser escolhido pelo lote (princípio da escolha pela sorte). O primeiro e o quarto requisitos estabelecem as relações sociopolíticas de uma maneira mais objectiva e directa: a autoridade do pai no seio da família, a autoridade do senhor perante do escravo, a quem aquele impõe a obediência (dever para um e direito para outro), podendo esta condição ser, por sua vez, alargada à relação entre homem livre e escravo.

[229] Vide *infra* Livro IX, 931 a-d, aí tecendo Platão as mais sérias considerações acerca do respeito devido aos maiores, que é, afinal, o próprio fundamento da cidade.

LIVRO III

aos escravos e a estabelecer o seguinte: devem os escravos obedecer sempre aos seus senhores enquanto que estes, pelo contrário, deverão mandar.

Clínias – Sim, sem dúvida.

Ateniense – Depois, ainda se segue uma outra, a quinta (conforme me é facultado assim conceber a questão), relativa à circunstância de o mais forte dever sempre ser aquele que manda enquanto que, pelo contrário, aquele que obedece será o mais fraco.

Clínias – Acabaste de mencionar um conceito de autoridade realmente confrangedor.

Ateniense – Sim, sem dúvida. Corresponde este conceito, aliás, à lei mais difundida entre todos os seres vivos: a lei da natureza, como tão bem lhe chamou Píndaro de Tebas [230]. Mas, segundo me parece, a lei mais importante deveria ser outra, a sexta, advogando ela dever todo aquele que é ignorante obedecer enquanto que, inversamente, aquele que é sábio deverá sempre comandar e governar [231]. **690 c** Ora, neste preciso caso, certamente não ousaria eu alguma vez afirmar ter o muito prudente Píndaro realmente

---

[230] Este texto de Píndaro (*frg.* 169, vv. 1-4, Snell-Maehler) versa sobre a lei que é "a rainha do mundo, dos homens e dos deuses". A ela também se refere Calicles no *Górgias*, 484 b. Nas *Leis* existem algumas alusões: Livro IV, 714 e- -715 a, X, 890 a. Além disso, os versos 6-62 do dito fragmento são dados pelo *Papiro Oxy.* 2450, publicado no Vol. 26 de 1961). Trata-se sem dúvida do fragmento mais discutido de Píndaro. No tempo de Heródoto, *Histórias*, III.38.4, era este poema alvo de acesa controvérsia, sendo referido como testemunho – a favor ou contra – de posições opostas. Quanto ao significado exacto de *nómos* em Píndaro, tal permanece ainda sujeito a disputa: "lei", "costume".

[231] Platão retoma a noção de "filósofo-rei" da *República*. G. Grote, *Plato and the Other Companions of Socrates*, IV (London 1888), p. 309, e L. Strauss, *The Argument and the Action of Plato's Laws* (Chicago 1975), pp. 45 *et sq.*, consideram o quinto e o sexto requisitos como sendo os mais importantes. Se assim é, poderemos estabelecer uma relação íntima entre poder e saber, a qual conduzirá ao princípio da soberania do saber, neste radicando o princípio da

LEIS

procedido contra a natureza, ao consagrar essa denominação; tendo sido, pelo contrário, tão própria à natureza a autoridade que a lei prescreve e exerce sobre aqueles indivíduos que nisso podem consentir, sem que a isso mesmo se sintam coagidos.

Clínias – Isso é absolutamente verdadeiro.

Ateniense – A última forma de governo, que corresponde à sétima lei, merece a maior estima dos deuses e, por isso, é bafejada pelo apanágio do zelo supremo da fortuna, a qual é feita por nós derivar da sorte. Será esta lei a seguinte: que aquele, que é designado em conformidade com o seu lote deva, por isso, comandar enquanto que aquele outro, esse tal que precisamente se encontra disso excluído, deverá tomar o lugar que lhe está destinado entre os que são governados, constituindo este aspecto, conforme pensamos, o próprio cerne da justiça.

Clínias – Isso é uma observação absolutamente justa.

---

sabedoria do poder. Se associarmos este passo àquele outro do Górgias, 488 c, em que se afirma serem mais fortes aqueles que são em maior número; se tomarmos esta afirmação como clara alusão ao regime democrático; se ainda relacionarmos estas observações com a possível identificação dos mais fortes com a democracia e dos mais sábios com a realeza (posição defendida por Strauss, *op. cit. supra*, p. 47); finalmente, se referirmos o passo 693 d-e, nele sendo a democracia e a monarquia duas formas ancestrais de constituição, consequentemente geradoras de outras formas de constituição, parecerá altamente provável uma eventual concepção platónica daquilo que poderemos denominar "democracia aristocrática", nela uns sendo governantes enquanto que outros governados (cf. *ibid.* 689 e); para além de se poder aplicar esta relação tanto à família como à cidade, assim se sublinhando o carácter individual do exercício do poder. É, pois, compreensível que nem todos possam ser magistrados; apenas alguns poderão sê-lo, especialmente os eleitos pelo lote (*i.e*, que são "sorteados pela fortuna"). É este princípio do lote característico do regime democrático e, se assim é, resultará inegável a tentativa de Platão em elaborar uma possível constituição mista de pendor democrático mas com fundamento aristocrático. Cf. *Górgias*, 484 b e 488 b; *Leis*, Livro IV, 714 e *et sq.*; X, 890 a.

LIVRO III

690 d *Ateniense* – «Vê tu, ó legislador» – assim diríamos, à maneira de participantes nesse jogo, tão ao gosto daqueles que com grande galhardia são versados na obra legislativa, e perguntaríamos ainda – «Quantas formas de governo existem, então, e qual será a razão por que se opõem entre si? Na verdade, neste momento acabámos de descortinar uma espécie de divisão, sendo agora da tua competência aventares tu, caro legislador, uma solução. Mas, deverás iniciar a tua investigação na nossa companhia, buscando aquela causa devido à qual os reis de Argos e da Messénia, em virtude de terem provavelmente cometido alguma falta para com estas regras, soçobraram, e com eles todo o poderio dos Gregos nesse tempo tão esplendoroso. **690 e** Não é verdade que nunca terão eles devidamente reconhecido aquelas palavras tão justas do poeta Hesíodo: "Muitas vezes é a metade mais que o todo" ([232])? Por conseguinte, mal se tivesse revelado ser prejudicial tomar o todo – já que a metade seria, pelo contrário, suficiente – julgava ele ser preferível aquilo que é comedido e apropriado e que, por essa razão, se impõe ao que é desmesurado, porque, afinal, neste caso é melhor que o pior ([233])».

Clínias – Sem dúvida.

Ateniense – Por esse motivo – e de acordo com o nosso ponto de vista – não será verdade que é precisamente naquele género de regime personificado pelos reis que se gera esta situação parti-

---

([232]) Vide Hesíodo, *Trabalhos e Dias*, v. 40, *cf. República*, Livro V, 466 c. Este provérbio imediatamente precede aquele outro relativo à malva e ao asfóledo (cf. Livro II, 677 e) na história de Epiménedes. Esta comparação mostra como o poder em Esparta foi repartido entre os dois reis de uma maneira sábia: aqui era a metade preferível ao todo. De maneira diferente procederam os reis da Messénia e de Argos: quais crianças, sempre desejosos de mais presentes, nunca quiseram partilhar o poder e, por isso, soçobraram.

([233]) Trata-se da oposição clássica entre "medida" e "excesso", *i.e.*, "melhor" e "pior".

LEIS

cular, para sua própria ruína(^{234}), e, de um modo geral, com maior frequência do que nos regimes representados pelo povo?

691 a *Clínias* – Normalmente consiste isso num mal que atinge aqueles reis que vivem na indigência e são soberbos.

Ateniense – Não será verdade que é evidente os reis desta época terem sido os primeiros a prestar consequentemente maior atenção à tentativa de aumentar o seu poder à custa das próprias leis? Além disso, também não será verdade que eles nunca estiveram verdadeiramente de acordo consigo mesmos ou com os outros acerca daquelas decisões a ser tomadas, as quais tinham proclamado e jurado fazer cumprir; levando esta discórdia – que é, afinal, segundo tornamos a afirmá-lo, fruto da maior ignorância, a qual se disfarça sob a forma aparente da maior sabedoria – à completa ruína pela sua absoluta falta de harmonia, numa total dissonância, à revelia da ordem estabelecida de todas as coisas?

Clínias – Assim parece.

691 b *Ateniense* – Ah! E que precauções o legislador, ele que se esforça tanto por isso, deveria então tomar contra a proliferação deste mal? Pelos deuses! Realmente não existe, neste preciso

---

(^{234}) No original grego encontramos o termo *thryphê*, o qual significa "ruína", no sentido de " catástrofe". Trata-se, com efeito, de um tema muito frequente na literatura grega o facto de o regime dos maus monarcas geralmente enfermar a própria ruína. Neste passo das *Leis* assume proporções "diluvianas", constituindo uma imagem perfeita para demonstrar ser este o fim de qualquer regime despótico. Seria, por conseguinte, pertinente questionar até que ponto teria sido importante a experiência do próprio Platão como conselheiro político de Dionísio I, Tirano de Siracusa, ou como tutor do filho deste. Encontramos esta mesma consideração na *República*, Livro VIII, 568 e, no Livro IX, 573 c *et sq.*, bem como ainda na *Carta* VII, 326 b *et sq.* Heródoto, *Histórias*, refere-se à mesma situação em III, 80; do mesmo modo encontramos semelhante desenvolvimento em Xenofonte, *Ciropedia*, 1.3.2 *et sq.* Aristóteles trata o mesmo tema na *Política*, no Livro V, principalmente 10, 1312 b 23 *et sq.*, 11, 1314 b 1 *et sq.*, cf. *ibid.* b 27 *et sq.* A oratória do século IV consagrou o tema da decadência do monarca iníquo, a qual é comparada com a catástrofe total, vide Isócrates, *Da Paz*, 91, e Ésquines, *Contra Timarco*, 191.

LIVRO III

momento, qualquer necessidade de formulários de prestidigitação para o reconhecer enquanto tal, nem será difícil referi-lo como realmente é. Todavia, na circunstância de ser possível preveni-lo, não seria aquele legislador, que tivesse conseguido antecipar-se ao fazê-lo, muito mais sábio do que qualquer um de nós?

Megilo – Que pretendes tu dizer com isso dizer?

A constituição de Esparta

Ateniense – Quando olhamos para aquilo que entre vós se passou, caro Megilo, será fácil perceber isso e – ao reconhecê-lo – dizer aquilo que deveria ter já sido dito no momento devido.

Megilo – Fala com maior clareza.

Ateniense – Por conseguinte, a declaração mais evidente seria esta.

Megilo – Qual?

691 c *Ateniense* – Se porventura se concede àquilo que é demasiado grande aquilo que é demasiado pequeno, por este modo se negligenciando a regra da justa medida – quer se trate de instalar as velas necessárias nos barcos, quer se trate de alimentar os corpos com os devidos alimentos, quer, finalmente, se trate de atribuir autoridade às almas – tudo isso redundará num estado em que é evidente existir uma determinada tensão, resvalando-se imediatamente, devido à insolência excessiva, em certos estados de doença, quanto a uns, e em situações de injustiça, quanto a outros, cuja origem radica nessa desmesura. Que pretendo eu com isto dizer? Porventura não será o seguinte? **691 d** É que, meus caros amigos, não existe uma alma mortal, cuja natureza, quando jovem e irresponsável, possa ter vez alguma facultado a maior autoridade a ser aos homens concedida; além disso, sempre que a alma se encontre contaminada na sua própria inteligência devido à maior das enfermidades – a falta de inteligência – assim merecendo o

LEIS

ódio imediato dos seus amigos mais íntimos, estará ela perdida e toda a sua potência dissipada ([235]). Para justamente prevenir esta situação – e determinando em simultâneo qual seja a justa medida – haveria a necessidade de os grandes legisladores forçosamente existirem. Qual seja o resultado de tudo isto, que tentamos agora precisar a todo custo, só o poderemos saber de maneira vaga, não passando obviamente de ténue conjectura. Com efeito, parece ter aí existido qualquer coisa...

Megilo – O quê?

Ateniense – Primeiro, um certo deus ([236]) que era responsável por tomar conta de vós e que, antecipando-se ao próprio futuro, ao fazer nascer dois gémeos reis ([237]), em vez de um só, levou a autoridade a enquadrar-se dentro de limites mais justos ([238]). **691 e** Depois, uma natureza humana, a qual ainda se encontrava ligada à natureza divina, ao ver como a vossa realeza tanto insistia em permanecer soberba – **692 a** para além de juntar o poder decorrente do exercício da razão, tão típico da velhice, àquela força arrogante, tão típica da sua própria raça – outorgou ao conselho dos vinte e oito anciãos ([239]), no que diz respeito aos assuntos mais importantes, o mesmo poder de sufrágio que aquele outro, o qual naturalmente

---

([235]) Cf. Livro IV, 713 c e Livro IX, 875 a *et sq.*

([236]) Alusão a Apolo e ao seu Oráculo em Delfos.

([237]) Referência às duas casas reais dos Ágidas e dos Euripôntidas, que partilhavam entre si a realeza colegial, nunca podendo os dois se ausentar de Esparta em simultâneo. A sua ancestralidade recuava até ao século IX, aos gémeos Eurístenes e Procles, filhos de Aristodemo (seguindo Platão naturalmente a tradição). Todavia, Heródoto, *Histórias*, V, 72, sugere que os Ágidas eram provavelmente Aqueus.

([238]) Cf. Hesíodo, *op. cit. supra*, v. 40, cf. *supra* 690 e.

([239]) Era o conselho da gerúsia (*gerousia*) formado por membros com mais de sessenta anos de idade. Sabemos que o seu número era realmente trinta, sendo eleitos por aclamação popular em função das suas virtudes, conforme nos informa Aristóteles, *Política*, no Livro II, 1270 b 23-25. O seu estatuto social era obviamente o mais elevado, sendo neste conselho integrados, como membros constituintes, os dois reis hereditários (daí Aristóteles dizer serem trinta os seus membros). No que diz respeito às suas funções, era a gerúsia uma espécie de conselho e de tribu-

LIVRO III

emanava do poder real ([240]). Finalmente, vem o "terceiro salvador" ([241]), ele que observa esse poder entre vós ainda inflamado e dominado pela ira, ele que impõe, à maneira de um freio, o poder dos éforos ([242]), atribuindo igual poder ao lote ([243]). Graças a esta distribuição do poder, a realeza do vosso país – que é, afinal, uma

---

nal: enquanto conselho, estabelecia os assuntos a serem discutidos na assembleia; enquanto tribunal, julgava os crimes mais graves (em especial os chamados "crimes de sangue"), decretando a pena capital, o exílio e a perda dos direitos cívicos. Vide Plutarco, *Licurgo*, 5.

([240]) Cf. *supra* Livro I, 624 a. Referência a Licurgo, ancestral legislador de Esparta, que foi inspirado por Apolo Délfico e terá outorgado a Esparta a sua Constituição, ficando esta conhecida pelo nome de *Rhêtra*, alusão à resposta do deus. Este passo tem sido alvo de alguma discussão quanto ao seu real significado. Na verdade, na antiguidade, era famosa a consulta de Licurgo ao Oráculo em Delfos: a pitonisa ter-lhe-á respondido de uma forma ambígua, sublinhando não estar segura se deveria responder àquele como homem ou como deus. Vide Heródoto, *Histórias*, I. 65, Plutarco, *Licurgo*, 5.3, Xenofonte, *Apologia de Sócrates*, 15. Realmente, na época de Heródoto havia em Esparta um templo dedicado a Licurgo, facto que tão claramente sublinha a sua divindade. Seja qual for a verdade, Platão nunca considera Licurgo como "o criador da constituição de Esparta", dizendo apenas ter sido ele um importante reformador e legislador.

([241]) A expressão "Terceiro salvador" é um provérbio: uma alusão à terceira libação em honra de Zeus Salvador feita nos banquetes, cf. *Filebo*, 66 d.

([242]) Eram os éforos cinco e anualmente eleitos para essa magistratura. Os seus poderes eram amplos, acumulando simultaneamente poderes de natureza executiva e legislativa e supervisionando os reis. A sua origem é, contudo, obscura. Tanto Platão, na sua *Carta* VIII, 354 b, como Heródoto, *Histórias*, I.65, atribuem a Licurgo a instituição do eforado. Além disso, uma lista com os éforos epónimos terá sido iniciada em 754-753 a.C.: eram cinco – um por cada tribo – e da inteira confiança dos reis (pelo menos, assim consagrou a tradição, à qual certamente Platão não é alheio).

([243]) Pelo desenvolvimento do texto, torna-se legítimo supor que este "terceiro salvador" teria sido o rei Teopompo, rei de Esparta entre 785 e 738, que durante a Primeira Guerra da Messénia terá escolhido um número restrito de homens da sua confiança para adminMistrar a justiça durante a sua ausência. Aristóteles, *Política*, V.9.1, 1313 a 26-27, refere-se a este como responsável pelo estabelecimento do eforado. Não deixa de ser interessante a circunstância de Plutarco, *Licurgo*, 7, atribuir o eforado a "alguém" que terá vivido cento e cinquenta anos antes de Licurgo. É natural que neste passo Platão seja influenciado pelo panfleto com pretensões políticas divulgado pelo rei Pausânias de Esparta (vide *FGrH* F. 582), o qual evidencia uma reacção antilicurgana.

LEIS

espécie de mistura proporcionada daqueles elementos fundamentais e por isso tão necessários – não só conseguiu salvar-se a si mesma, como também foi, ela própria, a salvação de todos os outros. **692 b** Com efeito, não devemos a Temenos ([244]) – e de modo nenhum a Cresfontes ([245]) ou àqueles legisladores desse tempo (independentemente de quem tenham sido a editar as leis) – que o lote de Aristodemo ([246]) pudesse alguma vez ter sido salvo: não eram eles, na verdade, suficientemente peritos na arte de legislar, em virtude de jamais terem acreditado lhes ser possível verdadeiramente moderar uma alma jovem por intermédio de admoestações; sendo tudo isso, por sua vez, supervisionado por uma forma de poder que poderia degenerar em tirania. Na verdade, mostrou o deus qual deveria ser aquela forma de constituição (que, aliás, ainda hoje se verifica) destinada a perdurar enquanto tal durante mais tempo. **692 c** Por conseguinte, reconheçamos a importância destes princípios, como já tenho alertado; além disso, neste momento, depois do facto ter sucedido, de modo nenhum poderá aí existir magia alguma: é que, julgando pelo que sucedeu, nada poderá agora parecer difícil. Todavia, na eventualidade de se encontrar alguém capaz de prever tudo, com a finalidade de conseguir moderar os poderes, fazendo-os confluir, de três que eram, num único apenas, teria ele, nesse caso, sido certamente responsável pela salvação nessa época de todo esse belo plano: jamais a invasão desencadeada pelos Persas, ou por qualquer outro povo, ao menosprezar-nos como gente de pouca conta, se poderia ter abatido sobre a Grécia.

Megilo – De facto, falaste tu a pura verdade.

([244]) Um dos Heraclidas; o seu lote era a Argólida, dominada pela cidade de Argos.

([245]) Heraclida, rei e legislador ancestral da Messénia. Os Messénios terão com ele partilhado as suas terras e aceitado a sua realeza. Aparece Cresfontes geralmente associado a Temenos, sendo tradicionalmente empregada expressão *epí ge Teménoi kaì Kresphóntei* a significar os lotes da Argólida e da Messénia.

([246]) Poderia este passo parecer ser uma referência à vitória, algures no século VIII a.C., de Teopompo sobre Aristodemos da Messénia, durante a Primeira Guerra da Messénia. No entanto, parece ser este Aristodemos o fundador do reino de Esparta, pai de Prócles e de Eurístenes, cf. *supra* 687 d, vide Heródoto, *Histórias*, IV. 52. Não deixa de ser interessante que a *Carta* VIII, 354 b, concorda com Heródoto, I.65, ao atribuir a Licurgo a instituição do eforado, a par da gerúsia.

LIVRO III

As Guerras Médicas

692 d *Ateniense* – No entanto, caro Clínias, vergonhosa terá sido a maneira como eles a repeliram. Quando digo vergonhosa, não pretendo negar que, sendo vencedores tanto em terra como no mar, tenham os homens de então alguma vez alcançado belas vitórias; todavia, aquilo que considero ter sido na ocasião declaradamente vergonhoso passo a expor do seguinte modo: dos três estados apenas um sustentou a defesa da Grécia nesse tempo; os outros dois, pelo contrário, degeneraram de um modo tão ignóbil que um deles chegou mesmo a impedir a Lacedemónia ([247]) de tomar parte nesta acção defensiva enquanto que o outro, a cidade de Argos ([248]), ocupando, por sua vez, nesse momento o primeiro lugar na partilha do poder, **692 e** recusou responder favoravelmente ao apelo para sustar a invasão dos Bárbaros, imediatamente se abstendo de pegar em armas. Tomando em consideração os acontecimentos que se verificaram durante esta guerra, seria legítimo então dirigir acusações contra a Grécia, acusações estas que, aliás, nada têm de honroso. Além disso – e muito pelo contrário! – quem tivesse dito que a Grécia foi realmente capaz de se ter defendido não teria certamente dito a verdade: **693 a** com efeito, caso a tomada conjunta de posição de Atenas e de Esparta não tivesse conseguido afastar essa grande ameaça de servidão, seria quase certa uma confusão total entre as diversas etnias gregas, o mesmo valendo para as relações que vigoram entre Bárbaros e Gregos, especialmente as que se verificam entre as várias populações de etnia grega e as de etnia bárbara nas regiões submetidas aos Persas; tendo estes, depois de tantas dispersões e de tantas vicissitudes, passado a viver num miserável conglomerado de populações. Eis,

---

([247]) Referência aos Messénios que se revoltaram na altura contra Esparta, vide *infra* 698 d-e.

([248]) Argos foi aliada dos Persas durante as Guerras Médicas, sendo, no entanto, o seu "medismo" uma forma de combater a influência política de Esparta no Peloponeso.

229

LEIS

pois, caro Clínias e caro Megilo, aquilo que nos foi possível imputar aos homens de Estado – como se costuma chamar – e também aos legisladores, tantos os de outrora como os da actualidade, a fim de que, ao se investigar sobre as causas do mal, possamos descortinar aquilo que, por um lado, é realmente necessário se venha a fazer e, por outro, aquilo que foi realmente feito. **693 b** Na verdade, acabámos justamente de o dizer: não será, portanto, necessário instituir um poder demasiado forte, sem controlo algum, mas, antes, importará salvaguardar em nós aquele desígnio íntimo de sempre dever aquela cidade, que é livre até aos alicerces e legitimamente governada segundo a razão, se encomendar àquele legislador que é, ele próprio, capaz de a conduzir na via desse propósito almejado, especialmente no momento em que concebe e elabora as leis. Não fiquemos, por conseguinte, admirados com o facto de já antes termos – e por várias vezes! – proposto este ideal, que o legislador deveria, quando redige as leis, ter perante os seus próprios olhos; **693 c** não fiquemos admirados com a circunstância de nem sempre este mesmo ideal, assim proposto, poder envergar a mesma aparência. Será, por conseguinte, necessário considerar que, quando surgir aquele momento em que devemos logo reclamar à temperança, à prudência e ao espírito de união[249] a sua total disponibilidade, nunca serão estes três fins diferentes em si mesmos mas, antes, reunir-se-ão num único fim. Eis, portanto, a razão por que se registam entre o povo comum tantas expressões semelhantes, as quais, embora possam estar sempre à nossa disposição, de modo algum nos deverão causar dispersão.

Clínias – Por conseguinte, voltemos ao cerne do problema: **693 d** a partir deste momento, naquilo que diz respeito à união, à prudência e à liberdade, explica, então, essa tal missão que decidiste, tu próprio, atribuir ao legislador.

Ateniense – Bem! Existem, entre as diversas constituições, duas que tanto se assemelham a duas mães, de que poderíamos

---

[249] Cf. *República*, Livro IV, 430 d- 432 a.

LIVRO III

dizer – e, aliás, com toda a razão – terem elas gerado todas as outras, sendo absolutamente legítimo que a uma demos o nome de "monarquia" e à outra o de "democracia". A primeira atinge o seu apogeu com os Persas, a segunda, com os Gregos, *i.e.*, connosco; sendo todas as outras formas de constituição – repito-o – e sem qualquer excepção, variantes daquelas duas primeiras ([250]). Ora, é necessário que estas duas formas elementares de constituição sejam devidamente representadas, **693 e** na eventualidade de se desejar que a nossa própria sabedoria se situe numa coexistência de espírito de união e de liberdade. Eis, pois, aquilo que a nossa argumentação visa reclamar, particularmente quando se afirma nunca poder, em instância alguma, a cidade ser bem governada sem ter partilhado estes dois géneros de regime.

Clínias – E, de facto, nunca o poderia ser.

Ateniense – Bom! Em virtude de uma delas ter preferido acolher o regime monárquico enquanto que a outra o da liberdade; ambas, no entanto, fazendo-o de uma maneira demasiado exclusiva e até excessiva; não se verifica, por esse motivo, em nenhuma delas aquela justa medida que resulta do equilíbrio entre aqueles dois elementos. Todavia, os vossos países, Esparta e Creta, conseguiram alcançar precisamente isso, para sua grande vantagem. Quanto a Atenas e à Pérsia, depois de terem noutros tempos quase alcançado essa finalidade, encontram-se presentemente mais longe de a conseguir.

694 a *Clínias* – Nesse caso, deveremos procurar as causas da presente situação, não é verdade?

([250]) Cf. *República*, especialmente o Livro VIII. Como é evidente a comparação dos regimes vigentes entre Gregos e Persas estabelece o seguinte contraste: por um lado, o espírito de união engendra com a liberdade a democracia enquanto que a prudência, por outro lado, diz principalmente respeito à monarquia. Se assim é, uma dupla inter-relação é assim delineada: liberdade e democracia, por um lado, e, por outro, prudência e monarquia.

LEIS

Ateniense – Absolutamente, na condição de levarmos a bom termo este nosso propósito.

O despotismo dos Persas

Ateniense – Vejamos, então! No tempo em que os Persas viviam sob o domínio de Ciro, viviam eles segundo aquela justa proporção resultante de um compromisso estabelecido entre o seu próprio estado de sujeição e o de liberdade; por este modo se tinham tornado livres, depois de se terem tornado senhores de inúmeras nações. Na verdade, em virtude de esta forma de governo ter concedido aos seres inferiores uma parte do espírito de liberdade, sendo estes consequentemente admitidos à igualdade, verificava--se, então, uma amizade incipiente entre soldados, por um lado, e generais, por outro. **694 b** Nesse tempo era bem evidente o seu empenho devotado em situações de perigo, para além de o próprio rei, desprovido de qualquer sentimento de despeito, lhes permitir todos falar com a maior franqueza ([251]). Todos eles eram homens perfeitamente capazes de prestar um conselho sobre qualquer assunto; tendo qualquer indivíduo a oportunidade de prestar a sua contribuição para o bem-estar geral A tudo isso Ciro vinha juntar os frutos colhidos da sua própria sabedoria, da sua competência e do seu bom conselho, de tal modo que nessa época prosperavam todas as coisas, graças à liberdade, à forte união, que então reinava, e aos benefícios do espírito universal de comunidade.

Clínias – Bem me parece que assim se tenha realmente passado, conforme me contas.

694 c *Ateniense* – E, todavia, como terá este império completamente perdido todas essas coisas, perdendo-se a, por conseguinte,

---

([251]) Referência à *parrhesía*, *i.e.*, o direito inalienável de falar, de que gozava o cidadão em Atenas. Esta imagem de Ciro, homem de visão larga e de espírito aberto, terá sido divulgada por Xenofonte na *Ciropedia*; todavia, temos uma imagem diferente em Ateneu, 505 A, quando se refere a este passo das *Leis* – *i.e.*: 694 c *et sq.* – como se tratando de uma crítica velada das opiniões de Xenofonte.

LIVRO III

a si próprio, sob a administração de Cambises ([252]), vindo posteriormente a conseguir salvar-se de novo, conforme se poderá dizer,
com Dario ([253])? Será que estais de acordo, nesta nossa tentativa
de reconstituição dos factos, em enveredar comigo pela via da
profecia?

Clínias – Certamente isso nos ajudará a examinar o objecto
específico da investigação.

Ateniense – "Profetizo", então, que Ciro, general da maior
excelência e, além disso, devotadamente dedicado à causa do seu
país, nunca terá formado ideia alguma acerca daquilo em que deve
precisamente consistir a boa educação, nem tão-pouco terá conseguido compreender como deve a gestão dos assuntos domésticos
ser supervisonada.

694 d *Clínias* – Que deveremos entender por tudo isso?

Ateniense – O seguinte: realmente, parece ter ele, desde os
tempos de juventude, vivido sempre empenhado em contínuas
expedições, deixando os filhos ao cuidado das várias esposas. Cria-
ram-nos estas à sua maneira, desde sua mais tenra idade, incutindo-
-lhes a ideia de serem já felizes por si mesmos e bem-aventurados,
sem que lhes tenha faltado dádiva alguma a ser pelos deuses
outorgada. Assim, esforçando-se aquelas por impedir que estas
crianças fossem minimamente contrariadas, sob o pretexto de
serem favorecidas, logo desde o princípio, por uma felicidade etérea;
tecendo elogios sem fim das palavras proferidas e das acções

([252]) Cambises, filho de Ciro, foi Rei da Pérsia entre 529 e 521. Durante a sua
administração – profundamente desastrosa – foram inúmeros os insucessos
militares, aumentando e alastrando por todo o império o descontentamento geral.
A situação agravou-se ainda mais com a demência do monarca, abalando a sua
doença os alicerces do próprio regime, o qual se tornou tirânico e brutal.

([253]) Dario, que não era de estirpe real mas, antes, filho de Histaspes, sátrapa
de Pérsis (*i.e.*, Persépolis), sucedeu a Cambises e restabeleceu a glória da Casa de
Ciro, seguindo uma prudente política de concórdia interna e fomentando simultaneamente a expansão do império para o exterior. O reinado de Dario situa-se entre
521 e 486 a.C. Vide Heródoto, *Histórias*, III. 61 *et sq.*

LEIS

realizadas, conseguiram finalmente tornar estas crianças naquelas criaturas esplendorosas, conforme bem se poderá imaginar.

Clínias – Na verdade, foi uma educação bela e magnífica, essa que acabaste de referir.

694 e *Ateniense* – Melhor será dizeres educação feminina, própria das mulheres da corte, elas que só tardiamente puderam enriquecer, criando os seus filhos sem qualquer supervisão por parte dos homens, encontrando-se estes disso impedidos por causa da vida guerreira que os sujeitava a inúmeros perigos.

Clínias – De facto, tudo isso faz sentido.

Ateniense – Além disso, o pai tinha acumulado para os filhos enormes rezes de gado, de carneiros e de outros animais, tendo também reunido vastas e esplenderosas hordas de homens de todas as origens – atingindo um número incomensurável. Todavia, aqueles a quem pretendia legar todas as suas riquezas, ignorava ele o facto de não terem tido uma verdadeira educação paternal – em conformidade com a tradição dos Persas **695 a** (são estes, com efeito, um povo de pastores, nascendo todos no meio da maior rudeza) – uma educação, enfim, austera, própria para formar pastores robustos e capazes de viver ao ar livre, de passar noites em vigília e caso seja necessário transportar armas, perfeitamente aptos a manejá-las. Contudo, não viu o rei que os seus próprios filhos tinham sido, na realidade, treinados por mulheres e eunucos à maneira dos Medos, para além de ignorar ser tudo isso fruto daquela indulgência que directamente emanava do "apanágio da felicidade régia" ([254]) determinada pelo protocolo que prescrevia serem os filhos do Rei da Pérsia "delícias do céu": tudo isto tinha arruinado a sua educação, já que os tinha formado em sintonia absoluta com uma postura em que era manifesta a completa ausência

---

([254]) A felicidade, *eudaimonia*, era uma prerrogativa do Rei da Pérsia, cf. *supra* 694 d. O Grande Rei era feliz, *eudaimon*, em virtude de se encontrar sempre sob a protecção do espírito zelador, o *daimon*.

LIVRO III

de autodomínio. **695 b** Aquando da morte de Ciro, a sucessão coube naturalmente aos filhos, indivíduos até aí mergulhados na pior indisciplina e no seio da maior indulgência ([255]). Um deles começou logo por mandar matar o próprio irmão: de modo algum suportava que fosse seu igual; depois, totalmente dominado pela paixão da bebida, adoptou uma conduta celerada e cheia de iniquidades, sendo responsável pela futura conquista do seu império pelos Medos, ajudados por aquele homem chamado "Eunuco", que tanto desprezava a estupidez e a demência de Cambises ([256]).

695 c *Clínias* – É essa a história que se conta, não ficando muito longe da verdade.

Ateniense – Também dizem, segundo creio, que o império voltou para a tutela dos Persas, graças aos esforços de Dario e à acção dos Sete ([257]).

Clínias – Sem dúvida.

([255]) Trata-se de uma paronomásia (*i.e.*, o emprego na mesma frase de palavras semelhantes a jogar com os conceitos respectivos, tratando-se de um pocesso retórico frequentemente empregado no tempo de Platão) entre *trophê* e *thripês*, *i.e.*, a sublinhar o óbvio contraste entre "educação das crianças", por um lado, e, por outro, a "licenciosidade ou luxúria", com a finalidade de evidenciar terem os filhos de Ciro sido deficientemente educados, demasiado habituados a uma vida faustosa e, por isso, inaptos para governar.

([256]) A usurpação do eunuco Gaugamates aqui referida consistiu num golpe palaciano, em que o mago se terá feito passar por Esmérdis, irmão de Cambises, proclamando-se miraculosamente salvo da tentativa de assassínio perpetrada por Cambises. Neste ponto particular, parece Platão divergir das informações mais antigas deste evento, Heródoto, *Histórias*, III. 61 *et sq.* e a inscrição de Dario em Bisutum. Estas fontes estabelecem que o assassínio de Esmérdis foi perpetrado pelo próprio Cambises, fazendo com que um mago tomasse a sua identidade. Depois da morte de Cambises durante a campanha do Egipto, Dario terá destronado este mago, não havendo, porém, a certeza de ter este sido o célebre eunuco Gaugamates (Platão fundamentando-se talvez em Ctésias). O vocábulo grego *eunukhos* traduz o termo assírio *sarís*, significando este originariamente "comandante, chefe" e, depois, "castrado". A *Carta* VII, 332 b, refere-se a um falso Esmérdis.

([257]) Os Sete eram os sete chefes militares, sob o comando supremo de Dario, responsáveis pela administração política e militar das satrapias, regiões administrativas do Império.

Ateniense – Continuemos, pois, fiéis ao nosso argumento. Na verdade, este Dario não era filho de rei [258], nunca tendo, por conseguinte, sido fruto de uma educação excessivamente cuidada. No momento em que alcançou o império, com a ajuda de outros reis, partilhou-o e procedeu à divisão do território em sete lotes, cujos vestígios, embora insignificantes, ainda hoje permanecem. Desejou ele governar de acordo com as leis [259], que prescreviam uma espécie de igualdade universal, comum a todos os habitantes, **695 d** para além de regulamentar o tributo [260] que Ciro tinha outrora decretado colectar aos Persas; para esse fim restaurando, por um lado, o espírito de concórdia e de amizade entre os Persas e, por outro, ganhando o favor de todas as nações do império à custa de dinheiro e de presentes. Os exércitos, que lhe eram tão devotados, também lhe granjearam vastos territórios, tantos quantos tinha Ciro antes conquistado. Depois de Dario ter morrido, eis que surge um rei, também ele fruto dessa educação excessivamente esmerada: Xerxes [261]. "Meu pobre Dario – teremos, com efeito, alguma razão em lhe dizer isto! – tu que, afinal, nunca foste instruído na má fortuna de Ciro, logo fizeste crescer o teu filho Xerxes nos maus hábitos em que Ciro tinha permitido Cambises fosse educado" [262]. **695 e** Xerxes, então uma criança, produto dessa educação, repetiu os erros que Cambises outrora tinha

---

[258] Com efeito, a inscrição de Bisutum faz Dario pertencer à ancestral linhagem dos Aqueménidas. Todavia, não há certeza de que o tenha sido realmente; por essa razão, é a inscição interpretada como forma de propaganda de Dario nas suas aspirações a herdeiro legítimo do trono da Pérsia.

[259] No *Fedro*, 258 c, Dario é considerado um grande legislador, cuja notariedade se poderá comparar com a de legisladores tão ilustres como Licurgo de Esparta ou Sólon de Atenas.

[260] Não se conhece, senão por este passo, notícia alguma acerca deste tributo decretado por Ciro. Poderá eventualmente tratar-se de um imposto geral instituído pelos Persas a todo o império (não passando, no entanto, esta explicação de mera conjectura).

[261] Xerxes sucedeu a seu pai em 486.

[262] São versos da tragédia *Os Persas* de Ésquilo, 24 *et sq*. Este autor é o primeiro testemunho da mudança protocolar relativa ao Rei dos Persas: passou ele a ser referido como "Rei", *Basileus*, já não sendo precedido pelo artigo "o", *ho*.

LIVRO III

cometido, em suma: desde esse tempo nunca mais surgiu entre os Persas um rei verdadeiramente "grande", tanto no nome como nos feitos. O erro não reside na sorte, conforme julgo, mas, antes, na vida viciosa a que muitos filhos – especialmente os filhos daqueles que são demasiado ricos e tirânicos – se entregaram com tanta frequência. **696 a** Uma educação como esta nunca poderá produzir homens, sejam eles adultos ou velhos, capazes de se distinguirem na virtude. Eis, assim o proclamamos, aquilo que deverá toda a legislação contemplar (assim também nós deveremos proceder neste momento). Todavia, a vossa cidade, caro estrangeiro da Lacedemónia, merecerá o crédito de nunca ter concedido honras diferentes ao rico ou ao pobre, ao cidadão particular ou ao rei, seja qual for a dignidade ou a educação de cada um, jamais ultrapassando aqueles limites que o oráculo justamente estabeleceu e que o legislador [263], de acordo com isso, a todos vós transmitiu. **696 b** Com efeito, não será automaticamente necessário que um cidadão goze de direitos excepcionais devido à sua riqueza ou porque seja um bom corredor rápido, belo e vigoroso sem, no entanto, possuir qualquer virtude; do mesmo modo, nunca virtude alguma deverá ser honrada naquele que é desprovido de espírito de temperança.

Megilo – Que pretendes dizer com isso, ó estrangeiro?

Ateniense – Pretendo dizer que a coragem constitui certamente parte integrante da virtude.

Megilo – De facto, assim é.

Ateniense – Nesse caso, tenta tu próprio ver a questão: supõe, então, que te perguntam se porventura aceitarias receber em tua casa, ou ter como vizinho, um homem de grande coragem e, todavia,

---

Torna-se, por conseguinte, possível distinguir o "Rei", Dario neste caso, de "O Rei"; cabendo unicamente este título a Ciro, o fundador do Império Persa, conhecido como Ciro, *o Antigo*, "O Rei", *Kyros ho Basileús*, vide *supra* 694 b, cf. Heródoto, *Histórias*, III. 61 *et sq.*

[263] Referência a Licurgo, legislador de Esparta, cf. *supra* 691 e.

237

LEIS

completamente desprovido de temperança, para além de ser dissoluto [264].

696 c *Megilo* – Pára, não digas mais!

Ateniense – Como assim? E o que dizer do artesão, hábil no seu ofício e, no entanto, de natureza injusta?

Megilo – Nunca o receberia.

Ateniense – Ora, a justiça não pode proceder sem a temperança.

Megilo – Com certeza que não.

Ateniense – Nem o homem sábio, acerca de quem falámos, quando nos referimos ao seu ideal de humanizar os prazeres e as dores, que logo se puseram de acordo com o raciocínio justo [265].

Megilo – Também não.

Ateniense – Não obstante, tentemos ainda examinar o seguinte facto, relativo aos direitos cívicos nas cidades [266], **696 d** a fim de nos ser possível julgar quais são realmente aqueles direitos devidamente justificados e aqueles outros que o não são, consoante as diferentes situações.

Megilo – Qual é esse facto?

Ateniense – Se, por caso, a temperança residir, apenas ela, na própria alma, excluindo todas as outras virtudes, deverá ela, por

---

[264] Comparação com os mercenários, vide Livro I, 630 b. Todo aquele que, embora assistido pela coragem, não consiga agir com espírito de temperança, tornar-se-á certamente em alguém violento, sem freio algum e que age como mercenário.

[265] Cf. *supra* 689 a.

[266] Cf. Livro I, 631 d *et sq.*; Livro VI, 757 b-c.

LIVRO III

isso, assim merecer com toda a justiça o apanágio da honra ou, pelo contrário, o descrédito total?

Megilo – Não sei responder a essa questão.

Ateniense – Bem! Não há dúvida de que falaste conforme te competia! É que se tivesses respondido à minha questão de acordo com um sentido determinado, ou segundo outro qualquer, creio que te terias expresso de uma maneira algo fora do comum.

Megilo – Assim sendo, estamos de acordo.

Ateniense – Nesse caso, assim seja. No entanto, se em ti existe alguma coisa que merece ser honrada ou amaldiçoada, bastará dizer apenas aquilo que deve ser justamente dito, **696 e** logo nos calando e passando ao ponto seguinte.

Megilo – Parece-me que te referes à temperança.

Ateniense – Sim, sem dúvida. Entre os bens, é a temperança aquele bem que nos pode oferecer os maiores serviços, quando à honra se vem juntar. Por isso, será plenamente justificado que seja ela a merecer a honra em primeiro lugar; aquele outro, o segundo, se-lo-á num grau imediatamente a seguir; o mesmo se verificando sucessivamente e segundo a ordem estabelecida: cada uma receberá, de acordo com a sua posição, aqueles benefícios que lhe são justamente merecidos ([267]).

697 a *Megilo* – Assim é realmente.

Ateniense – Não diremos nós, então, que é antes ao legislador que competirá a divisão das honras?

Megilo – Seguramente.

([267]) Referência à hierarquia dos bens, segundo o grau respectivo de temperança, *i.e.*, de capacidade de autodomínio.

LEIS

Ateniense – Porventura desejarás tu que nos seja possível convir no facto de poder ele, o legislador, distribuir segundo as acções no seu conjunto e em conformidade com as particularidades inerentes – resultando isso numa tripla divisão, à qual eventualmente depois procederemos – em virtude de também nós aspirarmos alcançar as leis, distinguindo justamente aquilo que é mais importante, e que, por isso, vem em primeiro lugar, daquilo que se encontra em segundo e, ainda, daquilo que se encontra em terceiro [268]?

Megilo – Sim, sem dúvida alguma.

697 b *Ateniense* – Por conseguinte, poderemos afirmar que a cidade, que tanto desejamos se conserve – na medida do possível [269] – para os homens na sua prosperidade e felicidade, terá necessariamente de considerar a diferença existente entre a honra e a infâmia. Ora, conforme se diz, aquilo que é correcto consiste precisamente em proclamar a temperança como o mais precioso e o primeiro de todos os bens, que à alma possam interessar, na condição de ela aí permanecer enquanto tal. Em segundo lugar, a cidade terá de considerar aquelas vantagens que dimanam dos bens dito corporais. Finalmente, em terceiro, deverá ela debruçar-se sobre aqueles bens relacionados com a fortuna e as riquezas [270]. Sempre que nos afastarmos desta regra – trocando a honra pelo dinheiro ou, ainda, atribuindo um grau elevado àquela classe de coisas consideradas inferiores – **697 c** jamais legislador algum,

---

[268] Cf. *infra* Livro IV, 726 a *et sq.*, e ainda *supra* Livro II, 661 a *et sq.* Finalmente, Aristóteles, *Ética a Nicómaco*, 1098 b 12 *et sq.*

[269] Trata-se de uma expressão muito frequente em Platão.

[270] Cf. *Fedro*, 248 a-253 c, *Filebo*, 63 e; cf. *ibid.*, Livro IV, 716 a. Acerca dos bens e sua respectiva classificação vide Livro II, 660 a-661 e, assunto que será desenvolvido de uma maneira mais sistemática no Livro V, 726 a-730 e. Esta divisão tripartida dos bens e das coisas, sugerida por Platão, foi posteriormente adoptada pelos filósofos, ao desejarem abordar a questão dos bens sob o ponto de vista da ética e moral. Vide Aristóteles, *Ética a Nicómaco*, 1089 b 13; Cícero, *De Officiis* (*Dos Deveres*), 3.6.28, que afirma *quam omnia incommoda subire, uel externa, uel corporis, uel etiam ipsius animi; cf.* Platão, *Górgias*, 477 b. Parece ter esta divisão a sua origem mais remota em Pitágoras e sua escola.

LIVRO III

jamais cidade alguma poderão legar obra verdadeiramente digna daquele carácter moral almejado, nem tão-pouco merecer o atributo de "verdadeiramente políticos". Poderemos nós considerar legítima esta conclusão e, se não, que mais será necessário dizer?

Megilo – Consideramo-la clara e inequívoca.

Ateniense – Eis, pois, os princípios que motivaram a nossa análise do regime político dos Persas, que agora se tornou ainda mais legítima. Observámos nós que eles, ao longo dos tempos, ano após ano, se foram deixando sucessivamente corromper, residindo a causa no facto de terem completamente atrofiado a liberdade do seu próprio povo. Por outro lado, fomentaram exageradamente o despotismo, que provocou o colapso total do Estado – que é, afinal, a própria sede do governo – enquanto comunidade que se fundamenta na amizade e no espírito de união. **697 d** Quando estes últimos requisitos desaparecem – *i.e.*, a amizade e o espírito de união – o conselho dos governadores vê-se impossibilitado de deliberar no interesse daqueles que são governados (e que, na realidade, constituem o cerne do povo), passando, pelo contrário, a governar em seu proveito próprio. Por conseguinte, no momento em que acreditaram obter vantagem a partir dessa situação, começaram logo por subverter e submeter as cidades e todas as nações aliadas, destruindo-as, incendiando-as, semeando o ódio, tornando-se, por sua vez, alvo de um ódio que se tornou feroz e impiedoso. Todavia, logo que sentiram a urgência de encetar uma luta em defesa do seu próprio povo, **697 e** já não encontraram aquela união nem aquela vontade resoluta de enfrentar o perigo e de combater. Por conseguinte, embora mantivessem sob domínio uma incomensurável multidão de homens, toda essa massa humana, no entanto, não passava de um imenso aglomerado desprovido de qualquer capacidade militar. Viram-se, por isso, obrigados a pagar a soldados provenientes do estrangeiro, em virtude de não terem homens para combater, ficando a sua segurança consequentemente a cargo de mercenários e de estrangeiros, responsáveis pela tarefa especial de garantir a segurança dos Persas. **698 a** Para além de tudo isto, vieram estes

LEIS

forçosamente a cair na loucura de proclamar que aquelas coisas que são respeitadas, por serem justamente honradas e nobres numa cidade, se tornaram, devido aos feitos realizados, em mera insignificância quando comparadas com o ouro ou com a prata [271].

Megilo – Isso é absolutamente verdadeiro.

Ateniense – Por essa razão, que possa aquilo que acabámos de dizer constituir uma conclusão desta investigação relativa aos Persas e àquela forma de administração que é deficiente e radica na servidão e no despotismo excessivos [272].

Megilo – Sem qualquer dúvida.

---

[271] Esta situação equivale a uma subversão total e drástica do princípio fundamental da cidade em Platão, para o qual o filósofo tantas vezes alerta. Cf. Livro II, 679 b, IV, 705 5, V, 742 e, 743 d, 744 d, VII, 801 b. Esta análise do Ateniense – principalmente a partir de 697 d *et sq*., pelo menos até 698 a – poderá ser melhor elucidada do seguinte modo: em virtude de o espírito de união "patriótica" se ter completamente desvanecido, começaram os governantes a desconfiar dos seus súbditos, acreditando unicamente nos benefícios provenientes do exercício da sua própria autoridade; não hesitaram, por isso, em destruir, incendiar e aniquilar homens e cidades; tornaram-se alvo do ódio semeado; por outro lado, quando reclamaram o apoio do seu próprio povo, como não havia união entre as várias etnias a defesa tornou-se assim impossível – nem um só entre os seus se oferece como soldado! O ouro e a prata pagam os serviços de estrangeiros, passando estes a garantir a própria salvação da Pérsia. A conclusão será, portanto, a seguinte: só pode ser honroso e benéfico aquilo que conseguiram adquirir pelo ouro e pela prata.

[272] Platão não está realmente interessado numa análise profunda e rigorosa do sistema político dos Persas, apesar da declaração inicial do Ateniense em 693 d, vide *supra* Pertende o filósofo manifestar o seu repúdio, ainda que expresso de forma indirecta, daquela imagem idealizada da educação persa de Xenofonte na *Ciropedia*, conforme verifica Ateneu, *Deipnosophista*i, 11.505 a. A Platão se deve, no entanto, a visão "romântica" da sabedoria persa, especialmente evidente nas referências à sabedoria de Zoroastro em *Alcibíades Maior*, 122 a (diálogo cuja autenticidade é geralmente posta em causa). A reputação das ligações de Platão com a tradição sapiencial persa, particularmente as suas relações com os Magos e a Caldeia, parece ter sido estabelecida na época helenística, quando os contactos entre Grécia e a Pérsia se estreitaram profundamente. O *Academicorum Index Herculanensis, ed.* Mekler, p.13, fala-nos de um sábio caldeu presente no momento em que Platão morre; Séneca, *Ep. a Lucílio*, 58.31, informa acerca da

LIVRO III

A vitória de Atenas

Ateniense – Em relação ao sistema político vigente na Ática, será necessário demonstrar em primeiro lugar – e seguindo sempre a orientação anteriormente adoptada – como a liberdade absoluta, à completa revelia da autoridade, **698 b** é infinitamente pior, devendo ser por isso relegada a favor de qualquer forma moderada de governo exercida por terceiros[273]. Quando os Persas atacaram a Grécia (e, conforme poderíamos dizer, quase todas as nações da Europa), possuíamos nós uma constituição ancestral, com magistrados eleitos em conformidade com as quatro classes censitárias. Fundamentava-se, pois, a nossa soberania naquela consciência política que nos obrigava a reverenciar as leis vigentes naquele tempo. Por outro lado, esta invasão gigantesca, tanto por terra como por mar, inspirou-nos um temor tão grande e desesperado que levou a que nos tivéssemos submetido ainda mais aos nossos magistrados e às suas leis, resultando numa união mais profunda entre todos nós. **698 c** Com efeito, cerca de dez anos antes da batalha naval de Salamina [274], Dátis [275] chegou ao nosso país comandando um exército persa, enviado por Dario contra os Atenienses e os Eretrienses com a ordem expressa de fazer todos prisioneiros e

---

presença em Atenas de alguns magos, também aquando da morte de Platão; Proclo, *Comentário da República*, 2.109, refere-se de maneira jocosa às influências da doutrina de Zoroastro na filosofia de Platão (sendo obviamente legítima a conclusão de esta tradição se encontrar solidamente estabelecida nos anos 250--280 d.C.). No que diz respeito a Aristóteles, *Política*, 1284 b 1, 1313 a 38, cf. *ibid.*, 1324 b 11, a crítica é ainda mais violenta com a completa condenação do intitulado "despotismo persa", sendo os reis da Pérsia considerados "tiranos" por Aristóteles.

[273] Cf. *República*, VIII, 562 b-563 e, com a descrição da democracia.

[274] Salamina é a ilha que se situa a NE da Ática frente ao porto de Atenas, o Pireu. A comparação entre as batalhas de Maratona e de Salamina tornou-se um *topos* do pensamento político de Atenas. Neste passo Platão compara a democracia moderada, baseada numa sociedade de hoplitas, com a democracia radical, baseada na expansão marítima e numa poderosa força naval.

[275] General persa nomeado por Dario comandante supremo das forças invasoras em 490 (sendo o outro comandante Atafernes). A armada dos Persas era constituída por seiscentos barcos, número que ainda hoje é objecto de grande polémica.

LEIS

assim trazê-los até à sua presença, sob a ameaça de condenação à morte, caso a missão redundasse num completo insucesso ([276]).

698 d Dátis, logo que se apoderou de Erétria pela força, ele próprio à frente de um incomensurável número de tropas, fez constar na nossa cidade a notícia alarmante de nem um só habitante de Erétria ter conseguido escapar vivo, tendo os soldados de Dátis, dando-se as mãos, formado uma longo cordão humano a circundar toda a ilha, por este modo a arrasando totalmente ([277]). Esta notícia – tenha sido ela verdadeira ou falsa quanto à sua origem – conseguiu realmente espalhar o terror entre os Gregos, de um modo geral, e particularmente entre os Atenienses. No entanto, quando foram tomadas as devidas medidas, tendo sido enviadas várias embaixadas por toda a parte a pedir assistência, todos recusaram ([278]), à excepção dos Lacedemónios. **698 e** Encontravam-se estes, com efeito, ainda envolvidos naquela guerra que então sustentavam contra a Messénia, chegando, por esse motivo (ou devido a qualquer outro impedimento – acerca do qual não sabemos ao certo), um dia depois da batalha que se travou na planície de Maratona ([279]). Falava--se, então, acerca de consideráveis preparativos militares, simul-

---

([276]) Atenas derrotou a frota dos Persas no estreito de Salamina em Setembro de 480. A expedição de Dátis data da Primavera do ano de 490. Erétria era uma cidade na ilha de Eubeia que terá ajudado os Jónios na sua revolta contra o domínio persa alguns anos antes, c. 500-495. Vide Heródoto, *Histórias*, VI. 94 *et sq.*; todavia, apesar da derrota em Maratona, os Persas continuaram a dominar as Cíclades.

([277]) A mais provável fonte de Platão será certamente Heródoto, *ibid.*, VI. 31, com o seu relato da conquista das ilhas de Quios, Lesbos e Ténedos. Cf. *Menexeno*, 240 b, com referência ao mesmo acontecimento.

([278]) Parece que Platão ignora o testemunho de Heródoto acerca da assistência prestada a Atenas por Plateias em Maratona, vide Heródoto, *ibid.*,VI, 108.

([279]) Cf. *supra* 692 d. as forças de Atenas e de Plateias, sob o comando de Milcíades, derrotaram as tropas de Dario em Maratona, no verão de 490. Situava-se esta planície na costa noroeste da Ática. Os Espartanos não terão podido vir em auxílio de Atenas em virtude de terem estado a travar uma guerra contra os Messénios na ocasião. Heródoto, *Histórias*, VI. 106-108, parece, ao contrário de Platão, ignorar este facto, antes mencionando a celebração do festival da Carneia. Apesar do silêncio de Heródoto sobre o facto, existem fortes indícios de Esparta estar, por ocasião da batalha de Maratona, a enfrentar uma guerra com os Messénios.

244

LIVRO III

taneamente pairando toda a espécie de ameaças vindas do Grande Rei; o tempo passava e, em breve, corria a notícia de ter Dario morrido e de seu filho, que na altura se encontrava no ardor da juventude, lhe ter sucedido no trono com a intenção de não fazer demorar mais esse projecto de invasão. **699 a** Com a experiência de Maratona, os Atenienses imediatamente compreenderam que aqueles preparativos eram dirigidos contra si: logo que tiveram conhecimento do canal construído ao longo do Atos [280] e da ponte edificada sobre o Helesponto [281], bem como do grande número de navios aí ancorados, viram que não poderia para si haver salvação alguma tanto em terra como no mar. Com efeito, ninguém vinha em seu auxílio, ninguém lhes prestava auxílio, lembravam-se apenas daquele momento em que também nenhum Estado se tinha arriscado a socorrê-los e a lutar a seu lado, (isto, durante a primeira invasão e dos outros acontecimentos relacionados com a subjugação de Erétria). **699 b** Esperavam os Atenienses que acontecesse agora em terra precisamente o mesmo que anos antes, enquanto que, no mar, se viam obrigados a enfrentar igualmente a impossibilidade de se salvar perante um ataque desencadeado por mais de mil navios, ou por um número muito superior. Restava-lhes uma única solução que, embora fosse demasiado precária, já que era sem qualquer dúvida fruto do próprio desespero (e, no entanto, não havia outra!) logo passaram a considerar, sobretudo quando os acontecimentos precedentes lhes tinham provado ter sido aquela vitória de outrora alcançada numa situação inextricável. Então, decidiram abraçar a esperança, em nada mais conseguindo encontrar refúgio senão em si mesmos, e depositar toda a sua sorte nos desígnio dos deuses. **699 c** Tudo isto lhes terá, por conseguinte, inspirado uma mútua amizade. (Pretendendo agora referir-me ao

---

[280] Na verdade, os Persas abriram um canal na península de Atos, conforme se encontra referido em Heródoto, *Histórias*, VII, 22-24, 37 e 122. A arquelogia veio comprovar a veracidade das afirmações deste historiador.

[281] O Helesponto é o actual Estreito dos Dardanelos, entre o Quersoneso e o NO da Tróade. Heródoto, *ibid.*, VII, 33-36, afirma que, durante a invasão de 480, Xerxes terá ordenado a construção de uma ponte a fim de que as suas tropas pudessem atravessar o estreito.

LEIS

medo do presente, que se combina com aquele outro das leis ancestrais, ao celebrarem com estas um pacto e jurarem a sua obediência
para sempre; medo esse que, em tantos momentos da nossa discussão prévia, denominámos "medo da desonra" [282], o qual directamente implica obediência àqueles que desejavam tornar-se
homens de bem enquanto que, pelo contrário, foram cobardes esses
tais libertos que, de uma maneira geral, nunca sentiram esse medo
comum). Por conseguinte, se porventura nunca tivessem sido nisso
educados, nunca teriam os Atenienses em momento algum sido
levados a assumir, eles próprios, a sua resistência, nem se teriam
sentido capazes de defender os seus templos, os seus túmulos, a
sua pátria, os seus bens e os seus laços de amizade como nessa
altura [283]; de outro modo, **699 d** pelo desenrolar dos acontecimentos teríamos sido completamente vencidos, rechaçados e postos
em fuga por toda a parte.

Megilo – Na verdade, ó estrangeiro, falaste com propriedade,
para tua grande honra e de tua pátria.

Ateniense – Assim creio, caro Megilo. Além disso, tu próprio
mereces que te tenha contado a história desses tempos, já que te
encontras pelo nascimento ligado à tão nobre estirpe dos teus
antepassados. Por tudo isto, peço-vos, a ti, Megilo, e a ti, Clínias, o
favor de verdes se porventura empregámos uma linguagem
verdadeiramente apropriada à obra dos legisladores, visto que não
faço, na realidade, esta exposição pelo simples prazer de contar
mas, antes, segundo aquele intuito que acabei de referir. **699 e**
Por isso, atendei àquilo que vos digo: em virtude de termos, tanto

---

[282] Cf. *supra* Livro I, 647 a-b.

[283] Compare-se este passo com aquele outro dos *Persas* de Ésquilo, vv. 402-
-405, qual encontramos uma exortação dirigida às forças gregas perante o ataque
dos Persas, à maneira de uma canção de guerra entoada com ânimo e ardor: ... *ô
paîdes Hellenôn ite / eleutheroûte patrid´, eleutheroûte de / paîdas, gynaîkas,
theôn te patrôiôn hedê. / thêkas te progonôn*, "... erguei-vos, ó filhos da Grécia,
lutai pela liberdade da pátria, lutai pela liberdade dos vossos filhos, das vossas
mulheres, libertai os santuários dos vossos deuses, as sepulturas dos vossos pais".

LIVRO III

nós como os Persas, ambos partilhado a mesma sorte – estes,
porque se viram reduzidos a um estado de servidão absoluta, e nós
porque, pelo contrário, encorajámos o povo a enveredar por uma
licença extrema – parece-me que, na eventualidade de desejarmos
escolher o próximo tema para discussão, bem como o respectivo
método, os tópicos, sobre os quais temos discutido, ainda merecerão
ser investigados com utilidade ([284]).

700 a *Megilo* – De acordo. Mas, explica-nos com maior clareza
o teu pensamento.

As origens da licenciosidade

Ateniense – Assim farei. Com efeito, no tempo das antigas leis,
meus caros amigos, não era o povo ainda senhor da situação e,
todavia, já obedecia às leis de livre vontade.

Megilo – A que leis te referes?

Ateniense – Precisamente àquelas que, nessa época, estabele-
ciam as regulamentações relativas à música (isto, na necessidade
eventual de se proceder à exposição desde as suas origens). Na
verdade, nesse tempo encontrava-se entre nós a música dividida
em géneros e modos bem definidos. **700 b** Em primeiro lugar,
incluía esta divisão as preces dirigidas aos deuses, às quais se
atribuía o nome de hinos ([285]); formando, por conseguinte, o género

---

([284]) Cf. *supra* Livro II, 667 b –670 a.

([285]) No seu tratamento da música Platão distingue quatro formas fundamentais: os trenos, *thrênoi*, que são cânticos de lamentação em honra dos defuntos; os
hinos ou odes, *hymnoi* ou *ôidês*, cânticos em honra dos deuses e dos heróis; os
péans, *pean*, cânticos corais em honra de Apolo e de Ártemis; finalmente, os ditirambos, *dithyramboi*, os quais podem constituir um género diferenciado – cujo
tema primitivo seria, aliás, o nascimento do deus Dioniso – com acompanhamento
de lira e de aulos. Todavia, parece ser esta divisão um pouco ambiciosa, já que o
domínio específico a cada definição estava sujeito a grandes imprecisões e a
consequentes confusões. Platão evidencia um conhecimento correcto das teorias
musicais contemporâneas.

oposto uma categoria diferente, a qual vem em segundo lugar e que – aliás, com alguma razão – melhor seria denominada categoria dos trenos; o grupo dos *péans* ([286]), logo depois, corresponderia assim ao terceiro género; uma outra categoria seria, em minha opinião, formada pelo ditirambo ([287]), em virtude de consistir este num louvor em honra do nascimento do deus Dioniso. Enfim, os *nomos*, que eram assim justamente denominados, constituem uma outra espécie de cântico, sendo consequentemente apelidados cânticos citarédicos ([288]). Depois que estas categorias foram devidamente diferenciadas e sistematizadas (o mesmo se verificando com outros tantos géneros), já não se estabeleceu de maneira deficiente qual a modalidade musical específica de cada género (um erro que também se ficou a dever a um certo abuso). **700 c** Além disso, a autoridade responsável pela regulamentação nesta matéria – com a finalidade de alcançar um domínio absoluto com perfeito conhecimento de causa – que detinha o verdadeiro poder para sancionar os desobedientes, quando estes eram identificados, não seria propriamente uma simples gaita de foles nem aqueles gritos estridentes e dissonantes da multidão – tal como ainda hoje sucede – nem ainda o som dos aplausos. Em vez disso, as pessoas cultivadas

---

([286]) *Péan*, hino em honra de Apolo e de Ártemis; possui uma característica peculiar: geralmente este tipo de cântico visa a libertação de um mal físico ou psíquico. Por esta razão, é o *péan* frequente no culto de Asclépio, deus da medicina. O seu nome deve-se ao refrão *iê paian*, a invocação da divindade.

([287]) Ditirambo é um hino em honra de Dioniso. Aparece pela primeira vez no fragmento 77 Diehl de Arquíloco (=120 Bergk=77 Gentili-Prato=120 West), que chama ditirambo ao cântico em honra de Dioniso. No início era uma composição coral, sem, no entanto, possuir estrutura formal propriamente definida. Talvez a primeira tentativa de estabelecer a sua estrutura canónica se deva a Árion, que em Corinto, c. 600 a.C., executou um ditirambo com um coro regular e estabeleceu um tema definido. De Corinto terá sido trazido para Atenas por Lasso de Hermíone, tendo sido logo eleito tema de competição nos festivais dedicados nesta cidade a Dioniso.

([288]) O *nomos* é uma peça lírica razoavelmente longa cantada com acompanhamento de cítara. O seu criador terá sido Terpandro. O exemplo mais famoso é o *nomos Os Persas* de Timóteo de Mileto, a celebrar a batalha naval de Salamina. O jogo de significados – já que o termo também significa "lei" – é sobremaneira sugestivo.

LIVRO III

formularam, por sua própria iniciativa, um princípio de critério que consistia em escutar em silêncio até ao final do desempenho, ao mesmo tempo que as crianças, os pedagogos e a grande massa do público eram continuamente advertidos pelos guardiães, impondo--lhes estes a ordem com a disciplina do bastão [289]. **700 d** É precisamente com tal rigor que, nestas circunstâncias, o povo deveria obedecer em ambientes por natureza tumultuosos, nem tão-pouco se deixar influenciar, quando emite o seu juízo, por aquela excitação tão característica. Por conseguinte, com o decorrer do tempo, a autoridade que julgava os delitos em matéria de música passou a ser ilicitamente reclamada pelos próprios compositores; ainda que possuíssem um temperamento criador, nada sabiam, todavia, acerca da justiça ou daqueles direitos conferidos pela Musa. Naquele êxtase frenético que os tomava, superando o prazer totalmente a razão, misturaram eles trenos e hinos, *péans* e ditirambos, executando com a cítara as cambiantes e as tonalidades próprias da flauta, confundindo um tipo de música com outro; **700 e** sem que necessariamente o desejassem, tiveram a pouca inteligência de invectivar a música com a calúnia de já não existir qualquer critério musical aceitável, sendo o prazer do amador desta arte, independentemente do seu carácter nobre ou pusilânime, a forma mais correcta de julgar [290]. À força de tanto compor obras deste tipo e de apresentar proclamações como estas, foram eles os verdadeiros responsáveis por se ter divulgado entre o povo comum os falsos princípios musicais, assim como aquela atitude ostensiva de se considerarem, eles próprios a si mesmos, juízes da maior competência. **701 a** Como consequência de tudo isto, tornaram-se os auditórios nos teatros barulhentos, em vez de silenciosos, para além de se passar a crer ser absolutamente possível nesse ambiente distinguir, em matéria de música, o bom do mau, assistindo-se, por conseguinte, à substituição da aristocracia musical por uma espécie de "teatro-

---

[289] Nos teatros havia uma espécie de guardas que chamavam a atenção dos espectadores mais irrequietos com um bastão, tocando-lhes com ele levemente.

[290] Cf. *supra* 658 e-659 c. A música deve ser avaliada em função do prazer proporcionado. Cf. *Hípias Maior*, 29 a-300 a.

LEIS

cracia" perigosamente falaciosa. Na eventualidade de ter apare-
cido na música um regime democrático formado por homens livres,
o resultado daí decorrente nunca teria sido tão alarmante. Todavia,
a razão por que assim terá sucedido reside no facto de terem tanto
o carácter universal da sabedoria como o próprio desprezo pela lei
tido a sua origem na música, daí tendo emergido o espírito de liberdade: é que, ao pensarem eles próprios ser da maior competência,
perderam todo o medo, degenerando esta certeza temerária em
impudência. **701 b** Além disso, considerar ofensa temer a opinião
de quem é melhor constitui realmente a mais viciosa impudência
de todas, sobretudo quando foi esta engendrada por uma liberdade
excessivamente audaciosa.

Megilo – Afirmaste a maior de todas as verdades.

Ateniense – Logo a seguir a esta liberdade vem a outra modalidade, essa que evita a submissão às próprias autoridades, imediatamente se seguindo a ignominiosa recusa em aceitar a autoridade
dos pais e dos mais velhos, bem como ainda o desprezo das suas
repreensões; ficando o espírito das leis quase relegado para último
lugar, **701 c** sem qualquer respeito pelos juramentos, pelos votos,
pelas preces e até pelos próprios deuses ([291]). As suas acções re-
produzem exactamente a lenda dos primeiros tempos: a história
dos Titãs ([292]); logo regressando nós, como eles, àquelas antigas
condições de vida em que uma existência penosa traz inevitavel-

---

([291]) Com efeito, mais uma vez se verifica a correlação estabelecida por Platão
entre as leis musicais e as leis da cidade: um procedimento à revelia das primeiras
corresponderá à mesma situação em relação às segundas. Vide a mesma observação
em *República*, 424 c.

([292]) Este passo pode ser considerado como a mais antiga referência à heredita-
riedade "titânica" dos homens (eram os Titãs, com efeito, inimigos dos deuses do
Olimpo). Esta referência não deverá ser entendida no sentido posterior de "pecado
original". Neste caso conflui-se na concepão da "natureza originariamente titânica
dos homens", por esse motivo o denominado "erro humano" significa o "retorno"
às origens "titânicas" do homem (confluindo neste caso com o dogma do orfismo).
Além disso, não tem esta concepção nada a ver com o mito do "desmembramento
de Dioniso".

LIVRO III

mente males que nunca parecem terminar. Mas, com que finalidade se falou acerca de tudo isto? Creio que seria agora necessário retomar o raciocínio para, segundo a expressão, ter mão nele, tal como se procede com o cavalo, em vez de me deixar por ele ser levado, não tivesse ele freio na boca [293], **701 d** assim "vindo a cair do meu próprio burro", conforme diz o provérbio [294]. Por conseguinte, devo, então, repetir esta minha questão: com que finalidade se falou acerca de tudo isto?

Megilo – Muito bem!

Ateniense – Bem! A finalidade é precisamente esta.

Megilo – Qual?

Recapitulação [295]

Ateniense – Com efeito, dissemos que o legislador deveria sempre propor-se realizar três coisas no interesse da cidade, em função da qual deveriam valer as próprias leis: deveria ela ser

---

[293] Cf. Eurípides, *Bacantes*, v. 385.

[294] Trata-se de um antigo provérbio popular no tempo de Platão, o qual sublinhava a situação algo peculiar de se inverter a posição de cada um. R.G. Bury, *Plato. Laws* (London-Cambridge Mass. 1926) em nota *ad loc.*, considera esta expressão como sinónima de "to show oneself a fool". Uma imagem semelhante é justamente empregada por Aristófanes, *Nuvens*, 1273, nomeadamente a resposta de Estrepsíades *ti dêta lêreis hôsper ap`onou katapesôn*; sendo, então, possível concluir que se tratará do mesmo provérbio, vide K.J. Dover, *Aristophanes. Clouds* (Oxford 1968) *ad loc.* C. Magueijo, *Aristófanes. As Nuvens* (Lisboa 1984) *ad loc.*, adopta a tradução "Dir-se-ia, assim a asneares, que caíste mas foi do burro". A tradução pelo feminino "burra" evidenciaria ainda mais o carácter ridículo e depreciativo desta situação cómica. Por outro lado, seria interessante reter a lição *noû* de alguns manuscritos (tanto o Marcianus Graecus 188 como o Vaticanus Graecus I), devida possivelmente a uma leitura incorrecta de algum comentador, podendo esta imprecisão ser propositada em virtude do jogo entre *ap`onou* e *apo noû*, neste último caso "cair da consciência ou inteligência abaixo".

[295] Os tópicos da discussão precedente são recapitulados segundo a ordem inversa.

LEIS

livre, unida e governada de acordo com a razão [296]. Era isso, não é verdade?

Megilo – Sim.

701 e *Ateniense* – Por conseguinte, quanto a este ponto, seleccionámos nós dois tipos de regime: aquele que é o mais despótico, por um lado, e aquele outro que, pelo contrário, é o mais liberal; sendo, para além disso, nossa intenção agora examinar qual deles seja o melhor. Quando tomámos os Persas como exemplo, com especial referência ao despotismo, ou os Atenienses, naquilo que à liberdade concerne, verificámos que reinava no momento apropriado, tanto num como no outro, uma prosperidade que na altura se revelava propícia [297]. Todavia, quando ambos os regimes foram levados até ao limite extremo – um, até à fronteira da escravidão enquanto que o outro, na via absolutamente oposta – nunca mais coisa alguma pode ser justamente alcançada nestes dois regimes [298].

702 a *Megilo* – Nada, com efeito, pode ser mais verdadeiro!

Ateniense – Por essa razão, considerámos correcta a instituição do exército entre os Dórios, junto da ancestral casa de Dárdano [299], no sopé do monte, bem como essa colónia fundada na costa, sobranceira ao mar, assim como ainda aqueles primeiros sobreviventes do dilúvio [300]. Eis, pois, a razão por que pretendemos

---

[296] Cf. *supra* 693 b.

[297] Platão emprega aqui *eleitheriazein* no sentido posteriormente empregado por Aristóteles, *Política*, 1314 a 8: como sinónimo de uma "auto-afirmação da liberdade", por oposição à situação de escravidão, circunstância visada na *Carta VIII*, 354 e (*douleia kai gar eleutheria*). Esta postura é habitualmente assumida como a resposta grega ao despotismo dos Persas, o qual representa o regime político tipicamente oriental e que constitui a própria negação da liberdade.

[298] Cf. *supra* 693 d-e.

[299] Trata-se do herói epónimo dos Dardanos, povo que nos *Poemas Homéricos* forma uma unidade política com os Troianos. Os Romanos consideravam-se descendentes deste herói e do seu povo. Era Dárdano filho de Zeus e de Electra, filha de Atlas e rival de Hera.

[300] Cf. *supra* 676 a-692 e.

LIVRO III

nos nossos primeiros discursos([301]) discutir acerca da música, do estado de embriaguez e de tantos outros assuntos com isso relacionados, seguindo sempre a ordem da precedência. Todos estes temas se destinavam a descortinar qual poderia ser a melhor forma de governo de uma cidade, para além de constituir uma tentativa de ver como um cidadão particular poderia conduzir melhor a sua própria vida. **702 b** Naquilo que concerne a eventualidade de podermos realizar uma obra verdadeiramente útil, qual será, então, meus queridos Megilo e Clínias, a melhor prova a ser por nós apresentada?

Clínias – Creio, ó estrangeiro, que posso vislumbrar uma. Na verdade, parece-me que um mero acaso da fortuna nos terá sugerido a possibilidade de podermos na nossa discussão tratar todos estes tópicos. Realmente, eu próprio quase cheguei ao cerne da questão – e isso é, aliás, fruto da sorte, conforme torno a afirmá--lo – tendo, por isso, sido deveras oportuno este meu encontro contigo e com Megilo. **702 c** Não vos esconderei, portanto, nada do que se passa comigo mesmo, já que considero ser tal coisa um presságio feliz e favorável. A maior parte da ilha de Creta prepara--se neste momento para fundar uma colónia([302]), confiando essa tarefa aos habitantes de Cnossos, tendo, por sua vez, Cnossos delegado em mim próprio, com os outros nove, essa mesma missão. Fomos, por conseguinte, nesse sentido instruídos a promulgar leis, seleccionando para isso aqueles que no nosso país, segundo julgamos, mais satisfazem os requisitos exigidos e, também, aqueles outros pertencentes a outros países que se encontram nas mesmas condições (neste último caso, sem assumirmos qualquer preocupação com o seu eventual carácter exótico, em virtude de serem eles

---

([301]) Referência aos Livros I e II das *Leis*.

([302]) Não deixa de ser interessante o facto de Platão redigir esta obra numa época, o século IV, em que a colonização e o grande domínio marítimo de Atenas tinham entrado em colapso. A nova época da colonização grega iria posteriormente reiniciar-se com Alexandre. Além disso, sabemos que no século precedente teria Péricles incumbido Protágoras de redigir um corpo de leis para a cleruquia (nome dado a uma colónia ateniense) em Túrios no Sul de Itália, vide Diógenes Laércio, *Vidas dos Filósofos*, 10.50.

LEIS

realmente os melhores). **702 d** Concedei-me, por agora, esse favor, já que assim procedeis, vós próprios para vós mesmos, quanto a essa mesma satisfação – procedamos, então, do seguinte modo: façamos uma escolha, seleccionando entre aquilo que concluímos e, partindo desse ponto, edifiquemos a cidade ideal, tal qual fosse ela, desde a sua remota origem, por nós mesmos assim fundada. Por este modo nos será possível examinar, conforme eu próprio me esforçarei por futuramente concretizar tudo isso, o tema central da nossa investigação.

Ateniense – Caro Clínias, a tua proclamação não será certamente uma proclamação de guerra! ([303]) Se Megilo não tiver qualquer objecção, podes contar com a minha total colaboração para procederes da melhor maneira.

Clínias – É bom ouvir isso.

Megilo – E podes também contar comigo.

Clínias – Excelentes palavras. Tentemos, pois, nós agora fundar ([304]) esta nossa cidade, pelo menos em teoria ([305]).

([303]) Não deixa de ser interessante a circunstância de esta intervenção do Ateniense se assemelhar – numa alusão clara e subitlmente construída – a uma celebração de paz ou de um acordo entre as partes em litígio. Se assim é, a negação *ou polemon ge epangeleis*, dirigida a Clínias e indirectamente a Megilo, introduz o "ambiente" de ausência de guerra, necessário para se fundar a nova cidade, sem nunca referir, no entanto, o estado de paz.

. ([304]) "Fundar" corresponde ao grego *katoikizein*, termo frequentemente empregado para indicar a fundação de uma colónia ateniense, *katoikia*. A ideia de a nova colónia ser fundamentalmente uma fundação ateniense, cuja estrutua sociopolítica resulta do consenso dos modelos ateniense e dórico, não será apenas conjectural.

([305]) Inicia-se, então, a parte dedicada à descrição da nova cidade, Magnésia, com o estudo da sua administração e do corpo de leis. Este final do livro III das *Leis* pode, de um certo modo, evocar aquele passo da *República*, Liv. X, 591 e, no qual o filósofo nos adverte para aquela "cidade interior" que existe em cada um de nós: *pros tên en hautôi potitean*.

BIBLIOGRAFIA

A. EDIÇÕES DAS *LEIS*
(Inclui edições críticas, comentadas e comentários;
traduções, traduções comentadas)

APELT, O., *Platon Gesetze*, übersetzt und erläutert von..., vols. I-II n.dk. (Leipzig 1945)

AST, F., *Platonis quae exstant opera* accedunt Platonis quae feruntur scripta ad optimorum librorum fidem recensuit in linguam Latinam convertit..., T. VI (Leges I-VI) et VII (Leges VII-XII) (Leipzig 1823-24).

– *Platonis Leges et Epinomis* ad optimorum librorum fidem emendavit et perpetua adnotatione illustravit... vols. I et II (Leipzig 1814).

BADHAM, C., *De Platonis Legibus epistola ad Thompsonium*, apud Platonis *Convivium* (London 1866).

BAITER, I.G., *Platonis opera* quae feruntur omnia recognoverunt... et I. C. Orellius, A.G. Winckelmannus (Zürich 1839), *Leges*: pp. 541-694.

BEKKER, I., *Platonis opera scripta Graece omnia* ad codices manuscriptos recensuit variasque inde lectiones diligenter enotavit..., vols. VII-VIII (Leg. I-II, III-XII) (London 1826).

BRUNS, I., *Plato's Gesetze vor und nach ihrer Herausgaber durch Philippos von Opus* (Weimar 1880).

BURNET, J., *Platonis opera* recognovit brevique adnotatione critica instruxit..., tom. V (*Minos, Leges, et al.*) (Oxford 1907).

BURY, R.G., *Plato. Laws*, vols. I-II (Laws I-VI, Laws VII-XII) (London 1926).

CASTEL-BOUCHOUCHI, A., *Platon. Les Lois. Extraits*, introduction, traducton nouvelle et notes par... (Paris 1997).

DIÈS, A., DES PLACES, É., *Platon. Lois*. Texte établi et traduit par... et par..., 4 vols. (Paris 1951-56).

LEIS

ENGLAND, E.B., *The Laws of Plato*, The text edited with introduction, notes, etc by... 2 vols. (Books I-VI, VII-XII) (Manchester 1921)

GERNET, L., *Platon. Lois. Livre IX*, traduction et commentaire par... (Paris 1917).

– *Platon. Lois. Introduction*, vide *supra* Diès-Des Places, *Lois*. Vol. I (Paris 1951).

GIANNANTONI, G., *Platone. Opera*, T.II, *Le Leggi* (Bari 1966).

GIARRATANO, C., ZADRO, A., ADORNO, F., *Platone. Opere Complete*, Vol. VII: *Minosse, Leggi, Epinomide*, tradudioni di... (Bari 1983).

HERMANN, C.F., *Platonis dialogi* secundum Thrasylli tetralogias dispositi ex recognitione... vol.V (Leges, Epinomis) (Leipzig 1852).

JOWETT, B., *The Dialogues of Plato* translated into English with analyses and introductions by..., vol. IV (Laws) 4th ed. (Oxford 1953).

KUHN, H., STEINER, P., *Platon, Nomoi X überstezt und kommentiert von P. Steine mit eine Einleitung von H., Kuhn* (Berlin 1992).

LISI, F., *Platón. Diálogos*, vols. VIII-IX. *Leyes* (Libros I-VI, VII--XII) (Madrid 1999).

MÜLLER, G., *Der Aufbau der Bücher II und VII von Platons "Gesetzen"* (Königsberg 1935).

MÜLLER, H., *Platon's sämmtliche Werke*, übersetzt von..., Bd. VII. 2 (Gesetze) (Leipzig 1859).

PANGLE, T. L., *The Laws of Plato*. Translated, with notes and an interpretative essay by... (Chicago 1980).

RITTER, C., *Platos Gesetze*. Kommentar zum griechischen Text von..., 2 vols. (Leipzig 1896).

ROBIN, L., *Platon. Oeuvres Complètes*, traduction nouvelle et notes par... avec la collboration de J. Moreau, vol. II., pp. 635-1131, *Lois* (Paris 1942).

RUFENER, R., GIGON, O., *Platon. Die Gesetze*, eingeleitet von O. Gigon und übertragen von... (Zürich/München 1974).

SAUNDERS, T.J., *Plato. The Laws*, translated with an introduction by... repr. (Harmondsworth 1975).

SCHANZ, M., *Platonis opera que feruntur omnia* ad codices denuo collatos edidit..., vol. XII.1, *Leges* I-VI (Leipzig 1879).

SCHNEIDER, C.E., *Platonis opera* ex recensione..., Graece et Latine cum scholiis et indicibus, vol. II, pp. 263-501: *Leges* (Paris 1846).

SCHÖPSDAU, K., *Platon. Werke*, Band 8, 1-2, *Nomoi (Gesetze I-VI,*

BIBLIOGRAFIA

VII-XII) Bearbeitet und deutsche übersetzung von... (Darmstadt 1977).

–, *Platon. Nomoi (Gesetze)*, Übersetzung und Kommentar von..., 3 vols. (Göttingen 1994-99).

STALLBAUM, G., *Platonis opera omnia* recensuit et perpetua annotatione illustravit..., Vol. X. sct. I-III: *Platonis Leges et Epinomis* (Gotha-Erfurt 1859-60).

SUSEMIHL, F., *Platon's Werke*. Vierte Gruppe: *Die Platonische Kosmik*. Bd. 9-15 *Die Gesetze*, übersetzt von... (Stuttgart 1862-63).

TARÁN, L., *Academica: Plato, Philip of Opus and the Pseudo--Platonic "Epinomis"* (Philadelphia1975).

TAYLOR, A.E., *The Laws of Plato*, translated into English by... (London 1934).

WAGNER, F.W., *Platons Werke* Griechische und Deutsch mit kritischen und erklärenden Anmerkungen, Bd. 17-18. *Platons Gesetze* (Leipzig 1854-55).

ZADRO, A., *Platone. Dialoghi*, vol. VII. *Le Leggi*, nuov. ed. (Bari 1952).

B. LÉXICOS

AST, F., *Lexicon Platonicum*, 3 vols. (Leipzig 1835-38).

BRANDWOOD, L., *A Word Index to Plato* (Leeds 1976).

DES PLACES, É., *Lexique de la langue philosophique et religieuse de Platon*, 2 vols. (Paris 1964)

C. OBRAS RELATIVAS ÀS *LEIS* E A PLATÃO

Nota Prévia

A. São apenas indicadas as obras consideradas mais relevantes para o estudo das Leis de Platão e sua respectiva conjuntura. A outra bibliografia é indicada nas notas. No que diz respeito à actualização da bibliografia de Platão, vid. n.[os] da revista *Lustrum*, s.v.: n.ºs 4,5 (1950-57), 20 (1977), 25 (1983), 30 (1988); para as *Leis*, vide Saunders, *Bibliography on Plato's "Laws"*, cit. bibliog. *inf.*

B. Em relação à bibliografia jurídica propriamente dita vide bibliografia infra: Biscardi, Gernet, Harrison, Hirzel, Lipsius, Saunders, Todd.

LEIS

C. Em relação à bibliografia específica da vida, obra e pensamento de Platão, vide bibliografia indicada na Introdução.

D. São indicadas, no entanto, obras que incluem um tratamento mais aprofundado das *Leis*, sendo as páginas relativas às *Leis*, *e.g.*
E. Barker, *Greek Political Theory* (London 1947) *Leis*: pp. 292 *et sq.*

ADORNO, F., "Dialettica e politica in Platone: saggio sul Politico e sulle Legge", in *Atti e Memorie dell'Accademia Toscana di Scienze e Lettere "La Colombaria"* 20 (1955), pp. 97-200.

BALAUDÉ, J.-F., (ed.) *D'une cité possible. Sur "Les Lois" de Platon* (Paris 1995).

– "Le triptique *République, Politique, Lois*: perspectives", in Balaudé (ed.) *D'une cité possible, cit. supra*, pp. 29-56.

BAMBOROUGH, R., (ed.) *Plato, Popper and Politics* (Cambridge 1967).

BARKER, E., *Greek Political Theory. Plato and his Predecessors*, reprt. (London 1947). *Leis*: pp. 292 *et sq.*

BEARZOT, C., *Platone e i "moderati" ateniesi* (Milano 1981).

BECKER, W.G., *Platons "Gesetze" und das griechische Familienrecht* (München 1932).

BERNERKER, E., (ed.) *Zur Griechischen Rechtgeschichte* (Darmstadt 1968).

BETRAND, J.M., "Langage juridique et discours politique dans les cités grecques da l'Antiquité. Réflexions sur les *Lois* de Platon", *Langage & société* 77 (1996), pp. 55-80.

–, "De l'usage de l'épigraphie dans la cité des Magnètes platoniciens", G. Thür, J. Vélissaropoulos-Karakostas (eds.) in *Symposion 1995* (Köln-Weimar-Wien 1997), pp. 27-47.

BIDEZ, J., *Éos ou Platon et l'Orient* (Bruxelles 1945).

BISCARDI, A., *Diritto Greco Antico* (Milano 1982).

BISINGER, J., *Der Agrarstaat in Platons Gesetzen* (Leipzig 1925).

BOBONICH, C., "Persuasion, Compulsion and freedom in Plato's Laws", *Classical Quarterly* 41 (1991), pp. 363-88.

–, "Akrasia and agency in Plato's *Laws* and *Republic*", *Archiv für Geschichte der Philosophie* 76 (1994), pp. 3-36.

BONNER, R.J., SMITH, G., *The Administration of Justice from Homer to Aristotle*, 2 vols. (Chicago 1930-38).

BORDES, J., *Politeia dans la pensée grecque jusqu' à Aristote* (Paris 1982).

BIBLIOGRAFIA

BRANDWOOD, L., *The chronology of Plato's Dialogues* (Cambridge 1988).

BRISSON, L., *Platon, les mots et les mythes*, 2ᵉ éd. (Paris 1994).

–, "Une comparaison entre le livre X des *Lois* et le *Timée*", in Balaudé (ed.), *D'une cité possible, cit. supra*, pp. 115-30.

BROCHARD, V., "Les *Lois* de Platon et la théorie des idées", in *Études de philosophie ancienne et de philosophie moderne*, 4ᵉ éd. (Paris 1974), pp.151-68.

BRUNT, P.A., "The Model City of Plato's Laws", in *Studies in Greek History and Thought* (Oxford 1993), pp. 245-81.

–, "Plato's Academy and Politics", in *Studies in Greek History and Thought* (Oxford 1993), pp. 282-342.

BURY, R.G. "Plato and History", *Classical Quarterly* 1 (1951), pp. 86-93.

–, "The Theory of Education in Plato's Laws", *Revue des études grecques* 50 (1937), pp. 304-20.

BUSOLT, G., SWOBODA, H., *Grieschische Staatskunde*, 2 vols. (München 1920-26).

CAIRNS, H., "Plato's theory of Law", *Harvard Law Review* 56 (1942), pp. 359-87.

CALHOUN, G.M., *Introduction to Greek Legal Science* (Oxford 1944).

CANTARELLA, E., *Les peines de mort en Grèce et à Rome. Origines et fonctions des supplices capitaux dans L'Antiquité classique* (Paris 2000).

CASTEL-BOUCHOUCHI, A., "Comment peut-on être philosophe? La notion platonicienne de paideia et son évolution de la *République* aux *Lois*", in Balaudé (ed.), *D'une cité possible, cit. supra*, pp. 57-78.

CHASE, A.H., "The influence of Athenian institutions upon the *Laws* of Plato", *Harvard Studies in Classical Philology* 144 (1933), pp. 131-92.

CHERNISS, H., *Aristotle's Criticism of Plato and the Academy* (Baltimore 1944).

–, Rec. Crítica de G. Müller, vide *sub v.*, Gnomon 25 (1953), pp. 367-79.

CLAY, D., "Plato's Magnesia" in R.M.Rosen & J. Farrell (eds.) *Nomodeiktes. Greek Studies in Honour of Martin Ostwald* (Ann Arbor 1993), pp. 435-445.

259

COHEN, D., "The Legal Status and Political role of Women in Plato's *Laws*", *Revue internationale des droits de l'antiquité* 34 (1987), pp. 27-40.

CORNFORD, F.M., *Plato's Cosmology*. The *Timaeus* of Plato translated with a runing commentary 4th ed. (London 1956).

DARESTE, G., *La science du droit en Grèce* (Paris 1893).

DAVID, E., "The Spartan Syssitia and Plato's *Laws*", *American Journal of Philology* 99 (1978), pp. 486-95.

DAVIS, M., "On the imputed possibilities of Callipolis and Magnesia", *American Jounal of Philology* 85 (1964), pp. 394-411.

DAWSON, D., *Cities of the Gods. Communist Utopias in Greek Thought* (Oxford-New York 1992).

DICKS, D.R., *Early Greek Astronomy to Aristotle* (London 1970).

DIÈS, A., *Autour de Platon. Essai de critique et d'histoire,* 2e éd. revue et corrigée (Paris 1972). *Leis*: pp. 523 *et sq.*

–, "Introduction générale aux *Lois*", Diès-Des Places (eds.), *Introduction ed. Platon. Lois* vide *supra* edições, pp. v-xciii.

DOVER, K.J., *Greek Homosexuality* (London 1978).

–, *Greek Popular Morality in the Time of Plato and Aristotle* (Oxford 1974).

EGERMANN, F., "Platonische Spätphilosophie und Platonismen bei Aristoteles", *Hermes* 87 (19599, pp. 133-42.

EHRENBERG, V., *Die Rechtidee im frühen Griechentum* (Leipzig 1932).

–, *Polis und Imperium* (Zürich-Stuttgart 1965).

–, *Der Staat der Griechen*, neu. Auf. (Zürich-Basel 1975).

EINARSON, B., Rec. Crítica de *Platon. Oeuvres Complètes*. Tome XII.1, *Classical Philology*, 52 (1957), pp. 271-4.

FESTUGIÈRE, A.J., *Contemplation et vie contemplative selon Platon* 2e éd. (Paris 1950).

FIELD, G.C., *Plato and his Contemporaries* (London 1930).

FINLEY, M.I., *L'invention de la politique. Démocratie et Politique en Grèce et dans la Rome républicaine*, [versão francesa] J. Carlier et préface de P. Vidal-Naquet (Paris 1985).

FRIEDLÄNDER, Paul, *Platon*, 3 vols. 3 Auf. (Berlin 1975). NB: esp. Vol. III. *Leis*: II, pp. 623 *et sq.*; III, pp. 360 *et sq.*

FRITZ, K. von, *Grundprobleme der Geschichte der antiken Wissenschaft* (Berlin 1971).

–, *The Theory of the Mixed Constitution in Antiquity* (New York 1954).

BIBLIOGRAFIA

FUKS, A., "Plato and the social question: the problem of poverty and riches in the *Laws*", *Ancient Society* 10 (1979), pp. 33-78.

GADAMER, H.-G., "Platons denken in Utopien", *Gymnasium* 90 (1983), pp. 434-55.

GAGARIN, M., *Early Greek Law* (Berkeley-L.A. 1986).

GERNET, L., *Anthropologie de la Grèce antique* (Paris 1982).

–, *Droit et institutions en Grèce antique* (Paris 1982).

–, *Recherches sur le développement de la pensée juridique et morale en Grèce* (Paris 1917).

–, "Les Lois et le droit positif" in Diès-Des Places (eds.), *Introduction ed. Platon Lois*, vide *supra* edições, pp. xciv-ccvi.

GIGON, O., "Das Einleitungsgespräch der Gesetze von Platons *Nomoi*", *Museum Helveticum*, 11 81954), pp. 201-30.

GÖRGEMANNS, H., *Beiträge zur Interpretation von Platons Nomoi* (München 1960).

GOULD, J., *The Development of Plato's Ethics* (Cambridge 1957).

GUÉROULT, M., "Le Xᵉ livre des Lois et la dernière forme de la physique Platonicienne", *Révue des études grecques*, 37 (1924), pp. 27-78.

GUTHRIE, W.K.C., *A History of Greek Philosophy*, vol. V. *The Later Plato and the Academy* (Cambridge 1978). Leis: cap. 5, pp. 321 *et sq.*

HACKFORTH, "Plato's Theism", in *Classical Quarterly* 30 (1936), pp. 4-9.

HALL, R.W., *Plato* (London 1981). *Leis*: pp.81 *et sq.* e 103 *et sq.*

HALM-TISSERANT, M., *Réaliés et imaginaire des suplices en grèce ancienne* (Paris 1998).

HARRISON, A.R.W., *The Law of Athens*, 2 vols. (Oxford 1968-72).

HEÏNIMANN, F., *Nomos und Physis* (Basel-Darmstadt 1954).

HENTSCHKE, A.B., *Politik und Philosophie bei Plato und Aritoteles. Die Stellung der NOMOI im Platonischen Gesamtwerk und die politische Theorie des Arsitoteles* (Frankfurt 1971).

HERMANN, C.F., *Disputatio de vestigiis institutorum veterum imprimis Atticorum per Platonis de legibus libros indigandis* (Marburg 1836).

–, *Juris domestici et familiars apud Platonem in Legibus cum veteris Graeciae inque primis Athenarum institutis comparatio* (Marburg 1836).

HERTER, H., "Platons Staatsideal", *Gymnasium* 51 (1940), pp. 112-25.

HIRZEL, R., *Themis, Dike und Verwandtes* (Leipzig 1917).

JAEGER, W., *Paideia. The Ideals of Greek Culture*, eng. trans., 3 vols. (Oxford 1939-45), esp. III, *Leis*, pp. 213-62.

JANKA, M., SCHÄFER, Ch., (eds.) *Platon als Mythologe. Neue interpretationen zu den Mythen in Platons Dialogen* (Darmstadt 2002).

JONES, J.W., *The Law and Legal Theory of the Greeks* (Oxford 1956).

JONES, N.F., "The organization of the Cretan city in Plato's *Laws*", *Classical World* 83 (1989-1990), pp. 473-92.

JOUANNA, J., "Le médecin modèle du legislateur dans les Lois de Platon", *Ktema* 3 (1978), pp. 77-91.

KLINGENBERG, E., *Platons nomoi georgikoi und das positive griechische Recht* (Berlin 1976).

KLOSKO, G., *The Development of Plato's Political Thought* (London 1986). *Leis*: pp. 198 et sq.

–, "The Nocturnal Council in Plato's Laws", *Political Studies* 36 (1988), pp. 74-88.

KNOCH, W., *Die Straftbestimmungen in Platons Nomoi* (Wiesbaden 1960).

KOBUSCH, Th., & MOJSISCH, B., *Platon. Seine Dialoge in der Sicht neuer Forschungen* (Darmstadt 1996).

–, (eds.) *Platon in der abendländischen geistesgeschichte* (Darmstadt 1997).

KRAUT, R., *The Cambridge Companion to Plato* (Cambridge 1992).

KUCHARSKI, P., *Les chemins du savoir dans les derniers dialogues de Platon* (Paris 1949).

–, "Observations sur le mythe des *Lois* 903 b -905 d", *Bulletin Assoc. Guillaume Budé*, (1954) n.º 4, pp. 31-51.

LAKS, A., *Loi et persuasion. Recherche sur la structure de la pensée platonicienne* (Paris 1988).

–, "Raison et plaisir: pour une caractérisation des *Lois* de Platon", in J.-F. Mattéi, *La Naissance de la raison en Grèce* (Paris 1990), pp. 291-303.

–, "Legislation and demiurgy: On the relationship between Plato's *Republic* and *Laws*", *Classical Antiquity* 9 (1990), pp. 209-29.

–, "L'utopie législative de Platon", *Revue Philosophique* 4 (1991), pp. 417-28.

–, "Prodige et méditation: esquisse d'une lecture des *Lois*", J.-F. Belaudé (ed.), in *D'une cité possible, cit. supra*, pp. 11-28.

BIBLIOGRAFIA

–, "The Laws", in *The Cambridge History of Greek and Roman Political Thought*, (eds.) Christopher Rowe & Malcolm Schofield (Cambridge 2000), pp. 258-92.

LAUFFER, S., "Die Platonische Agrarwirtschaft", *Vierteljahrsschrift für Sozial- und Wirtschaftsgeschichte* 29 (1936), pp. 233-69.

LEVINSON, R.B., *In Defense of Plato* (Cambridge Mass. 1953).

LIPSIUS, J.H., *Das Attische Recht und Rechtsverfahren*, I-III, 4 vols. (Leipzig 1905-15).

LISI, F.L., *Einheit und Vielheit des platonischen Nomosbegriffes. Eine Untersuchung zur Beziehung zwischen Philosophie und politik bei Platon* (Königstein 1985)

–, "Nomos, paideia y logos filosófico. Una lectura del libro primero de las *Leyes*", *Annuario de Estudios Filológicos de la Univ. de Extremadura* 10 81987), pp. 195-212.

–, "Nomos y physis en el pensamiento político de Platón", *Actas del VII Congresso Assoc. Esp. Estud. Clássicos* II (Madrid 1987), pp. 239-43.

LUCIONI, J., *La pensée politique de Platon* (Paris 1958).

MACDOWELL, D. M., *The Athenian Homicide Law in the Age of the Orators* (Manchester 1963).

–, *The Law in Classical Athens* (London 1978).

MACKENZIE, M.M., *Plato on Punishment* (Berkeley-L.A. 1981).

MAGUIRE, J.P., "Plato's theory of natural law", *Yale Classical Studies* (1947), pp. 151-78.

MARROU, H.I., *Histoire de l'éducation dans l'Antiquité*, 3ᵉ éd. (Paris 1955). Platão, educação e *Leis*: pp. 99-120.

MARTIN, V., "Sur la condenation des athées par Platon au Xᵉ livre des *Lois*", *Studia Philosophica* 11 (1951), pp. 103-14.

MASCHKE, R., *Die Willenslehre im griechischen Recht* (Berlin 1926). *Leis*: pp. 90-2 e 116-33.

MATHIEU, W de, "La doctrine des athées au livre Xᵉ de *Lois* de Platon", *Revue Belge de Philologie* 41 (1963) pp. 5-24.

MEREMETIS, A., *Verbrecher und Verbrechen: Untersuchugen zum Strafrecht in Platons "Gesetzen"* (Bonn-Leipzig 1940).

MOREL, P.-M., "Le regard étranger sur la cité des Lois", in Balaudé (ed.), *D'une cité possible, cit. supra*, pp.95-114.

MORRIS-DAVIS, G., "Monetary Fines and Limitations in Plato's Magnesia", *Classical Philology* 64 (1969), pp. 98-101.

LEIS

MORROW, G., "Aristotle's comments on Plato's Laws", in I. Düring & G.E.L. Owen (eds.) *Aristotle and Plato in the mid-fourth century*, (Göttenborg 1960), pp. 145-62. Post rep., (ed.) P. Steinmetz, *Schriften zu den Politica des Aristoteles* (Berlin-New York 1973), pp. 345-95.

–, "The Demiurge in Politics: the Timaeus and the *Laws*", *Proceedings and Addresses of the American Philosophical Association*, 27 (1954), pp. 5-23.

–, "The nocturnal council in Plato's Laws", *Archiv für Geschichte der Philosophie* 42 (1960), pp. 229-46.

–, "On the tribal courts in Plato's Laws", *American Journal of Philology* 62 (1941), pp. 314-21.

–, "Plato's Conception of Persuasion", in *Philosophical Review*, 62 (1953), pp. 234-50.

–, *Plato's Cretan City. A historical interpretation of the Laws* (Princeton 1960).

–, *Plato's Epistles* (Indianapolis 1962).

–, "Plato and Greek slavery", *Mind*, 48 (1939), pp. 186-201.

–, *Plato's Law of Slavery in its relation to Greek law* (Urbana, Ill. 1939).

–, "Plato and the law of nature", *Essays in Political Theory Presented to G.H. Sabine* (Ithaca 1948), pp. 17-44.

–, "Plato and the Rule of law", G. Vlastos (ed.), *Plato. A Collection of Critical Essays*, vol. II (London 1972), pp. 144-65.

–, "Popular courts in Plato's *Laws*", *Scientia* 86 (1951) pp. 145-50.

–, "The status of alien in Plato's *Laws*", *Scientia* 70 (1941), pp. 38-43.

MÜLLER, G., *Studiem zu den platonischen «Nomoi»*, 2 Auf. (München 1968).

MURRAY, O. & PRICE, S., (eds.), *The Greek City from Homer to Alexander* (Oxford 1990).

MUTH, R., "Studien zu Platons "*Nomoi*" X, 885 b 2 – 899 d 3", *Wiener Studien* 69 (1956), 140-53.

NORTH, H., *Sophroyne: Self-knowledge and Self-restraint in Greek Literature* (Ithaca 1966).

NOVOTNY, F., *The Posthumous Life of Plato* (The Hague 1977).

OSMO, P., "Avoir la paix avec la paix, une lecture des *Lois* de Platon", Balaudé (ed.), *D´une cité possible, cit. supra*, pp. 79-94.

BIBLIOGRAFIA

Ostwald, M., *From Popular Sovereignty to the Sovereignty of Law* (Berkeley-L.A. 1986).

–, *Nomos and the Beginnings of Athenian Democracy* (Oxford 1969).

–, "Plato on Law ad Nature", H. North (ed.), *Interpretations of Plato*, (Leiden 1977), pp. 41-63.

Partsch, J., *Griechisches Bürgschaftrecht* (Leipzig 1909).

Piérart, M., *Platon et la cité grecque. Théorie et réalité dans la Constitution des «Lois»* (Bruxelles 1974).

Pietch, Ch., "Mythos als konkretierter Logos. Platons Verwandung des Mythos am Beispiel von *Nomoi* X 903b-905d", M. Janka & Ch. Schäfer (eds.), *Plato als Mythologe*, pp. 115-36.

Planinc, Z., *Plato's Political Philosophy. Prudence in the Republic and the Laws* (Columbia 1991).

Pohlenz, M., "Nomos", *Philologus* 97 (1948), pp. 135-42.

–, "Nomos und Physis", *Hermes* 81 (1953), pp. 418-38.

Popper, K. R., *The Open Society and its Enemies*, vol. I. *Plato*, 5th. ed. (London 1966).

–, *Unended Question* (London 1976).

Post, L.A., "The preludes to Plato's *Laws*", *Transactions of the American Philological Association* 60 (1929), pp. 5-24.

–, "Some emendations of Plato's *Laws*", *Transactions of American Philological Association*, 61 (1930), pp. 29-41.

–, "Notes on Plato's *Laws*", *American Journal of Philology*, 60 (1939), pp. 93-105.

–, rec. Crítica de *Platon*. Lois Diès- Des Places (eds.), *American Journal of Philology*, 75 (1954), pp. 201-6, *ibid.* 79 (1958), pp. 286-8.

Pradeau, J.-F., *Platon et la cité* (Paris 1997).

Pringsheim, F., *The Greek Law of Sale* (Weimar 1950).

Reverdin, O., *La religion de la cité platonicienne* (Paris 1945).

Romilly, J. de, *La Loi dans la pensée grecque des origines à Aristote* (Paris 1971).

Rowe, Ch. & Schofield, M., (eds.), *The Cambridge History of Greek and Roman Political Thought* (Cambridge 2000).

Rudolph, E., (ed.), *Polis und Kosmos. Naturphilosophie und politische Philosophie bei Platon* (Darmstadt 1996).

Sandvoss, E., *Soteria. Philosophische Grundlagen der platonischen Gesetzgebung* (Göttingen 1971).

SARGEAUNT, G.M., "Two Studies in Plato's *Laws*", *Hibbert Journal* 21 (1922-23), pp. 493-502.

SAUNDERS, T., *Notes on the Laws of Plato* (London 1972).

–, *Bibliography on Plato's "Laws", 1920-1970, with additional citations through 1975* (New York 1975-79).

–, *Plato's Penal Code. Tradition, Controversy and Reform in Greek Penology* (Oxford 1991).

–, "The alleged double version in the sixth book of Plato's Laws", *Classical Quarterly* 20 (1970), pp. 230-6.

–, "Notes on Plato as a city planner", *Bulletin of the Institute of Tclassical Studies* 23 (1976), pp. 23-6.

–, "The Penguinification of Plato", *Greece & Rome* 22 (1975), pp. 19-28.

–, "Penal law and family in Plato's Magnesia", M. Gagarin (ed.) *Symposion 1990*, (Köln-Weimar-Wien 1991), pp. 115-32.

–, "Penology and Eschatology in Plato's *Timaeus* and *Laws*", *Classical Quarterly* 23 (1973), pp. 232-44.

–, "Plato and the Athenian law of theft", *Nomos. Essays in Atheniean law, politics and society*, edd. P. Cartledge, P. Millett & St. Todd (Cambridge 1990), pp. 63-82.

–, "Plato and the Treatment of the Heretics", *Greek Law in its Political Setting. Justifications not Justice*, L. Foxhall & A.D.E. Lewis (eds.) (Oxford 1996), pp. 91-100.

–, "Plato's Clockwork Orange", *Durham Univ. Journal* 37 (1975-6), pp. 113-7.

–, "Plato on Killing in Anger: A Reply to Professor Woozley", *Philosophical Quarterly* 23 (1973), pp. 350-6.

–, "Plato on Women in the *Laws*", A. Powell (ed.), *The Greek World*, (London 1995), pp. 591-609.

–, "Plato's later political thought", R. Kraut. (ed.), *The Cambridge Companion to Plato* cit. *supra*, pp. 464-92.

–, "The property classes and the value of the kleros in Plato's *Laws*", *Eranos*, 59 (1961), pp. 29-39.

–, "Protagoras and Plato on punishment", in G.B. Kerferd (ed.), *The Sophists and their Legacy*, (Wiesbaden 1981), pp. 129-41.

–, "The Rand Corporation in Antiquity? Plato's Academy and Greek Politics", *Studies in Honour of T.B.L. Webster*, I (Bristol 1986), pp. 32-53.

BIBLIOGRAFIA

–, "The Socratic paradoxes in Plato´s *Laws*", *Hermes*, 96 (1968), pp. 421-434.

–, "The Strucuture of the Soul and the State in Plato´s *Laws*", *Eranos*, 60 (1962), pp. 37-55.

SCHAERER, R., "L´itinéraire dialectique des *Lois* et sa signification philosophique", *Revue philosophique* 143 (1953), pp. 379-412.

SCHIPPER, E.W., "Mimesis in the Arts in Plato´s *Laws*", *Journal of Aesthetic and Art Criticism* 32 (1963), pp. 199-202.

SCHÖPSDAU, K., "Zum Strafrechtsexkurs in Platons *Nomoi*. Eine Analyse der Argumentation von 860c-864b", *Rheinishes Museum* 127 (1984), pp. 97-132.

–, "Tapferkeit, Aidos und Sophrosyne im ersten Buch der platonischen *Nomoi*", *Rheinisches Museum* 129 (1986), pp. 97-123.

–, "Der Staatsentwurf der *Nomoi* zwischen Ideal und Wirklichkeit. Zu Plato *Leg.* 739 a 1-e 7 und 745 e 7 – 746 d 2", *Rheinisches Museum* 134 (1991), pp. 136-52.

–, "Einleitung zu Platons *Nomoi*", in *Platon. Nomoi*, [vide *supra* edições, *s.v.* Schöpsdau, IX.2, pp. 95-146].

SCHUCHMAN, Ph., "Comments on the Criminal Code of Plato´s *Laws*", *Journal of History of Ideas* 24 (1963), pp. 25-40.

SCHULLER, W., (ed.), *Politische Theorie und Praxis im Altertum* (Darmstadt 1998).

SCHULTE, J., *Quomodo Plato in Legibus publica Atheniensium instituta respexerit* (Münster 1907).

SHOREY, P., "Plato´s *Laws* and the unity of Plato´s Thought", *Classical Philology* 9 (1914), pp. 345-69.

SINCLAIR, T.A., *A History of Greek Political Thought* (London 1951). *Leis*: pp. 186 *et sq.*

SMITH, N.D., (ed.), *Plato. Critical Assessments*, 4 vols. (London 1998).

SOLMSEN, F., "Textprobleme im zehnten Buch der Platonischen *Nomoi*", H. Dahlmann und R. Merkelbach (hrsg.), *Studien zur Textgeschichte und Textkritik*, (Köln 1959), pp. 265-77.

–, *Plato´s Theology* (New York)

SKEMP, J.B., *The Theory of Motion in Plato´s Later Dialogues* (Cambridge 1942).

STALLEY, R. F., *An Introduction to Plato´s Laws* (Oxford 1983).

STENZEL, J., *Platon der Erzieher* (Leipzig 1928).

LEIS

STRAUSS, L., *Argument and Action in the Laws of Plato* (Chicago 1975).

TAYLOR, A. E., *A Commentary on Plato's Timaeus* (Oxford 1928).

–, *Plato, the Man and the Work*, 4th ed. (London 1929). *Leis*: pp. 463 *et sq.*

TODD, S.C., *The Shape of the Athenian Law* (Oxford 1993).

TRAMPEDACH, K., *Plato, die Akademie und die zeitgenössische Politik* (Suttgart 1993).

VANHOUTTE, M., *La Philosophie politique de Platon dans les «Lois»* (Louvain 1954).

VEYNE, P., "Critique d'une systématisation: les *Lois* de Platon et la réalité", *Annales* 37 (1982), pp. 883-908.

VIDAL-NAQUET, P., "Plato's Myth of the Statesman, the Ambiguities of the Golden Age of History", *Journal of Hellenic Studies* 98 (1978), pp. 132-141.

WAERDEN, B.L. van der, *Die Astronomie der Pythagoreer* (Amsterdam 1951).

WEILL, R., *L'«Archéologie» de Platon* (Paris 1959).

WILAMOWITZ-MOELLENDORFF, U. von, *Platon. I. Sein Leben und seine Werke*, 5 auf. Bruno Snell (Berlin 1959).

–, *Platon, II. Beilagen und Textkitik*, 3 Auf. R. Stark (Berlin 1962).

WOLF, E., *Griechische Rechtsdenken*, 6 vols. (Frankfurt 1950-65).

WOOZLEY, A.D., "Plato on Killing in Anger", *Philosophical Quarterly* 22 (1972), pp. 303-17.

WYLLER, E.A., "Platons Gesetz gegen die Gottesleugner *Nomoi* 10, 907 d bis 909 d", *Hermes*, 85 (1957), pp. 292-314.

ZELLER, Ed. von, *Die Philosophie der Griechen in ihrer geschichtlichen Entwiklung*, Bd. II.1 4 Auf. (Leipzig 1889).

–, *Plato und die Alte Akademie* (Leipzig 1922).

ÍNDICE ONOMÁSTICO

A
Anfião, 677d.
Apolo, 624 a, 632 d, 653 d, 654 a, 665 a, 672 d, 686 a.
Aqueus, 685 d – e.
Ares, 671e
Argos, 683 c-d, 691 d, 692 d-e.
Assíria, 685 c-d.
Atenas, 698 a – 701 c.
Atos, 699 a.

C
Cambises, 694 c, 695 c, 695 e.
Cartagineses, 682 a.
Celtas, 637 d.
Ciclopes, 680 b-c, 682 a.
Ciro, 694 a.
Citas, 637 d-e.
Cnossos, 625 b, 636 e, 702 c-d.
Cresfontes, 683 d, 692 b.
Creta, 625 e.

D
Dárdano, 702 a.
Dario, 694 c, 695 c-d, 698 c, 698 e.
Dátis, 698 c.

Dédalo, 677 d.
Dioniso, 650 a, 653 d, 665 a-b, 666 b, 671 a, 671 e – 672 a, 672 d, 700 b.
Dorieu, 682 e.
Dórios, 627 d, 628 e, 632 d, 634 c, 641 b, 647 c, 660 d, 682 e, 683 b, 684 a, 686 [a]

E
Egipto, 657 a.
Epiménides, 642 d, 677 d.
Erétria, 698 d.
Esparta, 692 a-d.
Eurístenes, 683 d.
Europa, 698 b.

G
Ganimedes, 636 d.
Guerras Médicas, 698 b – 699 d.

H
Hera, 672 b.
Héracles, 685 d.
Helesponto,699 a.
Heraclidas, 685 d.
Hesíodo, 658 d, 677 e, 690 e.

LEIS

Hipólito, 687 e.
Homero, 624 b, 658 b, 680 b, 681 e.

I

Iberos, 637 d.
Ida, 681 e, 682 b.
Ílion, 681 c, 685 c, vide *infra* Tróia.
Itália, 659 b.

L

Lacedemónia, ou Lacónia, 629 b, 630 d, 636 e, 641 e, 683 a, 683 c-d, 692 d.
Licurgo, 630 d, 632 d.
Lócrida, Locros, 638 b.

M

Maratona, 689 e, 692 d.
Mársias, 677 d.
Medos, 695 a-b.
Messene, Messénia, 683 d, 692 d, 698 e.
Minos, 624 b, 630 d, 632 d.
Musas, 653 d, 654 a, 655 c, 656 c, 659 a, 664 c, 665 a-b, 669 c, 670 a, 672 d, 682 a, 700 d.

N

Nino, 685 c.

O

Olimpo, 677 d.

Orfeu, 669 d, 677 d.

P

Palamedes, 677 d.
Persas, 637 d-e.
Pérsia, 694 a – 698 a.
Píndaro, 690 b.
Procles, 683 d.

R

Radamanto, 624 e.

S

Salamina, 698 c
Sicília, 659 b.

T

Tarento, 637 b-c.
Temenos, 683 d, 692 b.
Teógnis, 630 a e 630 c.
Teseu, 687 e.
Tirteu, 629 a, 629 c-e, 630 b-c, 667 a.
Titãs, 701 c.
Trácios, 637 d.
Tróia, 682 b, 685 c-e. Vide *supra* v. Ílion.

X

Xerxes, 695 e.

Z

Zeus, 624 a, 625 a-b, 630 c, 632 d, 633 a, 634 a, 636 d.